외로움은
가위로도
잘리지 않는다

*내표지(오른쪽 페이지) 삽화는 태극검 중 '독립반좌세'를 취하고 있는 저자 이동호의 실루엣임.

외로움은 가위로도 잘리지 않는다

이동호 저

흐르는 세월에도 흘러가지 않는 것

흐르는 세월은 막을 수 없다고 한다. 그래서 시간의 속성을 흐르는 강물에 비유하기도 한다. 도도히 흘러가는 강물의 흐름을 무엇으로 막을 수 있는가. 강가 언덕에서 바라보는 강물은 한 편의 은유로 더하고 덜할 것 없이 그대로 세월이다. 그래서 이대로 흘러가다 보면 강 건너 저 언덕에 닿을 날도 머지않겠구나, 저절로 나를 끌고 흘러가는 느낌 역시 막을 길 없다. 이 역시 거부할 수 없는 흐름의 속성이 아니겠는가.

강물을 사이에 두고 이 언덕과 저 언덕을 바라보는 그 관조의 범주 안에 있는 것치고 흘러가지 않는 것이 없음을 확인하는 세월이 멀다. 그러는 사이 풍랑 이는 흐름 안에서 회피하지 않는 몸짓을 무던히도 보여 왔다. 내가 하는 일이 그렇지만 흘러가려는 사람을 흐름 안에 붙잡아 두는 일이고 보니, 어느 것 하나 소홀할 수 없는 소관 업무로 여기며 헤쳐 나왔다.

지역사회의 크고 작은 일에 시간을 쪼개는 일, 나의 됨됨이를 사람답게 하는 데 도움이 되는 문화·예술을 찾아 지키고 가꾸는 일, 무엇보다도 인간 생명의 극한에 이르는 길이 따로 있는 것이 아니겠느냐며 양생해 온 도교의 수행이며, 내 존재의 뿌리를 이뤘던 불가에 귀의하는 일상 등에서 어느 것 하나 소홀할 수 없는 절체절명의 소임으로 여긴 세월이었다.

그러면서 얻은 것이 있다면 느낌, 서정의 파장 안에서 나를 흔들어 주던 것들은 지금이나 십 년 전이나, 늙어서나 젊어서나 그 감정의 파랑은 조금도 변치 않았다는 것이다. 하긴 그래서 예술이 가능하고 사람다운 삶이 가능할 것이다.

십여 년 전에 그런 서정과 사유의 흔적을 담아 수상록『활을 당기고도 쏘지 않는다』를 펴낸 바 있다. 그러고도 십 년 세월이 훌쩍 흘러가 버렸다. 강가에 없던 모래언덕이 부푸는 것처럼, 삼각주에 퇴적물이 쌓여 뭍을 이루는 것처럼, 그렇게 내 사유와 서정의 자락들도 나를 흘러가지 못하게 막아서는 듯했다.

이런 까닭으로 이번에 두 번째 수상록을 상재하게 되었다. 순전히 흘러가는 강물에 발을 담그며 보낸 세월의 흔적일 뿐이다. 그리고 흘러가는 세월 안에서 흘러가지 못하고 남아 있는 정서와 사유의 흔적들에 대한 나의 애정 어린 시선일 뿐임을 천명해 둔다.

언제나 그렇지만 여러 분야에서 나의 근면을 채근하며 격려하는 도반은 나를 존재케 하는 원동력이다. 평생 내조의 그늘에서도 생명의 꽃을 피워내는 내자는 고마움의 원천이다. 그리고 무탈하게 제 역할을 수행하는 2남 3녀, 내 아이들의 성장 역시 나를 흘러가 버리지 않게 붙들어 주는 버팀목이다. 이런 고마움에 대해 작으나마 응답을 하겠다는 것이 소졸한 이 책을 내는 이유다.

2022년 가을날

修眞齋에서 月潭 이 동 호

차례

3부_ 감·정·의··파·랑

4부_ 지·성·의··파·동

1부

실·존·의··파·생

'사람이 순하다'의 근원을 찾아서

전주, '꽃심'은 인문정신의 핵심이다

지난달 외지에서 온 사람들과 대화를 나눌 기회가 있었다. 서울과 대전 그리고 강원도와 경상도에서 오신 분들로, 나이는 50대에서 70대들이었다. 요즘 국내 관광지 중에서 반드시 가 보고 싶은 곳으로 선정되었다는 전주한옥마을을 찾은 김에 친분이 있는 필자와 연락이 닿았다. 이러저러한 방담을 나누다가 우연히 우리나라에서 가장 살고 싶은 곳에 대한 화제가 꽃을 피웠다.

누구는 무슨 기관 어느 단체에서 앙케트 조사한 결과라 하고, 또 누구는 한국관광공사의 설문조사를 근거로 한다며 여러 도시들을 열거하였다. 그중에서도 누구나 전주를 가장 살고 싶은 도시로 주저 없이 꼽고 아무리 박하게 평가해도 10위 안에는 든다는 사실에 공감하는 자리였다.

그러면서 필자는 야릇한 생각이 들었다. 무엇이 전주를 그런 선호의 대상으로 만들었을까? 현지인 전주 사람들은 굴곡진 현대사의 명암 속에서 성장과 발전의 뒤안길에 놓여 있다며 불평과 불만이 쌓여 있기도 한데, 외지에서 바라보고 생각하며 판단하는 내심의 무엇이 전주를 한국에서 가장 살고 싶은 곳으로 꼽았을까 궁금하기도 하였다.

하긴 사물의 본질은 눈에 보이는 것만이 전부는 아닌 줄은 안다. 산업화와 공업 생산시설을 기반으로 한 성장을 추구하는 도시는 자연스럽게 공해에 시달리기 마련이다. 일자리는 많이 생기겠지만, 그로 인해 발생하는 공해가 사람들의 삶에 긍정적으로 작용하지는 않을 것이다. 그렇기 때문에 일자리가 없어 낙후되었다는 현지인들의 감정과는 다르게 현대화의 성장과 발전의 뒤안길에 놓여 있기 때문에, 오히려 삶의 환경으로서는 괜찮을지도 모른다는 막연한 기대심리가 위에서 보인 결과를 낳았을 수도 있다.

살고 싶은 곳 혹은 한번쯤 살아 보고 싶은 곳이 그런 외적 조건이나 환경이 다는 아닐 것이다. 그곳에 살고 있는 사람을 빼놓고는 함부로 살고 싶은 곳을 거론할 수 없기 때문이다. 그렇다면 앞에서 거론한 환경상의 역설적 호조건과 함께 지역 사람들의 성향을 무시할 수 없다면, 전주 사람들에 대한 호감과 별개로 전주에서 살고 싶다고 말할 수 없을 것이기 때문이다. 전주 사람들의 전체적인 기질이나 성향까지를 포함해서 전주가 살고 싶은 곳으로 낙점되는 데 대한 뚜렷한 근거를 찾기보다는 그것을 에둘러 전주의 됨됨이를 짚어 보는 것도 한 길이 될 것이다.

필자는 이런 거친 진단과 함께 전주를 생각할 때 그래도 사람이 살만 한 도시라는 인상의 근거가 무엇일까를 생각해 보기로 하였다. 그것은 순전히 전주에서 평생을 살아오면서 몸으로 체득하여 육화肉化된 느낌이자, 그 느낌이 인식의 저변을 이룬 앎의 총화가 될 것이다. 어찌 보면 순전히 개인적인 수상隨想에 해당하는 접근이 될 수도 있을 것이며, 어찌 보면 살아 본 자만이 공감할 수 있는 삶의 결과일 수도 있을 것이다.

그런 탐색의 결과는 의외로 간단하게 도출되었다. 즉 사람이 순하다는 점에서 해답의 단서를 포착하였다. 전라도 중에서도 남도와 북도의 기질상의 차이 혹은 현대사의 맥락에서 그 참여의 적극성과 밀도의 차이를 들기도 하지만, 전라도의 북도를 대표하는 중심지 전주 사람들은 순하다는 데에 어느 정도 일치점을 갖는다.

이 말을 필자도 숱하게 들어 온 터이다. 대내외적으로 전주 사람들이 스스로 말하기도 하지만, 타지 사람들이 전주 사람들의 기질을 말할 때 이 순하다는 느낌이 앞서는 이유에서 전주정신의 핵심을 찾을 수도 있다. 그것은 곧 사람이 순하다는 것은 곧 성정이기도 하지만, 삶의 태도이자 정신의 총화를 일컫는 것일 수도 있다. 이를 뭉뚱그려 말한다면 인문학 정신의 현주소를 말하는 것으로 보인다.

인문학의 핵심은 인간 존중이다. 사람을 최선의 가치이자 의미로 여기는 학문이다. 사람이 사람답게 살기 위한 핵심은 사람됨을 존중하는 것이다. 인문학의 입장에서 보면 사람을 존중하지 않는 그 무엇에도 의미와 가치를 두기 어렵다.

전주정신의 핵심을 인문정신에서 찾으려는 의도도 바로 여기에 닿아 있다. 사람이 순하다는 평판은 기질이면서 성향이고, 생활 모습이면서 그 태도를 말한다. 이런 기질과 생활 태도에서 전주 사람들이 순하다는 평판이 형성되었을 것으로 보인다.

그렇다면 전주 사람들이 이런 평판을 제공하게 된 몇 가지 근거를 찾아보기로 하겠다.

전주의 인문학적 환경

로마의 철학자 에픽테토스Epictetus(55~135)의 주요 관심사는 두 가지였다. 하나는 어떻게 하면 행복하고 충족된 삶을 살 수 있을까? 다른 하나는 어떻게 하면 선한 사람이 될 수 있을까? 물론 이것은 스토아 철학자Stoicism들의 쉼 없는 탐구 주제였지만, 당시 에픽테토스의 정신은 이 두 가지 질문과 이에 대한 대답 속에서 찾고 있다.

'한번쯤 살아 보고 싶은 곳', '반드시 가 보고 싶은 곳'을 선정할 때 근원이 되는 것은 두말할 것도 없이 행복의 실현에 있다. 어디에서 살아야 가장 행복한 삶을 살 수 있을까? 어디를 찾아가야 행복한 시간을 가질 수 있을까? 이에 대한 확신 없이 삶의 공간을 고려할 수는 없다. 이와 함께 행복하게 살되 에픽테토스처럼 '선하게' 살려는 의지가 행복한 삶 속에 내포되어 있어야 참된 행복일 수 있다. 이에 대해서는 그리스의 철학자 에피쿠로스Epicurus[1]의 이야기를 귀담아 들을 필요가 있다.

에픽테토스 정신은 에피쿠로스에서 그 연원을 찾을 수 있다. 에피쿠로스는 즐거운 삶-행복한 삶의 척도를 다음과 같이 제시한다. "사려 깊고phronimos, 아름답고kalos, 정직하게dikaios 살지 않고서 즐겁게 살 수 없다. 즐겁게 살지 않으면서 사려 깊고, 아름답고, 정직하게 살 수 없다. 그러므로 사려 깊고, 아름답고, 정직하게 살기 위한 척도를 가지지 않은 사람은 즐겁게 살 수 없다."는 것이다.

여기에서 즐겁게를 행복하게로 바꾸어 놓고 보면 행복의 핵심이 무엇인지 짐작할 수 있다. 그러니까 모든 사람의 공통적 욕망인 행복 추구의 기본 요소는 잘살되 선하게 사는 데 있음을 부정할 수 없다. 생각 없이 되는 대로, 삶의 아름다움에 대한 감동 없이 아무렇게나, 거짓말을 일삼아도 켕기지 않는 막된 삶으로는 진정한 행복을 실현할 수 없음은 동서양을 막론하고 공통된 가치다.

전주 사람들은 순하다는 발상과 평판을 일정 부분 전제로 하면서[2] 살고 싶은 곳, 전주에서 살면 행복할 것이라 여기는 근거는 무엇일까? 그런 평판에 기여했을 몇 가지 요소들을 통해서 전주의 인문정

1_Epicurus. BC 341~271. 아테네. 고대 그리스의 철학자이자 에피큐리어니즘(Epicurianism)이라 불리는 학파의 창시자로서 300여 권의 저술을 남겼다.

2_'전주 사람들은 순하다'는 평판을 전제로 삼는 데 동의하지 않는 사람도 있을 것이다. 그러나 이런 전제가 그런 부정적 평판과 인상을 지닌 사람들을 설득하고 회유하려는 것이 아니라, '전주 사람들은 순하다'는 평판을 지닌 사람들에게 타당성 있는 근거를 찾아 제시해 보려는 데 목적이 있다.

신과 그 정신을 낳게 된 내적·외적 환경을 살펴보려 한다. 통시적 관점이나 공시적 관점이 현재의 현상을 해석하는 근거가 될 것이다.

전주, 민족사의 중심에 섰던 역사성

조선조 500년은 아무리 폄하한다 할지라도 우리나라 역사의 굵은 고갱이다. 그 조선이 태어나게 된 뿌리가 바로 전주라는 사실에 전주 사람들은 일정한 긍지와 자부심을 가진다. 조선의 역사가 인문학의 핵심인 사람의 가치를 고양시키는 데 얼마나 충실했느냐의 여부를 떠나서, 전주는 조선 개국의 시조인 이성계의 조상이 살았던 터전이라는 움직일 수 없는 사실은 알게 모르게 전주 사람들의 의식 속에 육화되어 왔다.

필자가 학창 시절에 『용비어천가』를 통해 '해동 육룡이 나르샤 …'를 읽고 외우며, 그 해동 육룡의 조상이 바로 전주를 쌈터로 하고 있다는 사실에서 전주에 대한 새로운 인문학적 식견을 넓히는 계기가 되기도 하였다. 아울러 전주는 여타 지역과는 다른 역사의 현장이자, 역사 자체의 공간이라는 지역의 특성이 항상 필자의 뇌리에 자리 잡게 되었다. 그 근거지가 정신의 현주소를 형성하는 데 어떻게 무관할 수 있겠는가?

지금도, 아니 지자체가 활성화되면서 더욱 치열하게 이런 역사의 유적을 복원하거나 가꾸면서 정신의 현주소를 찾는 작업이 활발하

태조 이성계의 어진이 모셔진 전주 경기전 전경

다. 전주한옥마을도 이런 맥락에서 자연스럽게 조성되고 사람들이 자주 찾는 장소가 되었을 것이다. 전주 구도심, 4대문의 남쪽 관문인 풍남문과 지근거리에 자리 잡고 있는 경기전은 조선이 태동한 뿌리요, 우리나라 역사의 태동지라는 자부심과 긍지는 전주 사람이 아니고서는 쉽게 짐작하기 어려울 것이다. 이 경기전에 태조 이성계의 어진을 모시고, 일제강점기에 훼손된 지역을 다시 복원하고 경계를 정비하면서 잠시 잃어버렸던 역사의 뿌리로 다시 서는 모습이 더욱 뚜렷하게 부각되고 있다.

우리나라 사람들이 전주한옥마을을 가 보고 싶은 곳으로 선정하

경기전 태조 어진 | 1872년(고종9) | 비단에 채색 | 220×151cm | 국보 317호

는 이유도 여기에 있을 것이다. 태조 이성계의 어진을 모신 경기전이 한옥마을의 모습을 대변하고 한옥마을의 기능과 역할의 중심이라고 해도 과언이 아니다. 경기전을 찾지 않고서 한옥마을을 찾았다 할 수 없으며, 한옥마을을 찾았다면 경기전을 들르지 않고서는 알맹이 빠진 나들이가 될 것이기 때문이다.

전주가 지닌 역사적 전통성의 큰 맥락은 바로 이 경기전에서 비롯한다고 해도 과언이 아니다. 조선 개국의 뿌리이면서도 조선의 역사를 통해서 영광보다는 폄하의 대상이 되었던 전주-전주 사람들, 그들을 어찌 시대에 불온하여 볼멘소리 한 번 못하는 못난이라고 할

『조선왕조실록』을 비롯한 국가 중요 사적을 보관하던 전주사고全州史庫

수 있겠는가? 그보다는 온유하고 순박한 사람들이라는 인상이 부지불식간에 형성되었을 것은 당연하다. 전주 사람들이 온유하고 순박했다 해서 얼정신마저 놓고 산 것은 아니다.

조선의 왕조실록이 전란으로 훼손될 위기에 처하자, 민초들이 자발적으로 일어나 실록을 안전하게 지켜냄으로써 조선 역사의 기록물을 보존하는 데 기여한 공로는 아무리 강조해도 지나치다 할 수 없다. 만약 전주 경기전사고에 보존되어 있던 이 실록마저 전란에 유실되었더라면 어떠했을까, 생각만 해도 아찔하다. 그 막중한 의미와 가치를 지닌 역사의 기록물을 지켜내고, 그 기록물을 후대에 전해

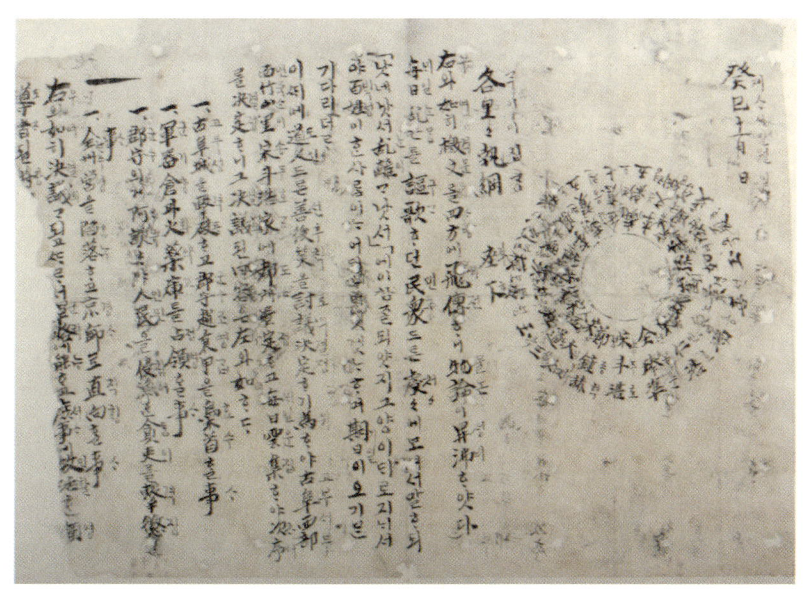

주모자가 누군지 알 수 없도록 참가자들의 이름을 적은 사발통문 | 국립중앙박물관

주는 데 기여한 전주 사람들의 투철한 역사의식은 지금 생각해도 신기하다 할 지경이다. 이런 헌신적 노고에 대한 역사적 맥락을 전해 들은 사람은 전주 사람의 사람됨에 대한 인식에 일정 부분 영향을 주고도 남았을 것이다.

이뿐만이 아니다. 조선 후기, 조정은 제 기능을 다하지 못하고 외세는 물밀듯이 밀려들어 나라의 존망이 백척간두에 섰을 때, 민초들이 자발적으로 일어나 벌인 갑오동학농민혁명은 우리 역사에 길이 남는 웅혼한 투쟁사가 아닐 수 없다. 비록 전투에는 패했지만 보국안민輔國安民의 기치를 내걸고 사즉생死卽生의 정신으로 싸웠다. 고부에서 발기하고 호남의 평야지대를 거침없이 내달려온 동학농민군은 전주에서 일단 전열을 정비하고 계속되는 전투를 벌여 나갔다. 농민군이 가진 무기라야 농기구나 죽창이 전부였으나, 외세를 물리치고 사직을 지켜내겠다는 결연한 혁명정신은 우리나라의 역사에서 볼 때 그 유래를 찾기 어려운 획기적인 민초들의 투쟁사라 할 수 있다.

불의를 보고 외면하지 않으며, 나라의 위기에 물러서지 않았던 정신을 지닌 사람들이 바로 이곳 사람들이다. 그러니 (전주) 사람들이 순하다는 뜻은 정신의 강건함 없는 유약성의 성향이 아니라, 앞에서 예를 든 역사의 굽이마다 할 일을 다 하는 사람들이라는 뜻도 내포되어 있음을 짐작할 수 있다.

앞에서 인용했던 에픽테토스의 주장에 의하면 선한 삶에는 다음과 같은 세 가지 주제가 중심을 이루어야 한다. 첫째는 욕망을 극복하는 것, 둘째는 의무를 이행하는 것, 셋째는 자신에 대하여 또는 더 큰 인간 공동체에 관하여 분명하게 생각을 정리하는 것이 필요하다는 것이다. 그에 따르면 선한 삶행동은 신들의 가호를 받거나 인간의 존경을 받자는 것이 아니라, 내적인 평정平靜을 얻어 개인적인 자유를 누리려는 데 목적이 있다. 선해질 수 있는 기회는 누구에게나 평등하게 주어진다. 부유하건 가난하건, 교육을 받았건 못 받았건, 언제 누구라도 선행의 기회를 얻을 수 있다. 선행은 수도승, 성자, 고행자 등 소위 영적 전문가들의 전유물이 아니다.

이 고장 사람들이 불의를 앞에 두고, 혹은 나라의 위태로움을 목격하거나 국가의 중대한 기록물이 유실될 것을 뻔히 보고도 못 본체할 수 없었던 이유도 에픽테토스가 지적한 내적 평화와 선한 삶이 내면화된 인성이 발휘된 것으로 보면 크게 틀리지 않다.

나만 잘살고 보자, 나부터 살고 보자는 욕망이라면 죽창을 들고 어떻게 불의한 탐관오리와 막강한 외세에 저항할 수 있었겠는가? 이기적인 개인 욕심보다 공동체의 일원으로서 의무를 다하고자 하는 마음결이 없었더라면 꿈꿀 수 없는 일이다. 우리의 역사에 도도히 흐르고 있는 이런 투쟁의 고비에 전주-전주 사람들이 있음으로써 사람이 순하다는 평판을 듣게 되는 계기로 작용하였을 것이다.

순하다는 것은 단순히 온유한 성품으로 순종만 할 줄 아는 미덕을 뜻하는 것이 아니다. 에픽테토스가 지적했던 내면의 평화와 자유를 획득하기 위해 필수불가결한 요인이었음을, 전주는 말하지 않는 방법으로 강조하고 있다. 그런 사람 됨됨이가 바로 (전주) 사람은 순하다는 평판을 형성하는 데 작용하였을 것이다. 역사의 여울목마다 감당해야 할 역할을 다하고도 드러내 놓고 자랑하지 않으며, 내세워 공치사를 하지 않는다. 다만, 개인적 욕망보다 공동체의 운명을, 나 혼자 살길보다 더불어 살아야 한다는 의무감이 분명히 정립되어 있던 곳이 전주요, 그런 사람들이 바로 전주 사람인 것이다.

행복한 삶은 그러므로 나와 세계와의 조화로움 가운데에서 찾아야 한다면, (전주) 사람들이 순하다는 인상을 가지고 있는 사람들의 내면도 바로 그렇게 살고 싶다는 지극히 평범하지만 꼭 갖추어야 할 인성을 지닌 사람들의 심리적 공통분모라고 보아야 할 것이다.

전주, 농경민족의 식물성

요즈음 한창 인기리에 방영되고 있는 KBS 주말드라마 『징비록』에도 매번 등장하다시피 하는 곳이 바로 전라도 지방이다. 왜구들이 곡창지대인 전라도를 점령하지 못한 채 우회해서 한양으로 치고 올라감으로써 위기에 빠진다는 대목이다. 한반도에서 전라도, 특히 전주를 중심으로 한 북도 지방은 동고서저東高西低의 지형이다. 동쪽의 산악이라고 해 봤자 그리 험준할 것도 없는 산세가 서쪽으로 내려오면서 자락 자락마다 드넓은 평지를 이루다가 마침내 만경평야에 이르러 우리나라 유일의 지평선을 지닌 광활한 농지를 토해 낸다.

그런 농토를 중심으로 이곳 사람들은 부족할 것 없이 생을 구가하고 살았다. '징게맹갱외애밋들'이란 전라도 방언이 있다. 김제만경 드넓은 들판이란 뜻이다. 보릿고개가 기승을 부릴 때면 남부여대男負女戴한 경상도 지역 사람들이 전라도로 일자리를 찾아 몰려오곤 했다는 어른들의 추억담을 심심찮게 들을 수 있다. 필자의 어린 시절만 해도 이런 광경을 어렵잖게 볼 수 있었다.

산업화시대를 맞은 지금은 전세가 역전되어 이 고장 사람들이 일자리를 찾아 경상도로 몰려가 이곳은 농촌공동화현상이 벌어지고, 경상도 지역은 밀집한 공장지대로 인하여 일자리와 함께 인구과밀현상을 빚고 있는 실정이다. 이런 이유로 살고 싶은 곳에서 경상도 공장지대는 선호도에서 밀려나지만 높은 경제적 자립도를 자랑하며 농경 중심의 전라도 경제를 내려다보고 있는 형국이 되었다. 오히려 현

2010년 전주화전놀이 비빔밥 비비기 | 왼쪽부터 전주시장 송하진, 전북교육감 최규호, 전라북도지사 김완주, 한국차문화협회장 이귀례 | 오른쪽부터 이동호, 오경진(송하진 전주시장 부인), 설예원 원장 이림 | 사진 김명곤

대사에서 홀대받고 차별받던 이 고장이 오히려 살고 싶은 곳이 되고 있다니, 역사의 아이러니를 느낄 만도 하다.

우리 민족은 농경민족이다. 현대에 들어서서 산업화 체제로 탈바꿈하였지만, 수만 년 뿌리내린 태생적 농경민족의 습성마저 산업화로 바뀔 수는 없다. 수렵민족과 달리 농경민족은 정착생활을 원칙으로 한다. 그럴 때 정착의 제1조건이 바로 생업의 필수요건인 농토토지다. 한반도에서 가장 광활한 농토를 지닌 전라도는 그래서 비교적 중앙정부나 외부의 영향에 눈치 볼 것 없이 자립의 근간을 유지할 수 있었다.

간혹 서울에서 만난 지인들 중에 '전주 사람들은 왜 그렇게 소극적이냐?'는 지청구를 듣는 경우가 더러 있다. 이럴 때마다 내가 마음 속으로 준비한 답변은 다른 것이 아니다. 그저 서울에, 중앙에, 권력에 목숨 걸지 않아도 그런 대로 살만 하다는 것이다. 물론 이 생각을 입말로 토설하지는 않지만 그런 내발적 자부심이 작용하였음은 물론하다.

이럴 때 필자나 전라도에 대하여 인식의 지평을 좋게 열어 둔 사람이라면 소극적이라는 말 대신에, (전주) 사람이 순하다고 하였을 것이다. 이때 순하다는 평판의 핵심은 바로 농경민족의 식물성적 특성을 말한 것이다.

이를 바탕으로 전주 사람들의 성향을 비교대비한다면 아마도 이럴 것이다. 수렵민족의 이동성적극성보다는 농경민족의 정착성소극성이라 할 것이며, 산업화시대의 역동성개방성보다는 농경민족의 수구성폐쇄성이라 할 것이며, 지구촌 시대의 진취성외부 지향성보다는 농경민족의 보수성내부 지향성이라고 해야 마땅할 것이다. 물론 이때의 소극성, 수구성, 내부 지향성이 시대에 뒤떨어진 낡은 사고방식의 소유자라기보다는 '사람 좋은' 인상에 기여한 요소로서의 특성을 말하자면 그렇다는 것이다.

하긴 농경민족의 식물성이 그렇게 부정하고 경원해야만 할 성향만은 아니다. 수렵민족의 떠돌이 기질보다는 농경민족의 정착성이나, 수구성이나, 내부 지향성이 우리 겨레붙이의 성향에 더 잘 어울리는 것임은 두말할 필요가 없다.

그러므로 (전주) 사람이 순하다는 전제는 농경민족의 식물성적 성향을 농후하게 보이는 사람들이라는 뜻으로 의역해도 크게 벗어나지 않으며, 그런 영향을 미친 주요한 요인 중의 하나가 바로 한반도의 곡창이라는 풍요로운 토지와 농경생활에서 비롯되었다는 뜻이다. 물론 그 식물성-풀잎의 성향을 잘 보인 것은 앞에서 지적한 역사성의 맥락을 제대로 형상화한 김수영의 시 「풀」과 오버랩되는 데서 찾아도 무방하다.

풀

김수영

풀이 눕는다
비를 몰아오는 동풍에 나부껴
풀은 눕고
드디어 울었다
날이 흐려서 더 울다가
다시 누웠다

풀이 눕는다
바람보다도 더 빨리 눕는다
바람보다도 더 빨리 울고
바람보다 먼저 일어난다

날이 흐리고 풀이 눕는다

발목까지
발밑까지 눕는다
바람보다 늦게 누워도
바람보다 먼저 일어나고
바람보다 늦게 울어도
바람보다 먼저 웃는다
날이 흐리고 풀뿌리가 눕는다

이때의 풀잎식물성을 누가 연약하고 나약한 패배주의자의 전형으로만 보겠는가? 이때의 식물성풀잎을 누가 유약하고 소극적인 피동성의 대상으로만 보겠는가? 오히려 그와는 반대로 강인하고 진취적이며 시대에 가장 민감한 자의 신중함과 예리함으로 읽는 대목에서 '순하다'의 성향이 노출되지 않겠는가.

강한 것만이 강한 것을 이기는 것은 아니라, 부드러움이 강함을 이긴다고 『노자』 하편 78장은 말하고 있다. "천하에 물보다 더 부드럽고 여린 것은 없다. 그러나 단단하고 힘센 것을 물리치는 데 이보다 더 훌륭한 것도 없다. 이를 대신할 것이 없다. 약한 것이 강한 것을 이기고, 부드러운 것이 굳센 것을 이긴다. 세상 사람 모르는 이 없지만 다만 실천하지 못할 뿐이다.天下莫柔弱於水 而攻堅强者莫之能勝 以基無以易之 弱之勝强 柔之勝剛 天下莫不知 莫能行" 김수영의 「풀」이나 노자의 '弱之勝强약지승강 柔之勝剛유지승강'의 기본 생각이 다르지 않으며, 나아가서 전주 사람이 순하다는 의미에서도 멀지 않다고 보는 것이다.

현대 과학기술에서도 무쇠를 끊고 자르는 유용한 도구로 삼는 것이 쇠가 아니라 물이다. 동풍이 몰아오는 비바람에 풀은 눕고 운다. 그러나 아주 눕고 영원히 우는 것은 아니다. 쇠붙이보다 더 무섭고 냉혹한 역사의 피바람보다 더 먼저 빨리 눕고, 잔혹한 살육의 피바람 앞에서 더 빨리 울지만, 그 바람보다 먼저 일어나는 것이 풀잎이요, 식물성이 지닌 생명력이다.

바람보다 늦게 누워도 바람보다 먼저 일어나고, 바람보다 늦게 울어도 바람보다 먼저 웃는다. 그게 식물성이 지닌 약지승강이요, 유지승강이다. 그런 인성을 지닌 사람을 만난다면 할 수 있는 말이 '사람이 순하다' 말고 또 무엇이 있겠는가?

역사의 고갱이마다 치러야 했던 민초들의 삶이 스스로 진정성을 지니며 대변한다. 역사는 민초들의 뿌리다. 아무리 현대의 미디어들이 가공할 위력으로 덧칠하고 분칠하여 왜곡하고 폄하한다 할지라도 살고 싶은 곳을 낙점하는 자유로운 의사 표현마저 구애받지는 않는다. '날이 흐리면 풀뿌리가 눕는다' 하지 않는가? 눕는 뿌리는 영원히 잠들지 않는다. 동토의 어둠과 가혹한 추위를 이기고 반드시 그 바람보다 먼저 일어나 순한 사람의 봄을 여는 길이 된다. 그것이 사람의 역사다.

전주, 예술적 전통성

현대사가 온통 경상도 천지가 된 지 오래다. 표준말은 '현대 서울의 교양 있는 사람들이 쓰는 말'로 정한다. 아마 이대로 몇 년 더 간다면, 서울마저 점령한 경상도 방언이 우리나라 표준어가 될 날도 머지않은 듯하다. 그만큼 경상도 사람들의 진출이 눈부시다. 그것을 시기하고 볼썽사납다는 뜻에서 하는 말이 아니다. 그런 판에 아직도 어느 한구석에서는 전라도 방언이 아니고서는 안 되는 부분이 있어 하는 말이다.

서울의 표준어, 경상도 방언이 주요 언어로 행세하는 세상이 되었다 할지라도 반드시 전라도 방언이 아니고서는 안 되는 영역장르이 바로 '판소리'이다. 소리꾼이 어느 지역 사람이건 판소리 다섯 마당을 비롯한 「춘향가」를 소리할 때면 어김없이 전라도 방언이 터져 나와야 제맛이 난다. 그래서 판소리를 제대로 구사하려는 소리꾼은 반드시 전라도 방언에 능숙해야 한다.

군사적 강압을 앞세운 폭압으로 일정 지역을 발전시키고 경제적 우월성을 강제한 것이 정치력이라면, 예술성은 정치력의 강압에 굴복하지 않는다. 중앙정치 무대에서 항상 뒷전이었던 조선왕조 시대에도 전라도 지역에서는 전통 가무악歌舞樂이 소리 소문 없이 연희되면서 민초들의 삶을 위무해 왔다.

우리 음악을 국악이라 홀대하면서, 외국에서 들어온 음악을 글자 그대로 음악이라고 주객이 전도된 시대를 살아왔다. 다행히 그런 관행이 잘못임을 뒤늦게 자각한 전통음악인예술가들이 중심이 되어 우리 음악국악에 대한 문예부흥이 이루어지고 있다. 그 중심에 전주, 전주 사람이 있다.

이것은 정치력으로 민초들의 삶이 좌우되는 것이 아니라, 예술적 힘만이 영구성을 지닌다는 뜻이다. 조선왕조는 망국의 화를 당해서 존재를 상실했지만, 조선왕조 시대에 천대받고 홀대받던 전통예술인들이 우리의 전통문화를 형성하는 주춧돌이 되고 있다. 그래서 '인생은 유한하고 예술은 영원하다' 하지 않는가. 이 말을 바꿔 말한다면 권력은 화무십일홍花無十日紅이지만 예술은 지지 않는 아름다운 꽃-인간을 미학적으로 아름답게 하는 삶의 여유를 찾게 하는 원동력이 된다는 뜻일 것이다.

그 중심에 전주, 전주 사람이 있다. '순한 (전주) 사람'이 있다. 앞에서 인용한 에피쿠로스의 지적이 전주 사람들에게 또 한번 빛이 나는 것이다. '사려 깊고, 아름답고, 정직하지 않고서 행복할 수 없다'는 지적이 전주 사람들에게 유효하다. 예술은 사려 깊은 통찰력의 산물이요, 예술은 아름다움을 추구하는 미적 산물이며, 예술은 자기를 거짓 없이 까발리는 정직한 삶의 결과물 아닌 것이 없다. 천박한 사유로 전통을 이룰 수 없으며, 아름다움에 대한 열정 없이 예술은 불가능하다. 그것을 몸으로 이룬 지역이 전주이며, 그것을 몸으로 실천하여 이어 오고 있는 사람들이 전주 사람들이다.

다른 경쟁이나 콩쿠르는 중앙서울에서 주최하고 벌이는 판에서 겨뤄 수상해야 비로소 명예와 영광을 얻었다며 보람 있어 한다. 그러나 우리의 전통음악국악의 각 장르는 반드시 전주대사습놀이를 통과해야 등용문에 올랐다고 할 수 있다. 서울중앙무대이 아니라, 전주에서 매년 겨루는 전주대사습놀이의 영면한 전통성과 역사성을 한국의 음악계가 인정하고 수용한 결과가 그렇게 이어지고 있다.

전주대사습놀이는 현대에 들어 갑자기 만들어진 인위적인 콩쿠르가 아니다. 이미 조선시대부터 국악의 고장으로 자타가 여기며 행해지던 경진대회를 때늦은 감이 없지 않으나 오늘에 되살려 전국 최고의 국악경진대회로 자리 잡았다. 국악의 여러 분야장르의 최고의 명창, 고수, 연주가, 연희자의 명예를 누리는 국악의 예인 치고 전주대사습놀이를 거치지 않은 사람을 찾기 어려운 지경으로 그 위상이 형성되어 있다.

인문학의 중심에 사람됨의 가치를 최고로 여기는 정신이 있다. 그렇다면 예술전통 연희놀이만큼 사람살이의 진득한 생명력으로 살아있는 정신을 어디에서 찾을 수 있겠는가? 그러므로 전주의 인문정신은 앞에서 지적한 민족사의 중심에 섰던 역사성, 농경민족의 식물성과 함께 전통예술을 가꾸고 지켜 온 전주 사람들의 예술성이 일치하는 데서 찾을 수 있음을 엿볼 수 있는 대목이다. 이런 전주 지역의 특성들이 영향을 미쳐서 '(전주) 사람이 순하다'는 평판을 낳는 데 작용했을 것이다.

그때 어사또 여산이 전라도 초읍이라 서리 역졸을 각처로 분발허는듸,

서리!

예이!

너희들은 예서 나려 우도로 염문하되, 여산 다녀 익산 보고, 함열 다녀 옥기 보고, 담양 다녀 순창 보고, 김제 타인으로 두루 어, 내월 십오일날 남원 광한루로 대령하라!

예이!

역졸!

예이!

너희들은 예서 나려 좌도로 염문하되, 고산, 금산, 무주, 용담, 진안, 장수, 운봉으로 두루 다녀 광양, 순천, 홍양, 낙안, 보성, 장흥, 강해남, 진수영으로 두러 덜어, 영암, 나주, 무안, 함평, 능남평, 화순, 동북, 광주로 두루 다녀 국곡투식하난 놈, 부모 불효하는 놈, 형제 화목을 못하는 놈, 술 먹고 기주 잡담, 피생으로 범하는 자, 낱낱이 적발하야 내월 십오일날 광한루로 대령하라!

예이![3]

「춘향가」는 한국인들의 영원한 로망이다. 이 설화 양식은 단순한 가창에서 끝나지 않는다. 한국인들이 추구해 마지않는 삶의 정도가 어떻게 꺾이고 어떻게 회복되는가를 생생하게 보여 주고 들려주며 이야기해 주는 예술 양식이다. 판소리는 가장 민중적인 연희 형태이

3_「춘향가」, 『판소리』, 뿌리깊은 나무, 1887.

며, 가장 서민적인 예술 양식이다. 이야기설화인 듯 여기며 들여다보면 서사문학 양식이며, 문학인가 하고 읽다 보면 가창음악 양식이며, 노래인 듯 알고 접하다 보면 생활구체적인 우리 이야기이요, 가창 양식인가 하다 보면 연희연극 양식인 것이 「춘향가」다.

이런 성격 때문에 그 주인공 춘향은 이미 허구적인 가공인물이 아니라 실존했던 인물로 승화되어 남원의 사당에 모셔지고 무덤이 조성되었으며, 광한루는 어느새 춘향이와 이몽룡의 데이트 장소로 구체화되기에 이르렀다. 설화가 서사문학으로 형상화되고 서사문학이 연희 형태의 종합예술로 승화되어, 예술과 인물과 향토성이 한데 어우러진 종합예술이자 삶의 축도로 여겨진 경우가 바로 「춘향가」다.

이 「춘향가」는 한국인들의 로망이면서 동시에 전라도의 기질과 풍토성을 여실히 보여 준다. 그런 기질과 풍토성이 「춘향전」의 구도와 맞물려 전라도 기질을 형성하는 데 직·간접적으로 기여하였다고 보는 것이다. 「춘향가」는 양반과 상민백성의 대결, 권력자와 서민의 대립, 서울중앙과 지방시골의 차별, 정의와 불의의 맞섬, 정절순결과 폭력의 대립 등 인간 사회에서 벌어질 수 있는 모든 관계망들이 한 편의 판소리 속에 농축되어 있다.

판소리에서 암행어사가 남원을 향하여 출발하면서 서리와 역졸들에게 각각 임무를 맡겨 분발하는 대목이 위에 인용한 부분이다. 전라도의 거의 모든 지역이 망라되어 열거되는 대목을 듣노라면, 전라도가 온통 대립과 대결의 피해 지역이고 약자들의 공간이며 부당하게 탄압받는 '춘향골'이라는 의식을 부지불식간에 가지게 된다.

「춘향전」 중 춘향이 고문 받는 장면

판본과 소리꾼에 의해서 조금씩 소리의 내용이 달라지는 경우가 있지만, 어느 판본에 보면 전주의 초입인 삼례 근방에 자리 잡고 있는 '비비정飛飛亭'이 등장한다. 지금도 전라선이 지나가고 동진강이 흐르는 한내다리 하류 쪽에는 그때 그 시절의 '비비정'이 초연한 모습으로 우뚝 서 있다. 시인 묵객들이 당연히 그냥 지나칠 수 없는 서정적인 풍광이었을 법한 곳이다. 비비정은 판소리 「춘향가」에 등장했다는 사실 말고도 전주 사람들이 즐겨 찾는 정경을 상징적으로 보여주는 곳이다.

이곳에 일단 발을 들이고 보면 번잡하고 시끄러운 세상과 등지고 살아도 되겠구나, 할 정도로 풍광이 매우 아름답다. 이런 곳에 정자

전주성황예술제(가운데 정장 차림이 이동호 | 사진_김명곤)

를 짓고 삶의 여유를 즐겼던 전라도-전주 사람들, 그들의 사람됨이 순하지 않고 어찌 사나울 수 있겠는가? 지금은 오염과 개발로 인하여 철마가 부단히 왕래하는 철교를 가슴에 안고 있지만, 그런 시설물이 없을 때 한내의 맑은 모래밭에 내려앉았던 기러기들의 모습飛飛落雁이 아련한 정경으로 사람의 마음을 평안케 한다. '(전주) 사람이 순하다'는 평판은 오랜 역사적 연원을 가지고 있음을, 이 비비정을 지날 때마다 새삼스럽게 느끼곤 한다.

전라도를 낯설게 여기는 타 지역 사람들에게는 이런 풍정마저 의미 있게 받아들여질 것이다. 물론 어느 지역이라도 물이 있고 산이 있어 산천경계山川境界가 아름다운 절경 치고 정자 한둘 없는 곳은 없을 것이다. 그러나 그런 정경이 우리의 오랜 전통문화전통예술와 한 몸이 되어 우리 의식의 저변에 흐르는 곳은 그리 흔치 않을 것이다. 그

중의 대표적인 곳이 바로 전주요, 「춘향가」이다.

전주의 인문정신

필자는 전주의 인문정신을 전주의 인문학적 배경에서 찾으려 했다. 인문학의 중심 가치가 사람답게 살게 하고 사람다움의 의미와 가치를 최고로 여기는 정신이라는 뜻에서 세 가지 요소를 중심으로 그 정신의 현주소를 살펴봤다.

첫째는 전주 사람은 우리 민족사가 가장 뜨겁고 치열했을 때마다 그 중심에 섰다는 역사성을 내포한다. 사람이 순하다는 평판은 정의감이나 책임감 없이 그저 시류에 따라 흘러가는 순둥이가 아니라, 사려 깊고 아름다우며 정직한 삶이 이루어낸 인상이요 평판일 수도 있음을 짐작할 수 있다.

둘째는 전주 사람은 농경민족이 지니고 있는 식물성의 특성을 온전히 지니고 있음을 김수영의 시 「풀」을 통해서 음미해 봤다. 농업 생산성이 사람살이의 가장 긴요한 수단일 때, 한반도에서 가장 넓은 농지토지를 지닌 전주 지역은 상대적으로 풍요로운 삶을 유지할 수 있었다. 그런 이유로 풀잎 같은 섬세함과 연약함으로 언제나 역사의 전면에서 책임과 의무를 다하면서도 그를 드러내어 공치사하지 않는 기질이 전주 사람들에게 형성되었을 것이다. 이런 성향이 사람이 순하다는 평판을 얻게 된 근원이 될 수 있을 것이다.

셋째는 전주 사람들이 지키고 가꾸어 온 예술적 전통성에 의해 사람이 순하다는 평판을 얻는 데 기여했음을 살펴봤다. 우리의 전통 예술에서 가장 서민적이며 민중적이어서 한국인들의 로망이다시피 한 고전소설로서의 『춘향전』이나, 한국인들이 가장 좋아하는 국악 양식인 판소리 「춘향가」가 지니고 있는 복합적인 요인들이 전주 사람들에 대한 평판을 형성하는 데 직·간접적으로 작용하였을 것이라는 점이다.

앞에서도 언급하였지만, 이 소고는 수상隨想을 펼치듯이 가볍게 그려 본 우리 지역사회 공동체의 자화상이라고 보면 적절할 것이다. 아울러 '(전주) 사람이 순하다'는 평판에 동조하지 않고, 오히려 그 반대되는 생각을 가진 사람들을 회유하고 설득하여 '우리의 우리됨'을 과시하려는 뜻은 조금도 없다. 오히려 그런 평판의 근거연원가 있다면 무엇일까? 하는 스스로에 대한 궁금증의 일단을 찾아보려는 시도였음을 밝혀 둔다.

이런 뜻에서, 꽃심은 순한 전주 사람을 드러내는 데 매우 적절한 형상성을 갖는다. 꽃은 완전무결한 미의 완성체다. 여기에 사람의 마음心을 합성하여 사람됨의 핵심적 중심체가 되는 꽃심은 전주의 대명사가 될 만하다.

기질이나 성향은 고정불변하는 철벽 같은 대상이 아니다. 우리 스스로 이런 소중한 역사적, 지리적, 예술적 자산을 가지고 있음에도 불구하고, 스스로를 깎아내리기를 주저하지 않는 것은 물론 심지어 열등의식을 확대 재생산해 내는 비뚤어진 의식을 바로잡는 하나의

전주의 문인들 | 왼쪽부터 평론가 이보영, 소설가 유기수, 이동호, 시인 이운룡

단서가 되었으면 하는 바람이 있다. 나아가 꽃심의 의미역과 그 실체를 다져 나가는 데 진력한다면, 한국을 대표하여 인문학의 핵심이 살아 있는 살기 좋은 도시가 되는 데 좋은 지침이 될 것이다.

"사람은 스스로 자신을 멸시한 다음, 다른 사람의 멸시를 받는다."는 금언은 언제나 진리다. 엉뚱하고 부당한 견강부회牽强附會로 자화자찬하는 밑그림을 함부로 그리는 일도 경계해야 마땅하지만, 가진 자산마저 활용하지 못하고 썩히는 일이야말로 못난 후손들의 전형이라고 생각한다. 이 소고는 그런 의식의 한가운데 자리하기를 자청할 뿐이다.

선비정신을 어떻게 실천할 것인가

몇 달 전에 서울에 나들이할 일이 있었다. 박사학위를 받은 후학이 자신의 학문 수련에 도움을 주신 분들을 모시고 조촐한 식사 자리를 마련하였으니 꼭 참석해 주시라는 연락을 받고 나선 길이었다. 몇 사람의 지인도 계셨지만, 고명하신 분들과 동석하는 자리였다. 웨스틴조선호텔 중식당에 여섯 분이 참석하기로 했다. 나는 서둘러 약속 시간에 앞서 도착했다.

그런데 약속 장소에 나가 보니 라종일전 우석대 총장 선생께서 선착해 계셨다. 이 자리에는 이어령전 문화부장관 선생께서도 참석하기로 되어 있었다. 나는 로비에 앉아 다른 분들이 도착하기를 기다리기로 했다. 그런데 30분이나 먼저 오신 라 총장은 좌석에 앉지도 않고 선 채로 계시는 것이다. 내가 라 총장께 좌석에 앉기를 권유했으나 돌아오는 응답이 나를 아연 숙연케 했다.

이어령 前 장관을 기다리며 | 왼쪽부터 우석대 명예교수 김경주, 의학박사 이동호, 前 주영국·주일본 대한민국대사 라종일, 여성자원금고 이사장 김근화, 前 중앙대 총장 박범훈 | 서울 롯데호텔 중식당 도림(2021.7.9)

"어르신께서 아직 도착하지 않으셨는데 어떻게 편안히 앉아서 기다릴 수 있겠습니까?" 하며 끝내 자리에 앉기를 고사하였다. 이어령 장관은 방송사에서의 인터뷰 행사가 예상보다 길어져 1시간이나 늦게 도착하였다. 그럼에도 불구하고 라 총장은 무려 60분을 넘는 시간 내내 꼿꼿이 선 채로 출입구를 지켜보면서 어르신 맞을 자세를 흐트러트리지 않았다. 나는 이 모습을 내내 지켜보면서 사람다움의 도리에 대하여 숙연한 생각을 가지게 되었다.

이어령 장관은 올해 87세에 이르신 고령이시다. 라 총장 역시 팔순을 넘기신 노인이시다. 나 역시 적지 않은 연치에 이르러 이어령 장관보다는 적고, 라 총장보다는 많은 나이에 이른 상노인이 됐다.

왼쪽부터 우석대 명예교수 김경주, 의학박사 이동호, 前 문화부장관 이어령, 前 중앙대 총장 박범훈, 前 주영국·주일본 대한민국대사 라종일, 여성자원금고 이사장 김근화 | 서울 롯데호텔 중식당 도림(2021.7.9)

그러나 사람다움의 첫째 덕목이라 할 수 있는 예의를 갖추는 데는 아직 멀었다는 생각이 불현듯 나를 사로잡았다. 예절, 예의가 사람다움의 첫째 덕목이라는 점은 누구나 공감한다. 그러나 그것을 몸으로 실천하자면 또 다른 영역의 실천력이 갖추어져야 하기 때문이다.

우리 사회에서 시대의 변화에도 불구하고 지키고 간직해야 할 정신적 가치를 들라면 대부분 선비정신을 든다. 이 정신은 유교 이념에서 비롯한 것으로 알고 있지만, 어느새 우리들에게 유교 이념을 초월한 공동선이 될 정도로 의미와 가치를 지닌 정신체계로 여겨지게 되

우석대 명예교수 김경주가 연세대학교 대학원 레저스포츠학 박사학위를 취득하고 前 문화부장관 이어령 님의 축하를 받음 | 2021.8.28

었다. 선비라면 흔히 어질고 지식이 있는 사람, 어질고 학식이 높은 사람을 뜻하기도 한다. 나아가 선비의 인격 조건으로 생명에 대한 욕심은 물론 물욕에 대한 욕망도 초월할 만큼 무소유의 덕성을 요구하기도 한다.

논어論語에 "뜻 있는 사士와 어진 사람은 살기 위하여 어진 덕을 해치지 않고 목숨을 버려서라도 어진 덕을 이룬다.志士仁人 無求生以害仁 有殺身以成仁"고 하였다. 또한 "이득을 보면 도의를 생각하고, 위태로움을 보면 생명을 바칠 줄 알고, 오랜 약속일지라도 전날의 자기 말을 잊지 않고 실천한다면 역시 인간 완성이라고 할 수 있다.見利思義 見危授命 久要不忘平生之言 亦可以爲成人矣"라고 강조한다. 이뿐만이 아니다. 맹자孟子는 "일정한 생업이 없어도 변하지 않는 마음을 갖는 것은 사대부士大夫만이

할 수 있다.無恒産而有恒心者 惟士爲能"고도 하였다.

그래서 선비정신이라 하면 다음 9가지를 든다.

첫째, 시사명視思明: 볼 때에는 분명한가를 생각하고 밝은 것을 보려는 정신,

둘째, 청사총聽思聰: 들을 때에는 확실한가를 생각하여 남의 말을 새겨듣는 정신,

셋째, 색사온色思溫: 낯빛은 온화한가를 생각하고 항상 온화한 표정을 지으려는 정신,

넷째, 모사공貌思恭: 태도는 공손한가를 생각하고 남을 존경하는 태도를 유지하려는 정신,

다섯째, 언사충言思忠: 말은 충실한가를 생각하고 조심스럽게 말하려는 정신,

여섯째, 사사경事思敬: 일은 신중한가를 생각하고 자신의 행동을 신중히 하려는 정신,

일곱째, 의사문疑思問: 의심나면 물어볼 것을 생각하고 의문점을 풀려고 애쓰는 정신,

여덟째, 분사난忿思難: 분이 날 때는 재난을 생각하며 화나는 일에도 흐트러지지 않으려는 정신,

아홉째, 견리사의見利思義: 이득을 보면 의로운 것인가를 생각하여 정의롭게 이득을 얻으려는 정신을 선비정신의 핵심으로 여기며, 선비들은 이런 행동 지침을 실천하려 애쓴다.

선비정신 아홉 가지를 열거하고 보니 비록 선비까지 이를 수는 없

원탁 맨 왼쪽부터 시계방향으로 우석대 명예교수 김경주, 여성자원금고 이사장 김근화, 의학박사 이동호, 前 문화부장관 이어령, 前 우석대총장, 주영국·주일본 대한민국 대사 라종일, 전 중앙대 총장 박범훈 | 촬영: 미래융합교육학회 이사장 신종우 교수 | 서울 롯데호텔 중식당 도림(2021.7.9)

다 할지라도 사람다운 사람이 되려는 사람이라면 반드시 지켜야 할 정신의 핵심 요소요 행동 지침으로 삼을 만한 덕목이다. 생각해 보면 선비만이 이런 행동 지침을 지켜야 한다는 것도 어불성설이다.

더구나 국민 대다수가 고등교육을 받는 21세기 현대 한국 사회를 생각한다면 국민 모두가 반드시 지켜야 할 필수 덕목이 될 법하다. 조선시대의 사대부들은 어찌 보면 신분사회의 특별한 혜택을 누린 사람들이다. 그러나 현대 21세기 한국 사회는 모두가 조선시대 선비들이 누렸던 교육 혜택을 누리고 사는 셈이다. 고등교육을 받은 사람은 물론이고 각종 매스미디어의 영향으로 세계 최고의 문해율을 자랑하고, 교육 입국을 통해 선진국에 진입한 우리나라가 선비정신을 국가 경쟁력의 내적 요소로 갖추었으면 하는 바람이다.

그럼에도 불구하고 학식은 선비들의 지식을 능가하여 과포화상태인지는 몰라도 현대 지식인들이 갖춘 덕성이나 정신 상태는, 선비는 고사하고 지성인이 되기에도 한참 모자란 것이 아니냐는 뼈아픈 자성을 하지 않을 수 없다. 오늘날 우리 사회는 세대갈등, 지역갈등, 계층갈등을 넘어 성별갈등까지 가세하는 형국이어서 하는 말이다. 이런 현상의 원인에 대한 진단은 백가쟁명百家爭鳴일 것이며, 그에 대한 처방 역시 백화제방百花齊放이겠지만, 결국은 논리나 주장에 앞선 행동적 실천에 달려 있다.

앞에서 소개했던 라종일 총장의 일화는 현대 한국 사회에서 선비정신을 실천하는 것이 얼마나 어려운 일인가를 가늠하기에 충분하다. 라 총장이 어른을 맞이하는 마음가짐과 몸가짐은 앞에서 지적했던 9가지 선비정신의 실천 사례라 할 만하다. 특히 선비정신 넷째 덕목인 모사공貌思恭 정신과 여섯째 덕목인 사사경事思敬 정신의 발현으로 볼 수 있을 것이다. 공손한 태도로 타인을 존중하는 몸가짐과 일을 당함에 있어 신중한가를 생각하고 자신의 행동을 신중히 하려는 정신이야말로 선비정신을 떠나서 교양인의 필수 덕목이 아니겠는가.

더구나 우리 사회에서 어르신을 존중해 왔던 경로사상敬老思想이 많이 퇴색되어 가는 현상은 어제 오늘의 일이 아니다. 가족 구성 양상의 변화, 생활 수단의 다양화, 그리고 경제적 양극화 현상의 증가로 인한 생활고 등을 이유로 어르신을 모시는 일이 어려운 것도 사실이다. 그런 마당에 무슨 경로사상이냐고 힐난할 수도 있다.

그러나 우리의 삶은 행복을 쟁취하기 위한 전투가 아니다. 우리 사회는 나만 행복하면 그만인 정글이 아니다. 우리가 매일 몸으로 부딪치며 치러야 하는 생활은 오늘을 극복해 낸 내일의 승전보인 셈이다. "삶이란 더 나은 인간이 되기 위한 투쟁이다."[4]라고 했다. 그는 또 "삶은 성공이 아닌 성장의 이야기다."라고도 했다. 더 나은 인간이 되는 길이 무엇일까? 성공이 아닌 성장이란 무엇일까?

이 지적을 간파한 사람과 그렇지 못한 사람의 차이가 바로 선비정신을 내면화하여 실천하는 사람과 그것이 구두선口頭禪에서 그친 사람과의 차이만큼이나, 지성적으로 양극화된 삶을 살게 될 것은 분명하다.

지금 우리 사회에는 꼰대론이 위세를 떨치고 있다. 시대의 변화에 적응하지 못하고 흘러간 물로 방아를 찧겠다는 사람은 꼰대가 되기 십상이다. '~라 때는 말이야'가 꼰대의 어투다. 시대의 흐름에 적응하지 못하고 과거에 획득한 지식체계로, 혹은 행동 패턴으로 오늘을 살고 내일도 올 것이라고 믿는 사람들의 행동 특성이다. 더 나은 인간이 되기 위한 탐구를 멈출 때 오는 현상이다.

더 나은 인간이 된다는 것은 어제보다 나은 오늘, 오늘보다 나은 내일을 추구하는 사람들의 특성이다. 9가지 선비정신과도 일치하는 특성이다. 시사명視思明-볼 때는 분명한가를 생각하고 밝은 것을 보려

4_데이비드 브룩스, 『인간의 품격』, 부키, 2015.

하고, 청사총聽思聽-들을 때는 확실한가를 생각하여 남의 말을 새겨 듣는 정신을 지니지 않고서는 '~라 때는 말이야'를 남발하게 되고, '하면 된다' 식의 견강부회를 금과옥조로 여기는 삶을 최고로 여기게 된다. 바로 꼰대론의 정통파일 수밖에 없다. 선비정신이 조선 사회 유교 이념에서 유발하였을지라도 끊임없는 탐구정신과 실천력만은 오늘날에도 계승하여 우리의 정신력으로 삼아야 할 이유가 되기에 충분하다.

삶은 성공이 아니라 성장이라고 했다. 나이가 차면 성장도 멈춘다고 보는 사람들은 나이에 지배당하여 유기체적 수명으로 끝나고 만다. 그러나 유기체적 생명이 다하는 날까지 인간은 끊임없이 성장하는 존재라는 점을 인식하는 사람들은 성공적인 삶을 산다. 성장이란 무엇인가? 바로 어제와 다른 오늘을 맞이하는 삶, 어제와 다른 나를 자각하는 사람들이 지닌 삶의 양식이자 행동 특성이다.

날마다 새롭고 또 날마다 새로운日新又日新 삶이 바로 성장하는 삶의 특성이다. 날마다 새로워진다는 것은 우리 몸이 300억 개에 달하는 낡은 세포를 제거하고 새로운 세포로 갈아치우는 이치와 똑같다. 우리 몸은 신진대사와 같은 작용을 통해서 끊임없이 묵은 어제의 세포를 제거하고 새로운 세포로 대체하는 작용을 멈추지 않는다. 그래야 비로소 유기체의 생명이 건재할 수 있다. 그런데 몸은 그렇게 자정능력을 발휘하는데, 정신은 그렇지 못하다. 자발적인 신진대사, 즉 정신적 탐구활동을 통해서 정신의 세포를 갈아치우지 않는다면 정신의 성장은 멈추게 되고 만다.

그래서 9가지 선비정신처럼 언사충言思忠, 말은 충실한가를 생각하여 조심스럽게 말하려는 정신을 연마하는 삶, 의사문疑思問, 의심나면 물어볼 것을 생각하고 의문점을 풀려고 애쓰는 정신을 발휘하는 삶이 바로 정신적 성장을 촉진하게 된다. 그런 삶은 성장하는 삶이 될 수밖에 없다. 왜냐하면 어제 습득한 지식지식은 대부분 언어학적 의역으로 이루어진다.을 '언사충-의사문'하게 되니 낡은묵은 지식이 사람됨의 정신에 쌓여 있을 겨를이 없기 때문이다. 그래서 날마다 새롭고 또 날마다 새로운 지식으로 갈아치우기 위해 탐구하는 삶, 선비정신으로 무장한 삶이 바로 성장하는 삶이 될 수밖에 없는 이치다.

미처 도착하지 못한 어르신을 맞이하기 위해 팔순의 노구를 꼿꼿이 유지한 채 1시간 이상을 선 채로 기다리는 라종일 총장, 그분에게는 그 시간 동안 다음과 같은 선비정신이 농축되어 발현되었을 것이다. 어르신께서 늦어지는 사유에 대한 염려, 어르신께서 고령이시기에 뜻밖의 환우가 있을 수 있음에 대한 우려, 복잡한 대도시 교통망 사정에 대한 근심이 그분을 그렇게 서서 기다리게 했을 것이다. 그분의 진중한 몸가짐을 내내 지켜보며, 우리 사회의 선비정신이 생생하게 살아 있음을 실감하는 것만으로도 나는 정신의 포만감을 느끼기에 충분했다. 어느 덕목이나 그것이 구두선에 그쳐서는 진정한 선비정신이라 할 수 없다. 유불리를 떠나 지켜야 할 것은 끝내 지켜내고야 마는 실천력이야말로 현대사회를 버텨내는, 우리 모두가 계승해야 할 선비정신의 핵심 가치라 할 것이다.

천심天心과 불심佛心

중용中庸 첫머리는 이렇게 쓰여 있다.

> 천이 명하는 것을 성이라 하고 天命之謂性(천명지위성)
>
> 성을 따르는 것을 도라 하며 率性之謂道(솔성지위도)
>
> 도를 닦는 것을 교라 한다 修道之謂教(수도지위교)

하늘이 명하는 것을 성이라 한다天命之謂性면, 성을 하늘이 내려 주었다는 뜻일 터. 이때 하늘은 천신天神(하늘에 계신 하느님)이 아니라, 천지天地로 보는 것이 우리 동양의 사유체계로 볼 때 타당하다. 성性에는 성품, 성질, 목숨, 생명의 뜻이 함께 담겨 있다. '나의 나됨'은 순전히 나의 성품성질, 목숨, 생명의 반영이다. 하늘이 천신을 뜻하게 될 때, 나의 나됨은 천지자연에서 유래하거나, 천지자연로 회귀하는 존재가 아니게 된다. 그렇게 되면 실재하는 나의 나됨의 유래도 막연하게 되고, 그 실재가 부재하게 되는 종말의 회귀도 막막한 허구의 망념 속으로 빠져들게 된다.

그러나 나의 나됨은 엄연한 실존의 구현이요, 나의 부재는 엄연한 실존의 사라짐이다. 즉 엄연한 생물학적 실존체인 어버이로부터 나의 성을 받았음은 천명지위성天命之謂性의 가장 명확한 실증일 수밖에 없다. 이런 명확한 실증적 사례를 부정한다면, 즉 나의 나됨이 순전히 천신天神으로부터 명받은 것이 된다면, 우리의 사유체계는 물론이요, 우리의 현존하는 삶의 모든 체계가 근거를 잃는 결과를 맞이하게 될 것이다.

그럼에도 불구하고 별 생각 없이 천심天心을 천신天神, 하느님으로만 받아들이면서 '하늘 무서운 줄 알라!'는 경고를 천신의 노여움만으로 받아들인다면 나의 나됨에서 한참 벗어난 망상이 아닐 수 없다. 내 존재의 실상을 부정하는 꼴이 되는 격이다.

얼마 전에 '따뜻한 하루'라는 매체에서 전하는 재미있는 이야기를 보았다.

나에겐 남동생 하나가 있다. 이름은 찬이. 근데 얘가 되게 웃긴 녀석이다. 찬이가 네 살 땐가. 쭈쭈바를 쭉쭉 빨면서 집에 들어왔다. 분명히 사 준 적이 없는데, 어디서 쭈쭈바를 구했는지 당당하게 물고 오는 것이 아닌가. 엄마는 궁금해서 찬이에게 물었다.

"찬아, 이거 누가 사 줬어? 뒷집 예슬이네 엄마가 사 줬어?"

그러자 찬이는 눈을 크게 뜨고는, 어눌한 발음으로 신나게 답했다.
"엄마, 내가 아이스크림 꺼내서 친구들 다 나눠 줬어. 잘했지?"
그러고는 침을 질질 흘리며 너무나 맑게 웃는 것이 아닌가. 엄마는 애 좀 보게, 하는 표정으로 찬이를 바라보았다. 알고 보니 엄마는 집 앞 슈퍼에 가면 우리에게 아이스크림을 사 줬는데 그때마다 우리에게 원하는 걸 직접 꺼내도록 해 주었다. 찬이는 그걸 기억하고 있다가 동네 친구들을 데리고 슈퍼에 가서 손수 쭈쭈바 하나씩을 꺼내 나눠 줬다.
아이스크림 냉장고와 찬이의 키가 비슷해 슈퍼 아주머니조차 모르고 있었다. 엄마는 슈퍼 아주머니에게 사과하고 값을 치르셨다.
그게 벌써 이십 년이 지난 이야기가 되었다.[5]

이때 찬이의 마음은 어디에서 비롯되었을까? 두말할 것도 없이 그것은 바로 찬이에게 원하는 아이스크림을 직접 꺼내어 사 줬던 어머니의 행동과 마음으로부터 비롯하였음은 불문가지다. 그러므로 찬이의 천심天心은 바로 엄마의 마음이자, 엄마가 보인 행위의 결과일 뿐이다. 어머니로부터 물려받은 심성天命之謂性이 있어 천진난만한 어린 찬이의 심성으로 자연스럽게 유발된 것이 아니고 무엇이겠는가!

그러므로 찬이의 성性(성품·성질·생명·목숨)은 오로지 어머니라는 구체적인 인연의 소산일 수밖에 없다. 장난감을 사 달라고 조르는 꼬마

5_청민, 『사랑은 수많은 이름으로 불어온다』, 첫눈, 2016.

에게 엄마가 말한다.

"엄마에게 돈이 없으니, 다음에 돈 생기면 사 주마."

그러자 꼬마가 그런다.

"은행에 가서 카드 넣으면 돈 나오잖아?"

어린아이를 은행에 데려가 현금 인출기에서 현금을 꺼내는 것을 목격한 꼬마에게, 엄마가 돈이 없다는 말은 믿을 수 없는 것이다.

천성은 하느님이 내려 주신 것이 아니라, 바로 엄마-어버이라는 자연적 인연의 소산이므로 천심 역시 천신天神(하느님)이 아니라 자연의 순리일 수밖에 없는 이유를 이렇게 찾아본다. 천심은 그러므로 자연의 섭리이자, 우주 운행의 기운일 수밖에 없다. 인간 역시 우주의 한 구성 요소로서 존재하는 한 사람됨의 요소, 즉 '나의 나됨'의 본질은 바로 자연으로부터 유발된 것이다.

성을 따르는 것을 도라 한다率性之謂道면, 그것은 곧 '나의 나됨'을 따르는 것이 바로 도道가 된다는 뜻이다. 도는 길이다. 사람이 자주 다니면 길이 생기고, 사람이 다니지 않으면 길이 사라진다. 사람이 자주 다니는 길은 다니기에 좋은 길일 것이고, 사람이 다니지 않아 거칠어진 길은 다니기에 좋지 않기 때문이다. 사람이 다니기 좋은 길은 따로 있는 게 아니라, 바로 타고난 '나의 나됨'을 따르는 데 있다.

사람에게는 이성두뇌과, 감성가슴이 있다. 이성적 판단이나 사고에 의해서 사람됨이 실현되는 것으로 아는 경향이 있으나, 그 이성도 결국은 감성感性에 의해서 유발된 결과일 뿐이다. 인간이 오감五感과 영감靈感을 통해서 전달되는 모든 정보-자료가 곧 성을 이루며, 그 성은 희로애락애오욕喜怒哀樂愛惡欲 칠정으로 나타난다.

그러므로 나의 나됨을 이룩하기 위해 내가 가는 길道은 바로 나의 성정性情이 인도하는 데로 갈 수밖에 없다. 나의 성정의 됨됨이가 바로 나의 길이 되는 셈이다. '길道'이 내가 가야 할 길이면서 동시에 진리라면, 그 진리 또한 '사람=나의 나됨=나의 성정'이 아닐 수 없을 것이다. 그래서 "인간이 없었다면 처음부터 진리란 있지도 않았을 것若無世人 一切萬法 本自不有"[6]이라고 말했을 것이다.

그래서 '바른길=진리에 이르기 위한 길'의 하나로 불심佛心이 요구되는 것이다. 불심이란 부처를 믿는 마음, 부처의 가르침을 따르는 마음, 나의 나됨을 깨닫는 마음이라 할 수 있겠으나, 여기에서 말하고자 하는 마음은 바로 일체불성유一切佛性有의 불심, 즉 불성佛性에 이르고자 함이다. 사람에게만 성정이 있는 것이 아니라, 삼라만상 모든 존재에게 불성이 있다는 전제를 받아들이는 일이다.

진리에 이르는 길, 바른길을 가고자 한다면, 인간에게만 성정이 있는 것이 아니라, 우주 만물에 내재되어 있을 성정을 바로 깨닫고 그 성정의 길에 동참하는 길일 터이다. 즉 천심은 곧 불심佛心일 수 있음을 받아들일 때 바른길에 이를 수 있다는 뜻이다. 불종성佛種性이라고도 하듯이, 모든 중생이 불성을 지니고 있으므로 아직 깨닫지 못한 중생일지라도 부처가 될 수 있는 가능성이 있다고 했다. –모든 중생이 본래부터 불성을 지니고 있다.一切衆生 悉有佛性 –涅槃經–

6_존.C.h.우 저, 김연수 옮김, 『禪의 황금시대』, 한문화, 92쪽.

불성에 따르면 천심이 곧 불심이어야 함은 명확하다. 나의 나됨天心을 이룩하면서 바른길道을 가고자 한다면 자연의 섭리에 따라야 하며, 모든 존재에 내재한 불성佛性을 바로 보고 받아들이는 불심을 간직하는 데서부터 첫걸음을 떼야 할 것이다.

페니실린을 발견한 영국의 미생물학자 알렉산더 플레밍의 이야기를 참고해 본다.

플레밍은 열악한 연구실에서 포도상구균 연구에 몰입했다. 어느 날 아래층 연구실에서도 곰팡이 알레르기 치료 방법을 연구하고 있었는데, 그 곰팡이가 창문을 타고 플레밍의 연구실로 들어와 배양 접시를 오염시키는 일이 발생했다. 이상하게 생각한 플레밍은 배양 접시를 오염시킨 곰팡이를 현미경으로 관찰하다가 중요한 사실을 발견했다. 그 곰팡이에 페니실린의 원료가 숨어 있었던 것이다. 그는 이것을 토대로 페니실린을 만들었다. 한번은 한 친구가 플레밍의 연구실을 방문하고 깜짝 놀랐다.

"자네가 이렇게 허름한 연구실에서 페니실린을 만들다니 …, 만약 자네가 좀 더 좋은 연구실에서 연구했다면 더 엄청난 발견들을 했을 것이네."

그러자 플레밍은 빙그레 웃으면서 대답했다.

"그렇다면 나는 아무것도 발견하지 못했을 거네. 오히려 이 열악한 연구실이 페니실린을 발견하게 해 주었다네. 창틈으로 날아온 곰팡이가 바로 페니실린의 재료가 되었지. 중요한 것은 환경이 좋다고 해서 꼭 좋은 결과를 얻는 것은 아니라네."[7]

필자가 이 이야기에서 주목하고자 하는 것은 연구실의 환경 문제가 아니다. 눈에 보이는현상-色 세계뿐만 아니라, 눈에 보이지 않는텅 빈-空 세계에도 성정性情-天命之謂性은 있다는 것이다. 삼라만상 일체 중생 모두에게 고루 편재해 있는 불성一切衆生悉有佛性을 서양의 과학자는 실증적으로 보여 준 셈이다.

불성에 지극한 마음이 곧 불심이라면, 우리가 진리에 이르고자 한다면, 우리가 나의 나됨을 구현하고자 한다면, 천심과 함께 불심을 간직해야 함을 깊이 깨닫는다.

7_「환경을 탓하지 않는다-알렉산더 플레밍-」 중, 『따뜻한 하루』 2059호, 2022.

인심人心이 곧 천심天心이다

요즈음 나의 안두案頭에 놓인 책 한 권이 나를 사로잡고 있다. 시도 때도 없이 내 자투리 시간은 물론, 야심한 밤의 휴식도 앗아가는 주범인 셈이다. 『인디언 연설문집-나는 왜 너가 아니고 나인가』라는 책이다. 이 책은 아메리카 인디언들의 연설문을 모아 놓은 책이다. 그래서 저자를 '시애틀 추장 외'라고 밝혔다. 이 책은 무려 900쪽에 이르는 방대한 두께를 가졌다. 글의 행간마다, 책의 구절마다, 책의 페이지마다 인간이 얼마나 부끄러운 존재이며, 문명이네 문화네 하는 것이 얼마나 허울뿐이고 모순투성이의 산물인지 …, 읽기를 잠시 멈추고 망연히 생각에 사로잡히게 된다.

필자가 왜 이 책에 마음을 빼앗겼는지, 다음 한 구절만 읽어 보아도 짐작할 수 있을 것이다.

매사추세츠 해안에 정착한 청교도들은 스스로를 '해안의 성자들'이라 칭했다. 이 백인 성자들은 왐피노그 족, 피쿼트 족, 나라간세트 족, 니프무크 족, 인디언들이 기독교를 받아들이길 거부하자 화가 났다. 마침내 존 메이슨 대장이 이끄는 청교도들이 갑자기 '신비주의의 강미스틱 리버'이라고 이름 붙인 샛강 하구의 피쿼트 족 마을을 공격했다. 그들은 마을에 불을 지르고, 불길을 피해 달아나는 마을 주민 7백 명 대부분을 학살했다. 끔찍한 광경이었다. 공격의 대열에 참가했던 코튼 목사는 다음과 같은 기록을 남겼다. "인디언들은 불에 구워졌으며, 흐르는 피의 강물이 마침내 그 불길을 껐다. 고약한 냄새가 하늘을 찔렀다. 하지만 그 승리는 달콤한 희생이었다. 사람들은 모두 하느님을 찬양하는 기도를 올렸다.[8]

사람의 마음人心은 어디를-무엇을 지향해야 할까? 하느님을 경배하는 마음信心은 과연 천심天心과 불심佛心과는 다른 차원의 것인가? 하느님을 경배하는 마음으로 같은 인간을 살육하는 마음은 어떤 마음일까? 믿는 신이 다르면 같은 인간이 아닌가? 문명과 문화는 과연 인류의 특성을 설명하는 올바른 징표일까? 이 모든 질문에 대하여 대답을 제공하는 것을 교敎라 한다.

8_시애틀 추장 외, 류시화 엮음, 『인디언 연설문집-나는 왜 너가 아니고 나인가』, 더숲, 2018.

그래서 중용에서는 도를 닦는 것을 교라 했다.修道之謂教 이때의 教는 가장 으뜸가는 가르침인 종교宗教도 되고, 사람됨을 깨우치는 교육教育도 된다. 천지로부터 명받은생명을 내림받아 태어난 인간은 天心-天性을 지니게 된다. 그 천성-천심을 갈고 닦아야 비로소 길道을 찾을 수 있다. 그 길을 따라가며 배우고 익히는 일이 곧 교가 된다. 바르게 배우고 행해야 비로소 사람의 길人道=人心에 이를 수 있음을 중용은 책의 첫머리에 제시한 것이다.

사람의 마음이 따로 있는 것이 아니다. 천심을 받아서 생겨난 천성을 따르는 마음이 곧 인심이다. 그 성정이 제 길로 흐르고 걷도록 가르치고 배워야 바른 사람됨인심을 간직할 수 있다. 그래서 '천심天心=불심佛心=인심人心'은 따로 있지 않고, 천심이 곧 불심이요, 불심이 곧 인심이 아닐 수 없는 것이다.

이 책에 기록된 자료들을 읽으며 읽기를 멈추는 때가 잦았다. 모순된 존재로서의 사람됨그 모순이 조금도 개선되지 않고 되풀이되는 현실, 극에 달한 잔인한 행태에 대한 절망감인간의 본질적 야수성에 대한 환멸, 문명의 탈을 쓴 야만의 역사야만이 문명이고, 문명이 야만인 도착된 역사, 실체도 없는 이념의 희생양이 될 수밖에 없는 전쟁의 혼란권력자들의 욕망의 희생이 된 민족의 비극, 점잔을 빼며 양심을 팔아먹는 종교의 허울지금도 되풀이되는 무지한 인간의 자기모순, 인간의 이름으로 벌어지는 비인간의 극치전쟁은 언제나 현재진행형 … 분노나 슬픔도 정도가 있다. 극도의 분노 앞에서는 절망을 낳고, 처절한 슬픔 앞에서는 오히려 -헛-웃음을 웃을 수밖에 없는 존재가 바로 인간이다. 그래서 인간은 영원히 모순투성이의 존재일 수밖에 없다.

다만, 모순을 벗어나려는 의지만이, 나의 나됨을 실현하려는 노력만이, 스스로 무지와 망각에서 벗어나려는 자성만이 나를 바꿀 수 있을 뿐이다. 그 누구도, 그 무엇도 나를 바꿀 수 없다. 종교의 허울을 쓴 신권神權도, 욕망의 화신이 된 정권政權도, 지식 많은 두뇌를 자랑하는 지성도 나를 넘어 우리를 바꿀 수 없다.

가령, 하나의 풀잎 몸짓에 불과한 시 한 편에서도 가슴을 열 수 있는 자, 작은 생명의 목소리에도 귀를 열 수 있는 자만이, 이 모순된 인간 역사의 궤도에서 벗어날 가능성을 얻을 뿐이다. 아주 작은 틈을 엿볼 수 있을 뿐이다.

그런 마음가짐은 따로 있지 않다. 천심天心과 불심佛心과 인심人心이 비롯하는 곳과 지향하는 점이 결코 다르지 않다는, 이 평범한 진리를 나의 길道로 삼을 때 가능할 것이다. 인디언 추장의 다음 연설을 음미하는 것도 이런 의미에서다.

> 우리 얼굴 붉은 사람들의 종교는 어떤 특정한 교리로 이루어진 것이 아니었다. 또한 받아들이길 거부하는 사람에게 그것을 강요하지도 않았다. 그러므로 우리의 종교에는 설교도 없고, 개종이나 박해도 없으며, 다른 사람의 종교를 무시하고 비웃는 일도 없었다. 무신론자라는 것도 존재하지 않았다. 우리의 종교는 교리가 아니라 마음 상태였다.[9]

인간이 인간을 지배하는 모든 제도나 권력은 천심이 아니다. 즉 자연의 섭리에 어긋난다. 그래서 그런 제도나 권력은 영속될 수 없다. 그것이 주인을 대행한다는 민주주의건, 대의정치의 산물이라는 권력이건, 신권을 빙자한 종교이건 마찬가지다. 민주주의는 지배를 정당화하는 제도를 제공하지 않는다. 천부인권을 존중하는 인심人心이 바로 펴지는 소통의 광장이어야 한다. 정치권력은 무소불위의 독선을 허용하지 않는다. 철저한 공복公僕의 신념으로 펼쳐내는 사람의 섬김이다. 신권을 빙자한 종교의 지배력이 인간이 지닌 보편적 기본권을 침해하려 할 때, 종교 역시 또 다른 권력의 하수인이 될 수밖에 없다.

인심을 곧 천심으로 볼 수 있을 때만이 민주주의도, 정치권력도, 종교적 신앙심도 제값을 다하게 될 것이다.

9_시애틀 추장 외, 류시화 엮음, 『인디언 연설문집-나는 왜 너가 아니고 나인가』, 더숲, 2018.

자존自存은 자존自尊으로부터 온다

홍망성쇠를 되풀이하는 역사의 관점에서 보면 역사적 치욕을 망각한 민족은 반드시 그 치욕을 되풀이당한다고 한다. 그래서 민족적으로 겪은 역사적 치욕과 그것을 안긴 이민족에 대해 인류애의 입장에서 용서는 하되, 역사적 관점에서 결코 잊지는 말아야 할 이유가 분명한 셈이다.

이런 역사 법칙은 개인에게도 그대로 적용된다. 사람들은 흔히 자신이 타인으로부터 업신여김을 당하면 매우 분개하며 그것을 안긴 상대에 대하여 복수심을 불태운다. 이런 사람은 자신 스스로를 무시한 다음 다른 사람으로부터 업신여김을 당하는 필연성이 내재해 있음을 상기할 필요가 있다.

인간의 자존성自存性은 그 누구로부터 보장되는 것이 아니라, 스스로 확립한 자존의식自存意識의 확립으로부터 비롯한다. 내가 나를 존중해야 남이 나를 존중하게 된다는 법칙은 만고불변의 원리다. 그렇기 때문에 나의 자존감을 확립하기 위하여 타인의 자존감을 존중하고자 하는 내발성이 확립되는 것이다. 내가 존귀한 존재이듯이, 타인 또한 존귀한 존재라는 상호 존중하는 내발성과 상생의식이 작용하여 공존공생의 기틀이 확립된다.

중국 신해혁명 당시 중국인들의 자화상을 예리하게 그렸다고 평가받고 있는 노신魯迅의 대표작 『아큐정전』에 나오는 주인공 아큐를 통해서 보면 이 점은 더욱 명확하다.

아큐는 날품팔이꾼으로 지극히 무능하고 우매하지만 자존심은 강한 성격이다. 그는 자신에게 가해지는 모욕을 소위 정신적 승리법이라는 것으로 이겨 나간다. 근대화 과정의 혼란 속에서 제법 약삭빠르게 처신하려 하지만, 그의 무지와 급한 성격으로 인해 파멸에 이를 뿐이다. 신해혁명의 물결을 보고, 그 혁명의 이념이며 구체적인 전개 과정에는 전혀 무지한 채 단지 힘을 쓸 수 있다는 것만으로 부화뇌동하지만 결국 총살당하고 만다.

아큐를 죽음으로 몰고 간 것은 무엇일까? 그것은 그의 의식 밑바닥에 인간을 멸시하는 무기력하고 비겁한 노예근성과, 이른바 정신승리법이라고 하는 묘한 심리 때문이 아닐까? 정신승리법은 자신이 위험에 처하거나 피해를 보게 되면, 머릿속에서 그 상황을 자기에게 유리하도록 합리화하여 만족감을 얻는 것이다. 자신을 감싸고 있는 위기와 불안, 실패를 알고 있으면서도 그것과 부딪쳐 이겨 나가려 하지 않고, '정신' 속으로 달아나 그 속에서 위안과 만족을 얻은 다음 현실을 외면해 버리려는 심리를 가리킨다. 이런 사람들은 대개 마음 속에 소영웅주의와 패배의식이 잠재해 있기 마련이다. 문학작품은 언제나 개연성蓋然性과 보편성普遍性을 지닌 세계이기 때문이기도 하지만, 우리가 처한 시대적 현실과 그리 다르지 않다고 보아도 무방하다. 그러므로 아큐가 지닌 인물의 개연성을 우리 자신에게서 찾기란 어려운 일이 아니다.

최근에 전북애향운동본부와 전북대사회과학연구소가 공동으로 행한 도민 의식 조사 결과를 접하고 착잡한 심정을 금할 수 없었다. 전북 도민 스스로 '인정이 많고 부지런하며 검소하고 예의 바르다'는 장점으로 인식하고 있는 반면, '단결력이 약하고 무책임하며 비합리적이고 관용성이 부족하다'는 점을 약점으로 지적하고 있었다.

그중에서도 충격적인 결과는 거의 절반에 가까운47.8% 응답자들이 기회가 주어지거나 언젠가는 반드시 전라북도를 떠날 생각을 갖고 있다는 응답이었다. 이런 응답 결과에서 타지역에서 출생했으나 전북에서 살고 있는 사람들이 보인 반응66.3%이야 고향 찾아가고 싶은 심정으로 이해할 수 있으나, 전북에서 출생한 사람들 중에서도 상당한 비율44.2%의 응답자가 출향을 생각하고 있다니 충격이 아닐 수 없다.

패배주의와 소영웅주의 어느 것도 우리의 구체적인 삶에는 그리 도움이 되지 않는다. 패배주의는 그 뿌리 없는 인간성의 심약성에서, 소영웅주의는 현실을 무시하는 자만성에서 환영할 일이 아니다. 현실을 직시하고 한 발 한 발 자존自存의 뿌리와 자존自尊의 성과를 지향할 때만이 현실을 탄탄하게 쌓아 갈 수 있을 것이다.

그런 심리적 첫걸음은 바로 긍정적 마인드에서 찾아야 한다. 자신이 디디고 서 있는 발판을 무너뜨리는 것이 패배주의요 소영웅주의라면, 몇십 배가 넘는 적선 앞에서도 기가 죽기는커녕 '신에게는 아직 12척의 배가 남아 있사오니今臣戰船 尙有十二 …'라며 불퇴전의 전투의지를 보인 충무공으로부터 긍정적 마인드의 열화 같은 성과를 짐작할 수 있다.

마침 전북애향운동본부에서 도민들이 지향할 비전을 제시하고 있다. 화합과 단결로 현안을 사수하고, 지역 인재 육성에 동참하며, 칭찬하는 사회 분위기를 조성하고, 기업과 기업인을 존중하며, 나눔과 배려의 자세로 선진사회를 구현하자고 주창하고 있다.

현실을 직시한 가운데 패배주의를 극복하고 조상 대대로 살아온 우리 삶의 터전에 행복의 기틀을 다지자는 외침이다. 모두가 긍정적 마인드로 의식을 전환하여 자존自尊의 극대화로 자존自存의 터전을 확립해야겠다.

늙은 젊은이와 젊은 늙은이

요즈음 우리 사회, 노소 간에 사물이나 시국을 보는 눈이 확연히 다르다는 것을 실감하는 사례들이 속출하고 있다.

풍부한 경험으로 매사 사려 깊은 안목을 지닌 어른으로 대접받던 노년층은 이제 옛말이 되었다. 그들은 케케묵은 사고방식을 지니고 있을 뿐만 아니라 시대에 맞지 않는 고정관념에 사로잡힌 존재로 매도되기도 한다. 그런가 하면 젊은이들은 일천한 경험으로 예측을 불허하는 행위로 과연 어디로 튈지 모르는 질풍노도疾風怒濤로 여겼다. 그런 젊은이들이 이제는 사회의 주류를 형성하는가 하면 그 영향력이 노년층을 능가하는 지경에 이르렀다. 참으로 격세지감이 아닐 수 없다.

이런 흐름이 일과성 현상으로 그치는 것이 아니라 구체적 동력을 발휘하여 사회의 주류가 될 가능성이 농후한 시대에 우리는 처해 있다. 아니 가능성만이 아니라 실제로 우리 사회의 흐름을 바꿔 놓기도 하는 등 사회 전반에 걸쳐 적지 않은 파장을 일으키기도 한다.

이미 알려진 일이지만, 지난번 서울시장 보궐선거에서 젊은 층의 참여와 지지를 받은 박원순 후보가 노년층의 지지를 더 받은 나경원 후보를 제치고 당선되었다. 전체 득표는 박 후보가 53.4%로 46.2%를 얻은 나 후보에게 낙승했지만, 연령별 투표 성향을 보면 박 후보가 노년층에서 잃은 표를 젊은 층에서 만회함으로써 당선될 수 있었던 것으로 나타났다.

여·야를 떠나서 진보 정책을 들고 나온 박 후보가 보수 정책을 주창한 나 후보를 이긴 것은 어찌 보면 앞에서 지적한 젊은이들과 노년층의 사고방식의 차이를 극명하게 보여 준 것이나 마찬가지라 할 수 있다.

이런 마당에 현 시국에서 차기 대통령 후보로 유력시되며 가장 크게 국민의 주목을 받고 있는 안철수 서울대융합과학대학원장은 이제 갓 오십 줄에 들어선 팔팔한 젊은이다. 숱한 정치 역정을 밟아 온 노회한 정객도 아니고, 그렇다고 정치학을 전공하거나 정치 일선에서 몸으로 부딪치며 정치적 스펙을 쌓아 온 경력도 없다. 정치에 물들지 않았다는 순수성과 그 무엇으로도 바꿀 수 없는 젊음으로 새로운 시대를 선도하는 그의 삶의 방식이 국민의 관심을 모으는 주된 원인으로 보인다.

그뿐만이 아니다. 300일 이상을 35미터 고공 크레인에서 농성하던 김진숙 씨를 지상으로 안전하게 내려오게 한 힘도 젊음이었다. 한 시인의 제창으로 비롯된 희망버스에 자비를 들여 가며 서울에서 부산까지 장거리 여행에 동참한 대열 중심에 바로 젊은이들이 있었다. 이들은 남의 고통도 나의 아픔으로 여기는 것은 물론이요, 옳다고 믿는 일에 물대포를 맞아 가며 행진했다. 젊음이 아니고서는 꿈도 꿀 수 없는 일이요, 현상이다. 그런 젊음의 힘이 일 년이 다 가도록 해결의 실마리조차 찾지 못하던 한진중공업 노동자 문제를 해결하기 위해 노·사·정 당사자들을 협상 테이블로 불러낸 원동력이라고 본다.

이런 젊음의 역동성에 비해서 노년층은 상대적으로 결집된 힘을 발휘하는 데 한계가 있을 수밖에 없을 것이다. 그래도 이름만 들어도 어른들-노년층의 단체행동이라고 금방 알 수 있는 '어버이연합' 같은 단체에서는 사회적 이슈에 대해서 강경하게 발언하고, 구체적인 행동에 나서기도 한다. 그런데 그 주창하는 바나 행태가 한결같이 갈등을 해소하고 사회의 통합을 위해 소통하려는 의지보다는 오히려 불난 집에 부채질하는 격이 되고 있어 젊은이들의 자기희생적 행위와 매우 대조되는 현상으로 비치게 한다.

왜 이렇게 젊음과 노년의 위상과 역할 기능은 물론이요 그 사회적 영향력까지 전통적인 의식과 관념에서 멀어지거나 역전되어 나타나는 것일까? 여기에는 시대의 변화를 재촉하는 현상들의 대처 방법에 그 원인이 있는 것이 아닌가 한다.

시대의 변화에 민감하게 대처하고 적응하려는 노력을 보인다면 나이와 상관없이 젊은이라 할 수 있고, 반대로 그런 노력을 등한시하고 각주구검刻舟求劍(어리석고 미련하여 융통성이 없다는 뜻)하듯 흘러간 물로 새 시대의 물레방아를 돌리려 한다면 나이와 상관없이 노년이라 할 수 있을 것이다.

『여씨춘추呂氏春秋』「찰금편察今篇」에는 '배의 밖으로 칼을 떨어뜨린 사람이 나중에 그 칼을 찾기 위해 배가 움직이는 것도 생각지 않고 칼을 떨어뜨린 뱃전에다 표시를 하였다'는 고사성어가 있다. 이처럼 시세의 변천을 외면한 채 고장난 유성기처럼 흘러간 노래만 되풀이 한다면 아무리 나이가 젊어도 젊은이라 할 수 없을 것이다.

그래서 지금 우리 시대는 실제 상대적으로 나이가 적은 젊은이와 나이가 많은 늙은이가 마주하기보다는 '늙은 젊은이'와 '젊은 늙은이'가 첨예하게 대립하는 형국이 아닌가 한다. 그러니까 젊음과 노년이 나이만으로 가려지는 것은 아니라, 새로운 시대의 징표와 현상들에 어떻게 생각하고 어떻게 행동하는가에 따라 젊은이와 늙은이를 구별할 수 있다는 뜻이다.

이를테면 정보·통신 기술을 외면하지 않고 새로운 문명의 이기로 받아들여 적극적으로 활용하고자 노력하는 사람은 '늙은 젊은이'가 틀림없다. 나이가 많건 적건 새로운 문명이 다가오는 소리에 눈귀를 기울여 시대의 격류를 외면하지 않는 삶 자체가 얼마나 지혜로운 태도인가? 그러니 이런 사람들은 '(사려 깊은 삶의 태도는) 늙은 (적극적 행동성은) 젊은이'가 아닐 수 없다. 반대로 새로운 문명의 이기 앞에서 스스로 탐구와 선용의 의지를 포기하는 사람이라면 그의 나이와 상관없이 '(확신에 찬 어리석음이) 젊은 (소극적 행동성은) 늙은이'가 아닐 수 없다.

요즈음처럼 정보가 홍수를 이루는 때가 또 언제였을까? 우리는 무수한 지적 정보의 홍수 시대에 살고 있다고 해도 과언이 아니다. 그러나 누구나 그런 것은 아니다. 일 년 내내 책 한 권 읽지 않는 사람, 자신과 반대되는 의견의 정체를 파악해 보려는 노력을 기울이지 않는 사람, 인문학적 정보에 갈증을 느끼지 않고 지적 호기심을 발휘하지도 않는 사람들은 연령의 많고 적음에 상관없이 '젊은 늙은이'일 수밖에 없다. 삶의 여유가 있건 없건, 현대사회가 자행하는 여러 가지 현실 문제에 대하여 개선 의지를 가지고 끊임없이 탐구하는 사람은 '늙은 젊은이'가 될 자격이 충분하다.

최첨단의 기술문명이 시대의 징표가 된 시대일수록 개별성보다는 공동체의 건전성이 어느 때보다도 절실히 요구된다. 농경시대의 미덕처럼 여겼던 상부상조를 통한 협력과 소통이 절실히 필요한 시대가 다시 찾아온 셈이다. 냉혹한 자본의 위력 앞에서, 거대한 기계문명의 위세 앞에서, 막강한 정치권력의 횡포 앞에서 한 개인의 됨됨이는 지극히 초라하기 그지없다. 이런 시대의 위기를 절감하고 연대와 협력, 소통과 통섭通涉만이 나약한 개인의 존엄성을 지켜 나갈 수 있다.

이런 시대의 흐름 앞에서 성난 사자처럼 젊음의 패기를 가지되 한편으로는 온순한 소처럼 늙은 지혜가 동시에 필요하지 않겠는가? 이렇게 '늙은 젊은이'들이 시대의 주류가 될 때 서울시장 보궐선거처럼 선거의 혁명도 이룰 수 있으며, 희망버스를 타고 가서 백척간두에 선 생명의 존엄성도 수호할 수 있을 것이다.

나아가 지혜로운 노인처럼 생각하고, 패기 넘치는 젊은이처럼 행동할 때 하나뿐인 지구를 살리는 환경운동에도 자발적으로 동참할 수 있으며, 이웃에 대한 배려가 곧 나를 사랑하는 길로 돌아오게 된다는 사실을 깨닫고 인권을 존중하는 대열에 나서게도 한다.

한 번뿐인 인생, '젊은 늙은이'로 살 것인가, '늙은 젊은이'로 살 것인가? 시대의 격류를 예고하는 새해 아침 해를 따라 나의 화두도 함께 떠오른다.

때로는 이십의 청년보다 육십이 된 사람에게 청춘이 있다.
나이를 먹는다고 해서 우리가 늙는 것은 아니다.
이상을 잃어버릴 때 비로소 늙는 것이다.

육십 세이든 십육 세이든 모든 사람의 가슴속에는
놀라움에 끌리는 마음,
젖먹이 아이와 같은 미지에 대한 끝없는 탐구심,
삶에서 환희를 얻고자 하는 열망이 있는 법이다.
그대와 나의 가슴속에는 남에게 잘 보이지 않는
그 무엇이 간직되어 있다.

–사무엘 울만 「청춘」에서

삶의 질과 타인에 대한 배려

얼마 전 내 절친한 지인을 동반하고 젊은이들과 함께하는 자리가 있었다. 자리가 끝나고 난 뒤 내 지인으로부터 지청구를 들었다. 사연은 이랬다. 점심을 들며 어른으로서 뭔가 젊은이들에게 도움이 될 만한 이야기를 한다는 게 설교조가 된 모양이다. 지인의 지적은 이랬다. "아무리 어른이라도 요즘 젊은이들이 어른의 훈계를 들으려 하지 않는 게 세태다. 젊은이들이 먼저 말씀을 청하지 않으면, 나서서 어른 노릇 하지 않는 것이 노인의 지혜로운 처세법이라고 하더라." 듣고 보니 일리가 있는 말이어서 지인의 충고를 고맙게 여길 수밖에 없었다.

그래도 그때 했던 나의 발언이 그렇게 지청구를 들을 만한 내용이었는지, 다시 한번 더 성찰하는 의미에서 반추해 본다.

"여보게들! 우리나라가 세계의 주목을 받는 것은 우리가 그동안 이룬 다음 두 가지 성과 때문이라고 하네. 이민족의 지배를 받던 나라가 독립하여 완전한 민주주의국가 정체성을 확립한 세계 유일한 국가인 것이 첫째고, 다른 하나는 한강의 기적이라고 불리며 세계 11위권의 경제력을 지닌 나라로 성장한 것이라고 하네."

그동안 우리 국민이 흘린 땀과 피를 생각하면 너무도 당연한 결과이지만, 정치적 민주주의나 경제적 풍요가 온 국민에게 두루 그 영향이 미쳐서 평화와 정의가 강물처럼 흐르는, 말 그대로 선진국이 되기 위해서는 더욱 노력이 필요할 것이라는 말을 덧붙였다.

그러면서 "정치적인 민주화의 결과는 차치하고라도, 경제성장이 이루어졌다는 확실한 증거는 우리 사회에 중산층이 두터워졌다는 뜻이기도 할 것이다. 자네들이 보는 우리 사회의 중산층의 기준은 무엇이라고 보는가?"

이런 질문을 하게 된 동기는 며칠 전에 접한 한 꼭지의 의미심장한 기사 때문이다. 이미 오래전에 나돌고 있는 내용이지만, 필자는 이 내용을 언제나 새로운 뉴스처럼 간직하며, 삶의 질에 대한 우리 사회의 허와 실에 대하여 고민하고 있었다.

필자가 접한 우리나라의 중산층의 기준에 관한 것이다. 몇 년 전에 모 언론사에서 중년의 직장인들을 상대로 중산층의 기준에 관한 설문조사를 벌였다. 첫째가 '빚 없는 아파트 30평 이상 소유, 둘째가 월급 5백만 원 이상, 셋째가 자동차 2천 CC 이상 소유, 넷째가 예금 잔고 1억 원 이상 보유, 다섯째가 1년에 해외여행 한 차례 이상 다니는 정도'는 되어야 소위 한국의 중산층이 될 수 있다는 설문조사 결과를 접하고 씁쓸한 느낌을 지울 수가 없었다.

필자가 젊은이들에게서 들은 대답도 이것과 다르지 않았다. 모두가 한결같은 대답이었다. 이구동성으로 물질적 소유와 과시적 소비 행태에 중산층의 기준을 두고 있었다. 문제는 여기에서부터 시작되었다. 필자의 목소리가 조금은 높아지고 질책성 혹은 훈계조의 설교가 가해졌던 모양이다. 그래도 아랑곳하지 않고 다음과 같은 사례를 들어, 우리 사회가 지닌 가치관의 혼란과 젊은이들이 지닌 인생 비전이 그래서야 되겠느냐며 개탄했다.

"여보게들! 프랑스 퐁피두Pompidou 대통령이 제시한 삶의 질에서 프랑스 중산층의 기준은 다음과 같았다고 하네. 첫째가 외국어 하나 정도는 할 수 있어야 하고, 둘째가 직접 즐기는 스포츠가 있어야 하며, 셋째가 다룰 줄 아는 악기가 있어야 하고, 넷째가 남들과 다른 맛을 낼 수 있는 요리를 만들 수 있어야 하며, 다섯째가 공분公憤에 의연히 참여하고, 여섯째가 약자를 도우며 봉사활동을 꾸준히 해야 한다는 것이었다네."

우리가 생각하는 중산층과 프랑스 사람들이 생각하는 중산층의 기준에서 뭐가 다른 줄 알겠는가? 물질적 소유와 과시적 소비 행태를 잘사는 기준으로 삼고 있는 한국과 '삶의 질'에 기준을 두고 있는 프랑스의 기준을 단순 비교할 수는 없겠지만, 그래도 그 지향점과 삶을 바라보는 출발점에서 너무도 먼 거리감을 느끼지 않느냐며 다그쳤던 모양이다.

지인의 지청구가 없었다 할지라도 내가 괜히 젊은이들에게 견강부회하는 언사로 저들의 심기를 불편하게 한 것은 아닌지, 조금은 후회되기도 하였다.

그래도 최근에 한병철 교수의 저서 『땅의 예찬』에 관한 리뷰 기사가 여전히 뇌리에 어른거리는 것을 지울 수 없다. 이 책 이전에 한 교수는 2015년에 『피로사회』라는 저서로 한국은 물론, 세계 철학계에 일단의 파문을 던졌다. 필자도 그 책을 읽었던 기억이 새로워서 새 저서에 대한 호기심이 일었다. 한국의 젊은이들뿐만 아니라, 전 세계가 신자유주의의 새로운 착취 수단인 성과주의와 성장 일변도의 경제정책이 집행되고 있다. 이로 인하여 젊은이들은 자기착취를 일삼고 있으며, 젊은이들은 점점 더 우울증이 심해지고, 사회는 점점 더 피로를 가중시키는 양태로 악순환을 거듭한다고 진단한 바 있다.

'자기착취'의 원인이 바로 삶의 질을 향상시키려는 데서 비롯하는 것이 아니라, 어떻게 하면 물질을 더 많이 소유하고 소비하며, 어떻게 하면 남他人보다 더 잘살 수 있는가에만 초점을 맞추다 보니, 봉사제 닭 잡아먹는 꼴로 자신을 착취하게 된다는 것이다. 이렇게 되니 요즈음 젊은이들이 자기에만 집중하고 몰입하느라, 타인이 눈에 들어올 리가 없는 것이다.

그동안 서양의 형이상학이 인간/자연, 서양/동양, 남성/여성, 정신/육체, 이성/감성, 의식/무의식 등을 이분법적으로 구분하고 이들을 우열의 관계로 파악해 왔다. 전자의 우등한 주체들이 후자의 열등한 타자들을 지배하고 통제하는 것이 당연시되었다. 이러한 현상과 경향들을 데리다Derrida 같은 철학자들은 '폭력적 서열제도'라고 불렸다. 이런 서열주의에 의하면 타자는 자기의 적이 될 수밖에 없다.

그러나 세상이 그렇게 단순하지는 않다. 자연이 없는 인간만의 세상, 육체가 없는 정신만의 세상은 불가능하다. 서양의 전통적 형이상학이 내포하고 있는 폭력적 서열주의에 대해서 니체Nietzsche를 비롯한 철학자들은 타자의 가치를 적극적으로 옹호하는 방향으로 폭력적 서열주의의 부당성을 지적해 왔다.

그들의 지적에 의하면 "인간이 자연을, 삶이 죽음을 전제로 하듯이 주체自我는 타자他人를 전제로 할 때만 존재한다는 사실에 주목한다. 타자는 적이 아니라, 바로 불완전한 나自己를 보완해 주는 고마운 존재가 된다. 그 타자의 시선이 있어 내가 결여한 남의 시선으로 삶을 바라볼 수 있게 된다는 것이다.

자기 삶의 질을 삶의 본질적인 측면에서 찾는 것이 아니라, 삶의 비본질적인 측면에서 찾는 젊은이들일수록 자기에 집착하고 타자를 외면하게 된다. 아파트의 평수, 월급의 액수, 타고 다니는 자동차의 배기량, 현금 잔고, 외국 여행 등의 요건들은 삶을 위한 필요 수단이지 충분조건이 될 수는 없다. 이들 조건들은 소유와 과시의 수단은 될 수 있을지언정 자신의 삶을 충족시켜 진정한 풍요를 안겨 주지는 못한다. 왜냐하면 그런 조건들이 충족되지 못했을 때 궁핍을 느끼고 불행하게 여길 수밖에 없기 때문이다.

그러나 삶의 본질적 조건들은 그렇지 않다. 외국어 하나쯤 마스터할 수 있는 능력은 일단 소유하게 되면 사라지지 않는다. 그런 능력이 부가적으로 가져오게 될 삶의 지평은 어쩌면 무한대로 확장될 수 있다. 운동선수가 하는 운동만 보고 즐기는 것이 아니라, 스스로 한 가지 이상의 스포츠를 즐기는 것은 그 삶 자체가 소유가 아니라, 바로 즐김의 구체성을 지님으로써 형언할 수 없는 충족감을 안겨 준다. 악기 하나쯤 다룰 줄 안다든가, 요리 한 가지쯤 맛깔스럽게 차려 낼 수 있는 능력은 그 어떤 대가를 치러도 얻을 수 없는 풍요를 얻는 구체적인 행위다. 공분을 느끼는 일에 참여해서 목소리를 내는 것이나, 봉사활동에 꾸준히 참여하는 일은 더 말할 필요도 없다.

그런데 이런 행위들은 순전히 자기만을 의식해서는 이룰 수 없는 행위들이다. 외국어를 익혀서 소통의 수단으로 삼는 것, 스포츠를 함께 즐기는 것, 악기를 연주하고, 음식을 만들어서 누군가를 즐겁게 해 주는 것, 공분에 참여해서 목소리를 내는 것, 봉사활동들은 반드시 남타인을 전제하지 않고서는 이루어질 수 없는 행위보람인 것이다.

그러므로 타인은 나의 소유를 나누어 주어야 하거나 빼앗아가는 적대적 존재가 아니라, 바로 나자기를 더욱 풍요롭게 하는 또 다른 나자아인 것이다. 이렇게 적대적 관계를 상호 보완적 존재로 바꾸어 놓았을 때, 우리 사회나 나 개인의 삶의 비전이 어떻게 바뀌는 것인가는 스스로 체험을 통해서 이루어질 수밖에 없다.

삶의 궁극적 지향점을 어디에 두어야 할 것인가? 남이야 죽든 말든 나만 잘살면 그만이라는 배타적이고 이기적인 생각이 바로 자기 착취의 원인이 된다. 우리의 전통적인 가치관이 원래 그러하지는 않았다. 우리는 그 어느 민족보다 공동체의 가치와 선한 삶의 질을 공유하는 것을 체질화된 미덕으로 여겨 왔다.

다음 에피소드는 우리가 타자를 배려하는 미덕이 얼마나 체질화된 민족인지를 잘 보여 주는 이야기다. 한국을 배경으로 한 소설 『살아 있는 갈대』를 집필했던 노벨문학상 수상 작가 펄 벅Pearl Sydenstricker Buck(1892~1973) 여사가 1960년대 초 한국을 방문했다. 펄 벅 여사는 소설 집필을 위해 한국 농촌에 머물게 되었다. 이 이야기는 그 무렵을 배경으로 한다.

펄 벅이 한국 농촌에 머물고 보니 자연히 그의 관심은 한국 농촌에 있을 수밖에 없었다. 그러던 어느 날 시골길을 걷게 되는데, 여름의 뜨거운 볕이 저무는 저녁 무렵이었다. 어떤 농부가 밭일을 마치고 귀가하는 중이었다. 농부는 지친 모습이 역력했고 땀에 전 옷과 어깨에 멘 지게에는 무거운 짐을 잔뜩 얹고 구부정히 걷고 있었다. 그런데 그 옆에는 황소 달구지가 빈 채로 굴러가고 있었다. 보통 사람들은 황소 달구지에 짐은 물론 자신의 고단한 몸도 거기에 얹어 갈 터인데, 이 농부는 도리어 황소의 짐을 자신이 대신 지고 터벅터벅 걷고 있었다. 이 광경을 의아하게 여긴 펄 벅 여사가 "왜 이렇게 고생을 하느냐?"고 물었다. 그 농부가 말하기를 "오늘 하루 종일 우리 황소가 나보다 더 고생했다. 그래서 내가 짐을 나누어 지고 간다."는 것이었다. 한국 농부의 말에 감동을 받은 펄 벅 여사는 "한갓 미물인 짐승이라도 수고를 아는 주인을 만났으니, 그 소는 죽을 때까지 아마 행복하게 살 것이다."

경제적 풍요만이 삶의 궁극적 목적은 아니다. '잘산다'는 것, 중산층의 기준을 경제적 소유에만 맞추는 한 공동체의 향상은 요원하다. 나와 다른 사람의 존재 가치를 인정하고, 다른 사람과 더불어 누릴 수 있는 본질적 행복을 추구하는 길만이 오늘날과 같은 세계화 시대를 살아가는 지혜라 할 수 있을 것이다.

'잘산다'는 것은 이런 것이라며, 소크라테스Socrates의 말을 인용하며 마무리했던 말조차 나의 지인이 지우지는 않았다. "잘사는 것이나, 아름답고 정의롭게 사는 것은 한 가지다.Living well & beautifully & justly are one thing" 물질적으로 궁핍하지 않는 삶만이 '잘사는 것'은 아니다. 문화-예술을 가까이하며 아름다움을 누리는 삶, 사회적 공분에 목소리를 합하는 삶, 정의롭고 공정한 사회를 실현하는 일에도 외면하지 않고 동참하는 중산층이 폭넓게 포진한 사회가 진정한 선진사회가 될 것이다.

그러자면 타인의 삶을 배려하는 가운데, 소유보다 삶의 질을 중시하는 생활철학이 먼저 확립되어야 가능할 터이다. 약동하는 우리 사회의 현실이 그런 공동체를 이룩해 가는 과정이기를 갈망해 본다.

「 잘 쓰인 인생, 노년 」

다시는 젊어지고 싶지 않다.
모진 세월이 가고, 아아 편안하다.
늙어서 이렇게 편안한 것을 …
버리고 갈 것만 남아서 참 홀가분하다.

- 소설가 박경리 -

필자는 요즈음 노인요양병원에서 근무하고 있다. 필자 역시 노년에 접어들었지만, 날마다 지켜보는 노인분들을 대하면서 노년에 대한 여러 가지 생각들이 넘쳐난다.

그런 중에 소설가 박경리 씨가 운명하기 몇 달 전에 남긴 말씀을 접하게 되었다.

다시는 젊어지고 싶지 않다. 모진 세월이 가고, 아아 편안하다. 늙어서 이렇게 편안한 것을 … 버리고 갈 것만 남아서 참 홀가분하다.

한 인생을 잘 마치신 분의 평안한 마음가짐을 직접 보는 듯이 공감이 가는 말씀이다. 이미 고인이 되신 박완서 작가도 이와 비슷한 심경을 토로한 글을 봤다.

"나이가 드니 마음 놓고 고무줄 바지를 입을 수 있는 것처럼, 나 편한 대로 헐렁하게 살 수 있어서 좋고 하고 싶지 않은 것을 안 할 수 있어 좋다. 다시 젊어지고 싶지 않다. 하고 싶지 않은 것을 안 하고 싶다고 말하는 것이 얼마나 좋은데 젊음과 바꾸겠는가? 다시 태어나고 싶지 않다. 난 살아오면서 볼꼴, 못 볼꼴 충분히 봤다. 한 번 본 거 두 번 보고 싶지 않다. 한 겹 두 겹 어떤 책임을 벗고 점점 가벼워지는 느낌을 음미하면서 살아가고 싶다. 소설도 써지면 쓰겠지만 안 써져도 그만이다."

두 분은 한국 문단을 대표하는 소설가였다. 조용한 시골집에서 행복하게 삶을 마감했던 분들이다. 인생의 노년이 이렇게만 마감할 수 있다면 …, 누구나 바라는 바일 것이다. 두 분의 마음을 접하다 보니 "잘 보낸 하루가 편안한 잠을 주듯이, 잘 쓰인 일생은 평안한 죽음을 준다."고 했던 레오나르도 다빈치의 명언이 떠오른다.

모두가 이분들처럼 평안하게 노년을 맞고 보내지는 못하는 듯하다. 그 원인이야 다양하고 사람마다 다르겠지만, 일반 노인들의 말년

금산사 템플스테이 게스트에게 태극권을 교육하는 이동호

이 평안하지 못한 것은 대략 두 가지쯤으로 정리할 수 있다.

하나는 정신 건강의 측면이요, 다른 하나는 신체 건강의 측면이다. 과거에는 '건강한 신체에 건전한 정신'이라는 격언을 진리처럼 여겨 왔다. 몸이 튼튼해야 정신도 건강하다는 것이다. 일면 일리가 있는 말이다. 몸이 질병으로 신음하는데 어떻게 정신력을 맑게 유지할 수 있겠냐며 몸의 건강이 먼저라는 생각을 당연시했다.

그러나 정신·심리학의 발달과 정신·신경학의 발달로 반드시 몸의 건강이 선결 문제가 아니라, 바로 정신의 건강이 선결 문제라는 데 대체로 일치된 견해를 보이는 듯하다. 즉 정신력이 강건해야 몸의 건강도 유지할 수 있다는 것이다. 강인한 정신력을 갖추어야 자신의 신

중국 우슈협회에서 여성 우슈 사범을 교육하는 이동호

체를 강건하게 유지하고 관리하여 건강한 신체를 건사할 수 있다는 것이다.

닭이 먼저냐, 달걀이 먼저냐의 무망한 논쟁거리를 제공하자는 뜻이 아니다. 강인한 정신력은 면역력을 강화시켜서 육체에 달라붙는 바이러스나 어지간한 잔병치레를 하지 않고 넘어갈 수 있다는 것이 정설이다. 정신력의 강화야말로 몸의 균형감각과 몸의 에너지를 강화시키는 원동력이 될 것이다. 그래서 여기에서는 첫 번째, 정신 건강의 측면에 대해서만 언급하고자 한다.

이를테면 '늙으면 죽어야지, 별수 있겠어?'라고 자탄하며 스스로 삶의 의욕과 신체 에너지의 고갈을 당연시 받아들이는 노인과 '늙는다는 것은 나이에 불과하지, 죽는 날까지 죽은 것은 아니야'라며 삶의 의욕을 불태우는 노인의 삶은 전혀 다른 결과에 이르게 될 것이다. 이때 작용하는 생명 에너지가 신체의 건강함에서 나오는 것일까, 아니면 정신의 강건함에서 나오는 것일까? 묻지 않아도 후자가 크게 작용하는 것임을 알 수 있다.

아무리 정신력이 강건하다 할지라도 노년은 결국 죽음에 이르는 과정이니 슬픈 것이 아니냐고, 늙으면 결국 허약한 존재가 되어 쓸모없게 되는 것이 아니냐고, 늙으면 쾌락이 없으니 결국 재미없는 인생이 아니냐며 참담하고 비참한 심정에 빠질 수도 있을 것이다. 그러나 여기에 대한 대답이 정녕 없는 것은 아니다. 곧 정신력의 강화로 앞에서 던져진 자문에 대한 자답을 얻을 수도 있는 것이다.

로마의 현인 키케로Cicero는 「노년에 관하여」라는 글을 통해서, 당시 로마인들 사이에서 추앙을 받던 대大카토Cato의 음성을 빌려서, 노년이 소멸의 과정이 아니라 완성의 단계라며 다음과 같이 노년에 관하여 설득한다.

첫째, 노년이 되면 쓸모없는 존재가 되는 것에 대한 염려다. 대카토의 단호한 설명은 그렇지 않다. "전혀 염려할 것이 없네. 노년은 노년대로 쓸모가 있는 게 인생이지. 큰일은 체력이나 민첩성이나 신체의 기민성이 아니라, 계획과 명망과 판단력에 따라 이루어지지. 그리고 이러한 여러 자질은 노년이 되면 대개 줄어드는 것이 아니라 더 늘어난다네. 한창 때의 젊은이들은 경솔하기 마련이고, 분별력은 늙어 가면서 생기는 법이라네."(『그리스 로마 에세이』에서. 이하 출전 생략) 늙어서야

전주교육대학교에서 열린 '황산벌전투' 무용극 중 계백 장군 역을 맡은 이동호

비로소 생기는 명망과 치밀한 판단력과 분별력의 근원은 바로 정신력이다. 그러므로 건전한 신체에 건전한 정신이 아니라, 강건한 정신에 건전한 신체가 유지될 수 있다는 것이다.

둘째, 노년이 되면 우리 몸이 허약해지는 데 대한 염려다. 이 또한 대카토의 단호한 주장은 매우 설득력이 있다. 노년이 되어 힘이 없다고, 우리는 이제 인생 다 끝났다고 낙심해야 할까? 그렇지 않다는 것이다. 노년은 힘은 없지만 원숙한 권위가 있으니, 이 자질은 소년이나 청년에게서 찾을 수 없는 우리 인생의 자산이라는 것이다.

힘이 있으면 그 재산을 쓰되, 없다고 아쉬워하지는 말게나. 청년이 소년 시절을, 또는 장년이 청년 시절을 아쉬워해서는 안 되는 것이라면 말일세. 인생주로走路는 정해졌네. 자연의 길은 하나뿐이며, 그 길은 한 번만 가게 되어 있지. 그리고 인생의 매 단계에는 고유한 특징이 있다네. 소년은 허약하고, 청년은 저돌적이며, 장년은 위엄이 있고, 노년은 원숙하네. 이런 자질들은 제철이 되어야만 거두어들일 수 있는 자연의 결실과도 같은 것이라네.

노년이 쓸모없는 소멸의 과정이 아니라, 원숙한 완성의 단계라는 것이다. 이 원숙한 힘은 노년이 아니고서는 결코 수확할 수 없는 인생의 결실이라는 것이다. 그러므로 노년에는 원숙한 결실을 위한 완성의 단계요, 강건한 정신력으로 채워지는 단계라는 것이다.

셋째, 노년에는 감각적 쾌락이 없으니 재미없는 삶이라는 염려다. 대카토의 대답이 금욕적인 철학자의 고집으로 들릴지도 모르겠다. 그러나 그는 쾌락을 하나의 역병으로 본다. 그러니 노년이 되어 이런 쾌락(역병)이 물러가는 것은 불행이 아니라 바로 축복이라는 것이다.

세월이 정말로 젊은 시절의 가장 위험한 약점에서 우리를 해방시켜 준다면, 그것은 세월이 우리에게 주는 얼마나 멋진 선물인가! 자연이 인간에게 준 역병 가운데 쾌락보다 치명적인 것은 없다네. 쾌락의 탐욕스러운 추구는 쾌락을 충족시키도록 사람들을 맹목적으로 거리낌 없이 부추긴다는 것이었네. 이성과 지혜로도 쾌락을 거부할 수 없는 것이라면, 우리가 해서는 안 되는 것에 욕망을

> 품지 않게 해 주는 노년이야말로 진심으로 감사해야 한다네.

쾌락이 없어 재미없는 인생이 노년이 아니라, 해서는 안 될 욕망을 품지 않게 해 주는 노년이야말로 감사해야 할 신의 선물이라 아니할 수 없다. 이것 역시 강건한 정신력을 소유하지 못한 노년에게는 쉽게 인정할 수 없는 난제일 것이다.

마지막으로, 이제 카토가 대답하는 노년의 비참함에 대한 네 번째 질문이 남았다. 그것은 노년은 죽음에 임박했으니 슬픈가 하는 것이다. 그의 답도 거기에서 벗어나지 않는다. 죽음은 자연과의 조화이니 조금도 슬플 일이 아니라는 것이다. 죽음은 육체가 죽는 것이지 우리의 영혼-정신까지 죽는 것이 아니다. 영혼은 세상 너머 저세상에서 불사하며 삶을 이어 나갈 것이라는 것이다.

> 주어진 수명이 짧다 해도 훌륭하고 명예롭게 살기에는 충분히 길기 때문일세. 자연과 조화를 이루는 것은 무엇이든 선으로 간주되어야 하네. 그런데 노인들이 죽는 것보다 자연과 조화를 이루는 것이 또 어디 있겠는가? 내가 죽음에 더 가까이 다가갈수록 마치 오랜 항해 끝에 드디어 육지를 발견하고는 항구에 들어서려는 것 같은 느낌이 든다네.

요즈음 한 편의 다큐멘터리 영화가 시중의 화제다. 「님아, 저 강을 건너지 마오」가 그 작품이다. 89살의 할머니와 98살의 할아버지 부

필리핀 천애원시림계곡에서 우슈 동작을 취하고 있는 이동호

부가 노년의 마지막을 살아가는 모습을 담담하게 담아낸 작품이다. 필자도 며칠 전에 이 영화를 관람하였다. 이 영화의 내용보다 놀란 것은 관객 대부분이 젊은 층이라는 점이었고, 그보다 더 놀라운 것은 내 좌우 옆자리, 앞자리에 앉은 관객들이 영화가 상영되는 내내 어깨를 들썩이며 훌쩍이는 모습이 내내 내 마음을 건드렸다. 그런 모습을 보려고 해서 본 것이 아니라, 필자도 영화를 관람하는 내내 흐르는 눈물을 주체할 수 없는 계면쩍음에 한눈을 팔다 보니 자연스럽게 보였을 뿐이다.

무엇이, 영화의 어떤 점이 필자를 비롯한 관객들을 눈물바다로 만들었을까? 이 영화는 이 노부부의 생활을 아무 극적 장치 없이 2년

중국 만리장성에서 우슈 동작을 취하고 있는 이동호

가까이, 400시간가량 촬영했다고 한다. 할아버지는 이 다큐멘터리가 영화로 완성되는 것을 보지 못하고 1년 전에 명운을 달리했다고 전해진다. 영화의 시작 부분과 끝 부분에 할아버지의 묘소가 클로즈업되며 영화로서의 대단원을 이룬다.

필자는 극적 픽션으로서의 영화보다 사실성에 입각한 기록성이 관객의 심금을 울렸다고 본다. 즉 "잘 살아오신, 후회 없이 한평생을 사랑하며 살아낸, 한 인생을 잘 써내려 간 노부부가 맞이한 완성된 노년의 기록" 이것이 관람객들을 매료시킨 원동력의 하나라고 본다. 더구나 앞에서 대카토가 지적했듯이, 노년이 되어 거두는 결실은 젊은이들로서는 언감생심焉敢生心 꿈도 꿀 수 없는 일이다. 늙지 않고서는, 늙어 보지 않고서는 이를 수 없는 노년의 완성! 그것은 곧 사랑의 완성이고 인생의 완성이 아니고 무엇이겠는가?

그러니 젊은 관객들이 이 영화를 많이 찾는 것은 당연한 현상으로 보였다. 살아 보지 않고서도, 노년에 이르지도 않고서도 노년의 결실을 미리 볼 수 있는 절호의 기회를 영화는 제공하고 있는 셈이다. 그 결과 노년이 쓸모없는 존재가 되는 것에 대한 염려를 덜고, 노년이 되어 몸이 허약해지는 것은 정신력의 원숙미가 대신하는 것이라는 깨달음을 얻으며, 노년에 감각적 쾌락이 없는 것이 바로 신의 선물이라는 해답을 젊은 관객들이 영화에서 얻은 게 틀림없을 것이다.

그래서 다시 한번 더 '건강한 신체에 건전한 정신이 아니라, 강건한 정신에 건강한 신체'라는 새로운 격언과 함께 레오나르도 다빈치Leonardo da Vinci의 명언을 기억하며 이 글을 마치고자 한다.

"잘 보낸 하루가 편안한 잠을 주듯이, 잘 쓰인 일생은 평안한 죽음을 준다."

2부

서·정·의··파·장

한 채식주의자의 『채식주의자』 읽기

필자는 주변에 알려져 있다시피 거의 30여 년 동안 채식주의를 실천해 왔다. 현재는 채식 위주의 식사를 잠시 중단한 상태이지만, 언젠가는 다시 채식주의로 돌아가 내 말년의 섭생攝生을 꾸려 가려 한다. 지난 30여 년 동안 실천해 온 채식주의가 단순히 수많은 식품의 종류 중에서 어느 것을 먹을 것이냐는 선택의 문제가 아니라, 내 인생을 지탱해 온 철학적 배경에서 비롯한 것임을 생각하면, 다시 채식주의로 돌아가야 하는 것은 내 필연의 선택이자 지향처가 아닐 수 없다.

이런 처지에 있고 보니 근래 우리 문화·예술계에 커다란 경사로 꼽히는, 세계 3대 문학상에 든다는 한강 작가의 '맨부커 인터내셔널상' 수상이 필자의 관심을 끌지 않을 수 없었다. 더구나 수상 대상이 된 작품이 장편소설 『채식주의자』라는 점에서 필자의 독서 의욕을 더욱 부추겼다.

『채식주의자』를 통독했다. 이 작품은 서사문학이 갖추어야 할 요소들을 고루 갖추어 책 읽는 눈길을 뗄 수 없게 하는 힘이 있었다. 중편 3부작을 하나의 장편소설로 전환시키는 구성 요소들 간의 필연성, 작품 내에서 통일성 있는 언행으로 형성해 낸 캐릭터의 독창성이 독자를 사로잡을 만했다. 이런 독서 끝에 남는 것은 따로 있었다.

허구로 조합해 낸 작품 속의 세계와 인물을 통해서 독자들에게 남긴 질문은 다음 두 가지로 보였다. '인간 존재의 의미는 무엇인가, 인간은 과연 존엄한 존재인가?' 작가는 후속작에서 『채식주의자』에서 던진 질문들에 대한 대답을 내놓겠다고 하였지만, 필자가 보기에 그 대답은 세상이 그렇듯이, 사람들 또한 그렇게 살아가고 있듯이 독자들이 감당해야 할 삶의 몫일 수밖에 없다. 작가가 제시하는 대답이 아니라, 독자가 선택해야 할 삶이라는 것이다. 문학작품의 독서는 효용성에 값하는 윤리적 해답만을 찾는 것이 아니라, 순전히 읽는 이의 가슴에 던져지는 감동의 질문이기 때문이다.

이 작품을 읽고 필자가 던진 질문도 마찬가지였다. 나는 누구인가, 나는 과연 어디로 가는가? 이런 질문은 당연하게도 내 삶을 통해서 그 해답을 찾을 수밖에 없다. 필자가 찾은 대답을 밝히기 전에 세 편의 중편이 모여서 한 편의 장편을 형성하고 있는 작품의 실체를 따라가 봤다.

제1편 「채식주의자」는 2004년 『창작과비평』 여름호에 발표된 작품이다. 주인공 영혜의 삶을 관찰자가 이야기한다. 관찰자는 해설자이지만 영혜의 남편이라는 거울을 통해서 영혜를 바라보고 이야기한다. 영혜는 꿈 때문에 채식주의가 되지만, 이 꿈은 살아오면서 겪은 폭력성이라는 정신적 외상trauma과 밀접하게 관련되어 있음을 짐작할 수 있다. 어린 시절 영혜를 문 개를 아버지가 오토바이에 묶고 지쳐 쓰러진 뒤에도 끌고 가는 장면을 목격하는 에피소드를 통해서, 폭력성의 상처가 영혜의 내면세계를 지배하고 있음을 짐작케 한다.

제2편 「몽골반점」은 2004년 『창작과비평』 가을호에 발표되었다. 역시 주인공 영혜의 삶을 관찰자가 이야기하는 구조다. 관찰자는 보디페인팅한 몸을 비디오로 찍어서 전시하는 소위 포르노그래피스트다. 영혜의 언니인 아내로부터 처제영혜의 엉덩이에 몽골인들의 종족적 특징인 몽골반점이 스무 살 때까지 남아 있었다는 얘기를 전해 들은 형부는 자신의 비디오아트-포르노그래피의 대상 모델로 영혜를 설정하고 그를 끌어들인다. 이 에피소드는 표면구조로는 상처 입

은 영혜가 치유될 수 있는 계기를 만들겠다는 것이지만, 내면구조로 보면 변형된 성적 욕망에 기인하는 것으로 그렸다. 제1편에서 영혜의 남편이 영혜보다 처형인혜에게서 성적 매력을 느끼듯이, 제2편에서는 형부가 아내인혜보다 처제인 영혜에게서 느끼는 성적 매력에 대한 도착된 욕망의 변형된 모습이 드러난다.

제3편 「나무 불꽃」은 2005년 『문학 판』 겨울호에 발표된다. 여기에서도 주인공 영혜의 삶이 펼쳐지지만 관찰자는 언니인혜라는 거울을 통해서, 인혜의 눈에 비친 모습을 그려 간다. 제2편에서 남편과 동생이 연출한 포르노그래피의 현장과 그 비디오아트를 보게 된 언니는 동생을 정신병원에 강제 입원시킨다. 인혜는 영혜의 혈육이지만 영혜를 정신병원에 감금한 장본인이다. 영혜는 거식증拒食症이 깊어져, 자신이 결국은 나무로 승화될 운명이라는 착각에 사로잡힌다. 결국 불타는 나무가 되어 불꽃처럼 사라질 운명을 예감한다.

아버지의 폭력성, 남편으로부터 버려짐, 정신병원에 감금, 정신병원의 강제적 억압 조치 등 주인공 영혜를 압박하는 폭력성의 구조가 영혜를 꼼짝 못 하게 한다. 전편을 통해서 주인공 영혜는 별 말이 없다. 다만 몸으로, 행동으로, 실존적 행위로 말한다. 물론 영혜를 비추는 세 개의 거울남편·형부·언니이 주인공을 디테일하게 비추고 있지만, 주인공의 내면세계보다는 거울들이 가지고 있는 이기적 반영에 철저히 기대고 있을 뿐이다. 이것을 과장하거나 들러붙어 밝히려 하지 않고 냉정하게 삼자영혜·거울·해설자(작가)의 거리를 일정하게 유지하면서 주인공의 캐릭터를 구축해 내는 데서 작가의 저력을 느낄 수 있었다.

이제는 필자가 이 소설에서 얻은 대답에 다가갈 차례다.

모든 예술작품은 하나의 질문일 뿐이다. 예술이 그것을 대하는 감상자에게 어떤 이념이나 메시지를 강요한다면 일단은 창조적 단계에서 실격일 수밖에 없다. 더구나 문학작품-시나 소설은 더 말할 것도 없다. 마치 작가시인가 선각자나 현인이나 된 듯이 인생은 이렇게 살아야 하는 것이라는 대답을 들려주려 한다면 독자들은 벌써 책장을 덮고 말 것이다.

시인이나 작가가 해야 할 일은 『채식주의자』의 전지적 작가가 취하고 있는 자세처럼 모름지기 주인공의 행위와 사건의 진행 상황을 들려주고 전해 줄 뿐이다. 그 과정에서 독자는 미학적 감동에 이르게 되고, 그 감동이 결국은 독자의 심미안審美眼에 감동을 주어 삶의 전선에 영향을 주게 된다.

필자는 『채식주의자』를 통해서 근본적인 질문에 이르게 됐다. 그것은 '나인간는 어디서 와서, 어디로 가는가?'에 있다. 이런 질문은 필연적으로 '인간 존재의 의미는 무엇인가, 인간은 과연 존엄한 존재인가?'에 대한 대답과 중복될 수밖에 없다. 앞의 대답에 다가가다 보면 뒤의 해답에 이르게 되고, 뒤의 해답을 탐구하다 보면 앞의 대답을 듣게 되는 경우와 마찬가지다.

필자가 추구해 온 30여 년의 채식주의는 순전히 삶의 본질을 불성-불교적 세계관에서 비롯하고 있음을 부인할 수 없다. 이것은 도교적 삶을 추구해 왔던 필자의 인생관-철학관과 일치하는 점에서 그렇다. 이를 통틀어 동양적 세계관이요 철학관이라고 해도 마찬가지다. 우리의 생활을 살펴보면 부지불식간에 이런 세계관에 물들어 있고, 그런 세계관을 받아들이고 있으며, 그런 행동양식을 선호하고 있음을 알 수 있다.

삼라만상森羅萬象이 따로 떨어져 저 홀로 존재할 수 없음을 굳이 동양적이네 불교적이네 한정하지 않아도, 서양 합리주의적 우주관에서 보아도 진실임을 부정할 수 없다. 생태적 우주관에 입각해서 보면 세상 모든 사물은 깊이 연계되어 있고, 관계 맺고 있음을 쉽게 알 수 있다. 어찌 생태계뿐이겠는가? 심지어 "뉴욕에서 날아오른 한 마리 나비 날갯짓이 벵골만에 홍수가 나게 한다."는 연대적 기후생태설은 이미 정설이 되어 있다.

인간 존재의 의미나 인간이 과연 존엄한 존재인가에 대한 해답은 영원히 추구하고 탐구해야 할 과제이지만, 그 해답은 의외로 원인과 결과에 있기보다는 과정에 있음을 알 수 있다. '이미 온 존재, 언젠가 가야 할 존재'라면 그 과정, 즉 살아 있는 동안 어떻게 사느냐가 곧 존재의 시원과 결말을 밝히는 열쇠라는 점이다. 즉 나의 생을 어떻게 살아내느냐가 해답의 요체가 된다. 결국은 삶의 방법을 선택하는 것이 과거를 알고 미래를 밝히는 열쇠가 된다.

이 소설에서 보면 무명한 인간들이 저지르는 폭력성의 근원은 탐貪·진瞋·치痴에 기초하고 있음이 자명하다. 인간 존재의 근원과 그 종말에 대한 탐구심이 없는 인간이 저지르는 행위는 바로 탐진치가 근원이다. 폭력의 상처로부터 깊은 내상을 입은 주인공은 현실에서도 폭력으로 야기되는 행위에 거부감을 가진다. 그것을 육식이라는 상징성에 두고 있지만, 나 아닌 다른 존재를 내 존재의 도구로 삼으려는 특성이 바로 그것이다. 주인공 영혜는 육식을 거부하고, 나아가 먹는 행위마저 거부하는 거식증을 보이며 인간의 이기심탐진치에 맞선다.

탐진치에 매몰된 인간은 존재의 근원과 그 결말에 대하여 고려하지 않는다. 그래서 삶을 현세적으로만 매김한다. 그런 세계관과 인생관이 극단적 이기심을 낳고, 나아가 폭력성을 부추겨 나 아닌 다른 존재성을 부정하는 양상을 낳게 된다.

욕망貪은 눈이 없다. 사물의 진면목을 볼 수 없어 뜨거운 시력만 가지고 있다. 욕망에 눈뜬 존재는 자신만을 들여다볼 뿐이다. 욕망은 다른 존재를 삼키는 것 같지만, 결국은 자신을 해치는 도착된 행위다. 왜냐하면 '인간 존재의 의미-어디서 왔다가 어디로 가는가'를 알면 그렇게 보인다. 인간의 유한성이 그것을 증명하는 데 오랜 시간이 걸리지 않는다. 성내는 것嗔도 마찬가지다. 다른 존재를 향하여 화를 내고 성깔을 부리며, 총질을 해 대고 칼을 휘두르는 것 같지만, 결국은 그 총구가 자신의 가슴을 향하고, 그 칼날이 자신의 팔다리를 자른다는 것은 자명하다. 세상의 만물은 연계되어 있지 않은 것이 없다. 그런 진리를 알면 섣불리 화를 낼 수 없다. 어리석음痴은 이 모든 것을 어둠 속에 묻어 버리는 자해행위다. 그래서 끊임없이 탐구하고 불을 밝혀야 한다. 그런 삶이 바로 지혜로운 삶이요, 이승의 삶이 되어야 한다.

작품에서 영혜가 육식을 먹지 않고, 음식을 거부하는 것은 하나의 상징적 행위일 뿐이다. 자신의 탐욕과 분노와 어리석음을 향하여 자신의 몸을 내던지는 행위다. 육식을 거부하면 죽음까지는 이르지 않으나, 사회적 관계망을 벗어나는 행위로써 죽음에 가까이 가는 행위로 볼 수 있다. 그러나 그렇게 채식주의를 고집해도 탐진치를 지울 수 없다고 본 영혜는 마침내 죽음을 각오하고 일체의 음식을 거부하는 거식拒食을 선택한다. 폭력성에 저항하여 처음에는 고기를 거부했지만, 마침내 자신마저도 거부하게 된다.

영혜에게 어디서 왔느냐가 중요한 것이 아니고, 어디로 갈 것인가가 궁금하고 두려운 것이 아니다. 현재 나는 어떻게 살아야 하느냐, 피해 갈 수 없는 선택의 기로에서 영혜는 과감하게 짧은 현재삶를 포기하고, 길고 아득하며 장대한 과거와 미래의 미궁迷宮, 진리 속으로 스스로를 던져 버린 것은 아닐까? 그것이 채식주의자가 선택할 수 있는 영원한 삶의 길은 아닐까? 욕망의 뜨거운 시선을 거두고, 성냄의 자가당착도 버리며, 어리석음의 어둠에서 탈피하려는 몸부림을 치열하게 펼쳐낸 것은 아닐까?

필자의 채식주의는 영혜의 채식주의 앞에서 공감의 깃발을 흔들 뿐이다. 삶에 필요한 에너지 이상의 에너지를 꾸역꾸역 밀어 넣는 작업을 소위 식사食事라고 할 수 있는가? 오늘날 대부분의 세계적인 문제는 바로 이 과잉된 물질의 낭비에서 비롯한다고 해도 과언이 아니다. 극단적인 빈부격차, 내란과 난민, 전쟁과 기아, 자본주의의 말기 현상, 질병과 난치병 등등 헤아릴 수도 없이 빈발하여 우리의 삶을 위협하는 모든 문제들의 시발은 바로 지금 어떻게 살 것인가에 있다.

영혜가 그랬던 것처럼 폭력성에 대하여 생사를 건 극단적인 몸부림까지는 아닐지라도, 현재의 삶에서 취할 수 있는 한 소시민이 고민에 고민을 거듭한 결과 선택한 것이 채식주의여서 나쁠 것이 무엇이겠는가? 타인을 향한 탐진치의 헛발질이 아니라, 자신의 몸이 지닌 그릇을 비우고 작게 하겠다는데 더 이상의 해답이 무엇이겠는가?

때마침 접한 미국 시인 월트 휘트먼Walt Whitman의 시 「오 나! 오 인생!」이란 작품이 필자의 의견에 호응하는 듯하다.

오 나! 오 인생! 수없이 반복되는 이 질문들

진실하지 않은 자들의 끝없는 행렬에 대해, 바보들로 가득한 도시들에 대해,
영원히 스스로를 책망하는 나 자신에 대해,(나보다 더 바보 같고 믿음 없는 자가 있을까?)
헛되이 빛을 갈망하는 눈들에 대해, 비천한 것들에 대해, 늘 재개되는 투쟁에 대해,
형편없는 결말들에, 지겹도록 느리게 걷는 내 주위의 졸렬한 군중에 대해,
공허하고 쓸모없는 남은 인생에 대해, 내가 엮여 있는 그 남은 시간들에 대해,
오 나! 반복되는 너무 슬픈 질문-이런 세상에서 뭐가 의미 있단 말인가? 오 나! 오 인생!

그 답은,

네가 여기 있다는 것-삶이 존재하고 네가 존재한다는 것,

강렬한 연극은 계속되고, 너 또한 한 편의 시가 된다는 것,

-Walt Whitman, 「O Me O Life!」 전문

검정, 가장 아름다운 색채

정지아 『검은 방』이 담고 있는 미학

프롤로그

『검은 방』은 작가의 자전적 이야기지만 소설로서의 위격을 스스로 형성하는 듯하다. 어느 소설이든지 사실 아닌 것을 사실 아니라고 전제하지 않듯이, 사실 역시 반드시 사실 아닐 수도 있음을 문학은 개연성의 영역으로 남겨 두고 있다. 그래서 독자들은 사실 같은 이야기를 통해서 허구적 진실성을 발굴해 내고, 허구적인 이야기를 통해서 현실에서 발견할 수도 있는 사실성을 구축하며 이야기를 되씹는다. 그게 소설 읽는 재미이기도 하다.

이미 이 작품의 작가는 『빨치산의 딸』(실천문학, 1990)을 통해서 작가의 출생과 성장 등 삶의 과정들이 서사적으로 공개되고 밝혀지는 과정을 겪었다. 여기에 이 작품에서도 작가의 프로필이 사실성에 바탕을 두고 여기저기에서 얼굴을 내민다. 그럴 때마다 독자들은 그럴 것이다. 참 소설 같은 인생사였다거나, 아니면 소설보다 더 기구한 삶이

었음에 착잡한 감정으로 시대의 강을 건너기 어정쩡할 수도 있을 것이다.

그것은 우리가 겪은 우리의 불행했던 역사가 불과 한 세기도 미처 다 지나지 않았음에 착안한 것일 수도 있고, 또한 전쟁 발발 70주년을 기념(?)하는 대통령이 세계사에서 가장 슬픈 전쟁을 끝내자고 권유하는 마당에, 그 불행과 부끄러움이 아직도 핏발 선 대립의 전선을 형성하고 있어서 하는 말이다. 픽션과 실체를 구분하지도 못하면서, 아니 픽션을 논픽션이라고 억지를 부려서라도 역사의 뒤안길에 인간성의 진실의 불빛을 비추려는 시도를 꺾으려는 세력들이 아직도 시뻘겋게 눈을 부라리고 있다.

그런 시대 상황임에도 역사는 발전한다. 김대중 전 대통령이 언급한 "인생은 아름답고 역사는 발전한다."고 굳게 믿었던 혜안처럼, 아무리 어두운 역사라도 그 어둠의 틀은 깨질 수밖에 없다는 것을 믿지 않을 이유가 없다. 역사의 진화가 이를 증명한다. 여기에서 역사가 발전한다거나, 진보한다는 뜻은 무엇일까? 그것은 역사를 인식하는 사람의 의식이 발전하고 진보한다는 뜻일 것이다. 그런 의미가 아니고서는 역사의 발전은 사상누각일 수 있기 때문이다.

역사 발전의 진화설에 기대어 본다면 이념 투쟁을 바라보는 우리들의 인식과 의식에도 많은 변화와 발전이 있었다. 이제는 북한을 인식하고 바라보는 마음가짐에서 과거 독재시대와는 비교도 할 수 없을 정도로 달라졌음을 실감할 수 있기 때문이다. 각종 뉴스를 보도하면서 북한의 동정을 세세히 전한다든지, 북한의 실정을 여과 없이 전달하려는 노력들이 날로 그 비중이 커져 가고 있음 알 수 있다.

이런 모든 현상들은 정치건 이념이건 경제 문제이건 결국은 사람의 문제에 귀결되어야 한다는 데 동의할 수 있을 정도로 우리의 의식이 진일보한 결과일 것이다. 그동안에는 사람을 위한 정치를 정치 자체를 위한 정치로 착각하거나 사람을 통한 이념을 그 이념을 위해 사람을 희생해도 무방하다고 여기며 살아온 암흑의 시대는 아니었는지, 경제가 사람을 가장 사람답게 살리기 위한 활동에 비중을 두어야 함에도 재화에만 몰두하여 인간성을 희생하고라도 경제적 부를 축적하는 것을 최고의 가치로 여기지는 않았는지, 이제는 두 눈을 부릅뜨고 지켜보아야 할 시대로 접어들었다.

이런 계제에 『검은 방』이 던져 주는 서사문학의 가치는 매우 뜻깊다. 그것은 앞에서 언급했던 우리 시대의 역사적 의식이 진일보했음

소설가 정지아 교수와 이동호(2020.11.12)

을 반증하는 결과로 보이기 때문이다. 아무리 냉전적 수구세력이 상존할지라도, 아무리 열전을 통해 반사이익을 노리는 정치세력이 항존할지라도, 우리의 역사의식은 그런 반동 세력에 바짓가랑이를 잡힐 만큼 우매하지는 않다.

'검정색'이 담고 있는 미학

『검은 방』의 작가는 왜 어두운 방도 아니고, 암흑의 방도 아닌, 검은 방이라 했을까?

어둡다는 말이나 암흑이라는 말이 결국 '검다'라는 말과 다르지 않으며, 그런 뜻을 두루뭉술하게 함축하고 있다고 여길지도 모르겠다. 작가가 작품에 쓰이는 단어 하나인들 그렇게 두루뭉술하게 구사하지는 않을 것이며, 더구나 제목을 그렇게 붙일 수는 없다. 이런 전제를 두고 생각해 보면 검다는 말에는 이 작품이 담아내고자 하는 핵심적 의미와 문학적 미학이 담겨 있는 것으로 보아야 할 것이다.

낱말이 지닌 사전적 의미를 보더라도 어둡다는 것은 검정색의 의미를 내포하고 있지만, 그보다는 오히려 밝지 못함, 즉 시계의 불분명함을 드러내고자 할 때 동원된다. 어둡다는 명확하게 보이지는 않지만 조금이나마 시야가 열린 상태를 뜻할 때 쓰는 말이다. '검다'와는 확연히 다른 상태일 때 동원되는 말이다. 암흑도 마찬가지다. 상황이나 처지가 매우 절망적인 경우를 드러내고자 할 때 쓰는 말이다. 물론 '검다'와는 그 쓰임이 전혀 다른 성질의 어휘이다.

그렇다면 '검다'는 분명히 색채의 의미를 지닌 말이다. 중고등학교 미술 시간에 빛의 삼원색과 물감색료의 삼원색에 대해서 배운 바 있다. 빛의 삼원색인 빨강 초록 파랑은 그 빛을 섞으면 섞을수록 가산혼합으로 흰색이 된다. 물감의 삼원색인 빨강 노랑 파랑색은 그 물감을 섞으면 섞을수록 감산혼합으로 점차 흐려져 마침내 검정색이 되는 것을 처음 배우며 신기하게 여겼던 기억이 새롭다.

그런데 빛과 물감의 색채에는 더 재미있는 광학적 사실이 있다. 빛의 삼원색과 물감의 삼원색은 시각적 표현은 같지만, 절댓값은 반대라는 점이다. 빛은 흰색이 255단계-회색중간 단계-검정색0단계으로

256단계로 구분 짓지만, 물감색료은 흰색0%-회색50%-검정색100% 등 백분율로 표현한다.

이런 광학적 진실을 통해서 본다면 '검다-검정색'에는 온갖 색료가 모두100% 포함된 셈이다. 실험 삼아 검정색을 셀로판지에 칠해서 햇빛에 비춰 보면 온갖 색채를 찾을 수 있다. 작가가 검정색을 서사문학의 제목으로 삼은 것 역시 인생살이의 모든 것이 포함되어 있음을 상징하고자 했음을 유추하는 것은 이 작품을 읽어내는 요긴한 단서가 될 것이다.

실제로 이 작품에는 인생살이의 희로애락과 함께 기구하고 처절한 인간의 삶이 치열한 전쟁을 바탕으로 펼쳐진다. 그 슬픈 전쟁이 -70년 동안 열전이 없었다고 해서- 끝난 것도 아니고, 그렇다고 해서 그 비극적 전쟁이 -휴전상태이니까- 끝나지 않은 것도 아니다. 그런 삶의 양상들을 통해서 우리의 삶이라는 것, 우리의 생명이라는 것, 우리의 역사라는 맥락에는 숱한 부침과 성패, 상실과 성취, 만남과 헤어짐, 미련과 통한 등이 얽혀 있음을 공유하게 된다.

우리는 이 슬픈 전쟁을 더 이상 회고하고 싶어 하지도 않고, 다시는 우리 삶의 전면에 불러 오고 싶지도 않다. 그러나 그렇다고 해서 전쟁의 흉터가 사라지는 것도 아니며, 억울하게 죽은 사람들의 영혼과 그들을 그렇게 참혹하게 보냄으로써 남게 된 산 자들의 한을 달랠 수도 없다. 그럼에도 불구하고 이 슬픈 전쟁의 역사와 그 뒤안길에서 원통하게 사라진 이들의 원혼을 달래 주고, 이런 과정을 우리의 역사인식을 발전시키는 촉매로 삼아야 할 필요는 여전하다 할 것이다.

“인간의 불행은 단 한 가지, 고요한 방에 들어앉아 휴식할 줄 모른다는 데서 비롯된다.”파스칼(Pascal) 이 말에서 고요한 방을 검은 방으로 바꾸어 보아도 여전히 유효하다. 우리 민족의 불행은 우리 역사의 모든 것이 감산혼합되어 있는 검은 방에 들어앉아 사색할 줄 모른다는 데서 비롯되는지도 모른다. 이 방에는 우리의 역사가 대결적 이념의 희생물에서 소중한 인간애의 차원으로 승화될 수 있다는 것을 사색할 줄 모르기 때문이다.

이 작품의 도입 부분에는 검은 방의 검정색이 지닐 수 있는 온갖 물리적, 생태적, 감각적, 사실적, 실체적 … 현상들이 은유적 맥락을 타고 간결체의 숨 가쁜 호흡으로 그려져 있다. 사실 이 작품이 드러내고자 하는 서사적 사건들의 이야기 꼭지나 모티프들을 모두 이 도입 부분의 진술 속에 함축시켜 놓은 것으로 보인다.

뒤에 이어지는 이야기는 이 모티프들에 행간을 제공하는 셈이다. 이 모티프와 행간을 따라가다 보면 남는 것은 ‘이념전쟁’의 허무한 상처와 만나게 되며, 또한 소중한 ‘인간애’를 발견하게 된다. 바람이 잦아들고 보면 나부끼던 깃발은 보이지 않게 된다. 피 튀기듯 치열한 살육의 미친바람이 잦아들면 언제 그랬냐는 듯이 광기의 이념은 사라지고 만다.

“모든 이념과 권력의 추구는 좀스러운 인간들이나 꿈꾸는 남성성의 환상이다. 그 어떤 위대한 제국도 한 아이의 인형을 짓밟아 놓을 만큼 가치 있지는 않다. 그 어떤 이념도 아이에게 장난감 기차를 빼앗아야 할 만큼 중요하지 않다. 어떤 제국이 우리에게 도움을 주었단 말인가? 어떤 이념이 우리에게 이득이 되었는가? 모두 인간의 욕심일 뿐이다. 인간의 본성은 변화무쌍하지만 개선의 여지가 없고 변덕스럽지만 반동적이다."(페르난두 페소아, 『불안의 서』, 751쪽)

이를테면 검은 방의 주인은 백수白壽, 99세에 이른 어머니다. 어머니의 검은 방은 백 년의 인생 역정과 우리 역사의 질곡을 한 몸으로 온전히 겪은 뒤에 닿은 항구다. 검은 방의 주인공이면서, 우리 슬픈 역사의 DNA를 고스란히 간직하고 있는 인물이다. 산사람들에 의해서 경찰관이었던 신혼의 남편이 전사한다. 당연히 산사람들은 원수고, 죽은 남편은 청상의 과수댁이 간직해야 할 숙명이어야 한다. 그러나 청상은 산에서 내려온 대장을 따라 산에 오른다. 자신들과는 함께 할 수 없는 사람이니 따라오지 말고 내려가라는 산사람의 만류에도 불구하고 남편을 잃은 청상은 산에 남는다. 그들과 동행하며 치열한 투쟁 대열(?), 극한의 피신생활을 감내한다. 그런 다음 체포되어 5년형을 치르고 출옥한다. 산 사람은 살 수밖에 없다. 출옥 후 산사람의 일원이었던 사람을 만나 가정을 꾸린다. 그리고 이 작품의 내레이터인 딸을 둔다. 그 딸의 시난고난한 삶의 역정은 불을 보듯 명확하다. 내레이터는 부역자 딸로서 연좌제에 의해 감시 대상이 되어 질곡의 역사를 계승한다.

그러므로 검은 방은 인간사의 온갖 불가사의한 삶의 내력과 도무지 이해되지 않는 역사의 모순이 함축된 시공이다. 어머니의 인생행락 백 년의 삶이 감산혼합되어 검을 뿐이다. 비록 시간적 배경이나 공간적 무대를 우리 역사의 슬픈 곳에 맞추고 있지만, 『검은 방』에서 찾을 수 있는 삶의 스펙트럼에는 매우 진실한 사람살이의 본질이 다양하게 함축되어 있다. 그런 요소들을 몇 가지 찾아본다.

우선 사람의 본질은 이념이 아니라 사랑이라는 것이다. 사랑의 동인은 아무도 그 이유나 근거, 까닭이나 단서를 밝힐 수 없는 불가해한 사람됨의 진실이다. 본능의 선택이라고 말하기엔 너무도 신비스러운 감정이며, 감정의 편향성이라고 하기엔 너무도 막중한 결단이기 때문이다. 신혼의 남편을 여의고 산사람을 따라간 행위를 이념에 의한 동조 행위라고 할 독자는 없을 것이다. 일정 부분 역사의 진보가 이루어졌다고 믿고 싶은 지금이니까 그렇다는 것이다. 그렇지만 사선을 넘어 산에 오른 어머니의 선택은 아무리 생각해도 사람됨의 본질이 작동한 순수한 결행 말고는 다른 말로 덧칠할 수 없는 행위다.

우리는 까닭 있는 사랑을 순수하게 보지 않는다. 이유 있는 애정 행위를 고깝게 여긴다. 순수하고 진심에서 우러나온 사랑은 그것이 매우 까닭이 없는 순수감정의 기울어짐, 그 이상도 이하도 아니다. 그러므로 어머니의 결단은 모든 사랑의 서사시들이 추구하는 불가사의한 사랑의 원형질로 보아야 한다. 우리는 그런 사랑을 철부지 사랑이라고 매도할 수도 있다. 그러나 철든 사랑과 철부지 사랑을 가르는 기준은 무엇인가?

1987년에 노벨 문학상을 수상한 소련의 반체제 시인 조지프 브로드스키Joseph Brodsky의 시 「시골에서 하느님은」에는 이런 구절이 나온다.

… 그분은 담장을 쌓고/ 처녀를 산림지기에게 시집보내고/ 오리를 겨냥하는 조련사의 총알이/ 영원히 빛나가도록 장난을 하신다 …

도시적 사랑으로는 이해할 수 없는, 현실적 이해타산으로는 수용할 수 없는, 이념적 이분법으로는 감당할 수 없는 방법으로 사랑은 작동한다. 그래야 순수한 사랑이다. 청상의 아내가 산사람을 따라 나선 것은 마치 산림지기에게 시집보내려는 하느님의 감춰진 뜻 말고는 설명할 수 없다. 사람됨의 진정성에서 비롯하는 사랑의 작동 원리는 바로 이런 것이 아니던가. 여기에 자꾸 불순한 이념의 색칠을 경계하는 의식을 통해서 역사는 진보하고, 우리네 삶은 보다 진정성에 다가설 수 있을 것이다.

다음으로는 열전과 냉전을 거치면서 우리 사회가 감내해야 했던 값비싼 비용이 공짜가 아니라는 점이다. 지금 대부분의 장년 세대들은 동족상잔同族相殘이란 말이 무슨 뜻인지도 모른 채 반공의 피교육생으로 초등학교를 다녔고, 골육상쟁骨肉相爭이라는 말이 함축한 피비린내를 짐작도 못하면서 의식 없는 청소년이 되었다. 그런 과정 속에서 군부독재는 독버섯처럼 호황을 누렸다. 그래도 인생은 아름답고 역사는 발전한다는 믿음을 놓지 않은 민주 투사들의 희생 덕분에 이만큼의 이념적 내부 공간이 확충된 것이다. 이제는 인간 존중이나 인내천人乃天이나 휴머니즘Humanism을 전면에 내세우지 않더라도 사람 위에 이념을 덧칠하는 행위를 용납하지 않으려는 풍토가 조성되고 있음을 다행으로 여긴다.

이런 풍토를 조성하는 데 『검은 방』의 어머니 같은 분들의 희생이 있었다. 이런 분들의 끈질긴 생명의 욕구에 대한 성실한 응답들이 쌓인 결과일 수 있다. 그 치열했던 생사의 갈림길에서도 사상 논쟁의 승리를 위해서가 아니라, 이념 투쟁의 영광을 위해서가 아니라, 다만 한 생명을 사랑하고 주어진 한 목숨을 소중히 간직하면서 다음 세대 딸에게 희망을 이어 가는 행위야말로 인간 생존의 당당한 모습이 아닐 수 없다.

인간은 자존감을 잃을 때 모든 것을 잃는다. 백수의 어머니는 오로지 딸에 대한 희망을 현존해야 하는 의미의 최대치로 여기며 생을 버텨 낸다. 불도 켜지 않은 검은 방에서 건너다보이는 딸네 집의 불빛을 확인하고야 안심할 수 있는 어머니, 백수의 어머니는 자신이 짊어진 과거의 무게가 아니라, 딸이 살아가야 할 미래 세계에 대한 희망의 메시지를 검은 방에 간직하고 있다.

"한때 어머니는 총명한 사회주의자였다. 조국 통일을 위해 기꺼이 목숨을 걸었던 용맹한 전사이기도 했다. 아버지가 살아 있을 때만 해도 어머니는 아홉 시 뉴스의 열렬한 시청자였고, 구례의 온갖 선거에 관여하는 정치꾼이었다. 아버지의 죽음과 함께 어머니의 세상은 서서히 닫혔고, 이제 어머니는 세 평 남짓, 검은 방에 갇혔다."작품 76쪽고 했다. 그래서 검은 방은 어두운 방이 아니라, 사랑의 시공이어야 한다. 그래서 검은 방은 암흑의 방이 아니라, 생명이 소생하는 시공이어야 한다.

'어머니의 세상이 서서히 닫혔다'는 것은 치열했으나 결국은 허무

소설의 모티브가 된 어머니의 '검은 방'

한 종말을 위해 달려왔던 과거의 종말을 말한다. 페소아의 지적을 어머니는 몸으로, 백수라는 장대한 삶의 시간을 간직한 채 새로운 역사의 탄생을 위한 장으로 검은 방을 선택한 것이다. "어떤 제국이 우리에게 도움을 주었단 말인가? 어떤 이념이 우리에게 이득이 되었는가? 모두 인간의 욕심일 뿐이다. 인간의 본성은 변화무쌍하지만 개선의 여지가 없고 변덕스럽지만 반동적이다." 검은 방을 셀로판지에 얹어서 햇빛에 비춰 보면 틀림없이 이런 깨달음이 빛날 것이다. 어머니는 아흔아홉이라는 연치를 통해서 이를 증명하고 있는 셈이다. 검은 방에 갇힌 채 …

그러므로 검은 방은 세상과 사람의 모든 것을 함축한 방이다. '검은빛'이라면 조금 모순적으로 들린다. 빛이 있어야 다른 빛을 알아볼 수 있는데, '검은'으로 어떻게 '검은빛'을 알아볼 수 있겠는가. 그래서 검은 방은 빛의 방이 아니라, 물감-색료로서의 검은 방이다. 즉 온갖 물감색료들이 감산혼합된 방이다. chaos와 cosmos가 혼재되어 있는 방, 사랑과 미움이 공존하는 방, 전쟁과 평화가 함께 하는 방, 과거와 현재가 동거하는 방 …, 검은색은 그래서 가장 의미 깊은 색깔이며, 가장 아름다운 색채가 아닐 수 없다. 왜냐하면 세상도 바로 그런 상태이며, 사람도 바로 그런 존재이기 때문이다.

에필로그

『검은 방』에는 앞에서 언급한 것 말고도 서사적 의미 있는 요소들이 있다. 이를 테면 이 작품의 공간적 배경으로 전라도의 특성이 감칠맛나게 설정되어 있는 점이다. 그 핵심은 전라도 방언이다. 방언이라면 표준어에 비해 저급하고 열등한 사투리언어로 취급하려는 경향이 없지 않지만, 이는 매우 단순한 발상이다. 그래서 방언이라기보다는 '토착어-토속어'라고 해야 마땅하다. 캐릭터를 설정하거나 공간적 배경을 드러낼 때 토속어가 효과적이기도 하지만, 이 작품에서는 역사적 현장감과 어우러져서 매우 독특한 말맛을 보여 준다.

또한 모티프를 연결해 주는 에피소드들이 매우 실감 있는 현장감과 사실성을 확립하는 데 기여하는 점도 주목할 만하다. 사건을 구체화하기 위해 억지로 만든 거리가 아니라, 실체적 체험이 없이는 전달할 수 없는 리얼리티가 살아 있다. 작가의 체험의 질량이 삶의 질곡을 어떻게 지나왔는가를 여실히 보여 준다는 점에서 뜻깊게 봤다.

단편다운 집약적 긴장감, 사건의 다양성을 속도감 있게 풀어 가는 중편다운 속도감, 그리고 복합적 인물들의 활약이 경장편의 위용을 느끼게 하는 것은 이 작품의 매력이 아닐 수 없다. 이런 매력에 빠져 읽는 동안 독서의 쾌감을 누릴 수 있었다. 작품을 읽어 가면서 역사의 현장을 답사하는 듯한 사실감은 또 다른 즐거움이다. 눈 밝은 독자들의 일독을 권하며, 작가의 문운을 빈다.

여름나기의 백미

이정명 『별을 스치는 바람』을 읽고

연일 30°C 이상을 오르내리는 무더위, 긴 장마로 습도가 높다 보니 불쾌지수는 천정부지로 오른다. 이런 때는 더위와 맞서 싸우기보다는 그저 이 계절의 횡포가 물러나기를 바라며 근신하는 수밖에 없다. 몸은 발열 상태를 최대한 억지해야겠지만, 그렇다고 해서 정신마저 마냥 무기력하게 방치할 수는 없다.

이럴 때, 피서避暑가 아니라 극서克暑하기에 가장 알맞은 방법으로 독서만 한 것이 없음을 익히 알고 있다. 아는 정도가 아니라, 매년 여름이면 책읽기로 무더운 열대야를 무난하게 넘기는 것은 물론, 쏠쏠한 재미까지 누려 왔다. 책 중에서도 여름과 가장 친밀도가 높은 장르를 꼽으라면, 필자는 서슴지 않고 소설류를 제일로 친다.

소설류를 여름나기 독서 재료로 삼는 데는 별다른 이유가 있는 것은 아니다. 서사문학의 힘에서 비롯한다. 서사가 지닌 기본 틀은

'이야기하기'다. 화자가 전하는 이야기의 맥락을 따라가다 보면, 여름이 부리는 무더위의 횡포를 건너 엄동설한 눈보라 휘날리는 벌판에 닿기도 하고 현실의 무게를 잠시 잊기도 한다. 또한 주인공이 처한 역경에 가슴 조리다 보면, 소설에 설정된 시간과 공간의 배경으로 함께 걸어 들어가, 주인공이 당한 엄혹했을 당대를 떠올리며 서늘한 긴장감을 만끽하기도 한다.

그뿐만이 아니다. 서정문학인 시가 '주관의 객관화'를 기본 틀로 한다면, 그래서 시적 화자의 정서에 독자의 감성 채널을 맞춰야 함으로써 무더운 여름 감성을 더욱 처지게 할 우려가 없는 것은 아니다. 그러나 소설은 '객관의 주관화'를 기본으로 한다. 즉 객관 세계의 다양성을 독자의 내면세계에 조응하면 그만이다. 그러는 동안에 나의 세계와 동떨어진 세계를 추체험하면서, 현실의 세계와 잠시 -독서하는 동안만이라도- 떨어질 수 있는 특권을 누릴 수 있는 것이다. 감성의 군더더기를 날려 버리고 순전히 소설의 세계에 빠져듦으로써 현실의 무더위를 잊을 수 있다.

이런 특권을 누리기 위해서 이번 여름에 내가 선택한 도서는 이정명 작가의 장편소설 『별을 스치는 바람 1.2』(은행나무, 2016)이다. 이 소설은 이미 2012년에 초판이 발행되어 필자가 구입한 책은 벌써 16쇄판이었으니, 꽤나 독자들로부터 인기를 끌고 있었던 작품으로 보인다. 요즈음 우리 사회의 출판계 형편이나 독서시장의 열악함을 고려해 본다면, 16쇄까지 끌고 간 저력이 분명히 있을 것이라는 짐작을 할 수 있다. 더구나 익히 알고 있는 시인 '윤동주'를 소재로 한, 내용이 뻔한 실명소설류일 것이라는 지레짐작 때문에 그동안 나의 독서목록으로 채택하는 데 시간이 지체되었다.

그러나 이런 선입견을 불식시키고 손에 든 이 책이 지난여름 나의 독서식탁을 풍성하게 차려 준 읽을거리가 되었다. 실명소설이어서 우리의 역사에서 아픈 상흔의 기억 때문에, 그리고 근래 첨예하게 맞닿아 있는 일본과의 현실 정치, 사회적인 이슈 때문에라도 윤동주 실명소설을 읽고 싶은 강렬한 충동이 이 소설과 맞닿게 되었다.

이 소설은 독자의 구미를 당기기에 좋을 여러 가지 미덕美德을 가진 것으로 보인다. 여기에서 미덕이라고 했다. 독서를 시간 사냥과 계절 통과의 소재로 삼은 것이나, 이 소설을 독서식탁에 올리는 것 자체가 모두가 미덕일 수 있겠다는 생각을 하게 되었다.

왜냐하면 이 척박한 현대사회를 헤쳐 나가면서 한 창작물에 온전히 나 자신을 맡긴다는 것 자체가 '덕德' 있는 일로 보아야 한다고 믿기 때문이다. 우리는 그동안 '덕'이라는 말을 부지불식간에 참 많이도 쓰고 들어 왔다. 그러나 덕이 지니고 있을 구체성의 의미 맥락을 짚어 본 적이 있었던가? 스스로에게 자문하고 보니, 대답은 '아니'였다. 막연히 '좋은 게 좋은 것'이라는 뜻에서 '덕'을 함부로 써 왔고 들어 왔으며, 해석하거나 막연한 관념의 의미 영역에 덕을 내팽개친 격이 되고 말았다.

그러나 '덕'은 그렇게 함부로 가볍게 여겨도 좋은 말마음이 아니다. 『우리말큰사전』에는 덕을 "밝고 크고 옳고 빛나고 착하고 아름답고 부드럽고 따스하여 사람으로서의 길을 행하는 마음"이라고 풀이하고 있다. 노자는 "道는 만물을 생성시키는 주체요, 德은 그 만물을 자라게 하는 주체"라고 보고 있다.(문성재, 『처음부터 새로 읽는 노자 도덕경』에서) 더 나아가 "도가 만물에 보편적으로 작용하는 운행법칙이라면, 덕은 그 도가 현상세계에서 작용하여 특정한 형체를 가진 사물로 체현體現-물화物化되는 것"이라고 보고 있다. 사계절이 변화하고 대체되며 반복되는 운행법칙이 도라면, 눈이 녹고 꽃이 피며 열매를 맺고 단풍이 드는 현상이 바로 덕의 모습이라는 것이다.

이렇게 본다면 이 무더운 계절에 '소설 읽기'가 참으로 덕스러운 일이란 생각이 든다. 소설을 읽으며 막연한 내 정신道에 구체적인 삶의 진실德들을 추체험할 수 있다면, 그런 행위 자체가 나의 됨됨이를 '밝고 옳고 빛나고 착하게 다듬어 … 사람으로서의 길을 행하는 마음'을 일어나게 하는 '덕'이 될 것이라고 믿기 때문이다. 아무튼 나는 이번 여름 무더위가 자심한 덕분에 소설 읽기를 통해서 덕을 닦는 시간에 나를 묶어 두었음을 보람으로 여긴다.

독서 리뷰를 쓰려다가 이야기가 한참 옆길로 샌 듯하다. 실은 독서를 통해서 누린 보람의 시간에 대한 나의 응답이 그렇다는 것이다. 이런 응답을 바탕으로 장편소설 『별을 스치는 바람』에서 누린 몇 가지 덕목德目을 간추려 보면 다음과 같다.

첫째, 우리 독서시장에 몇 해 전부터 '팩션-faction' 바람이 분 지 꽤 되었다. 소설의 소재가 '사실fact'에서 끌어온 것이지만, 작가의 상상력에서 유발된 '허구fiction'가 가해져, 어디서 어디까지가 사실이고 허구인지 분간할 수 없게 하는 소설을 팩션이라고 한다.

이 작품에는 시인 윤동주를 사실로 해서, 윤동주가 마지막 운명을 마칠 때까지의 과정을 담아내고 있다. 실화적 소재, 실존했던 시인 윤동주와 그가 일제강점기 해방을 불과 여섯 달 앞두고 후쿠오카 형무소에서 안타깝게 명운을 달리할 때까지의 과정이 실체적 필법으로 그려져 있다.

윤동주 시인이 형무소에서 생체실험의 도구가 되었다던가, 그의 유고들이 어떻게 남겨지고 전달되었는가에 대한 저간의 기록이나 증언 등이 있기는 하다. 그렇지만 어느 것 하나 분명하게 그의 죽음을 기록한 실체적 기록을 찾기란 쉬운 일이 아니다. 작가는 윤동주의 일대기에서 결손이 생긴 부분을 윤동주가 남긴 시 작품을 중심으로 예리한 추리력과 상상력을 동원하여 일제강점기 한 젊고 섬세한 감정을 소유했던 식민지 지식인의 죽음을 기록해 냈다.

'팩션'이라는 전제를 염두에 뒀음에도 불구하고 읽는 내내 안타깝고 분하며 억울한 감정을 억누를 수 없었던 것은 순전히 이 소설이 주는 미덕일 터이다. '식민지 노예'의 신분에서 벗어난 지 이제 겨우 반세기 남짓한 시간의 저편에서 당했을 윤동주를 비롯한 선인들의 고통이 여름의 무더위를 오히려 서늘한 감정으로 이입시켰다. 이것이 팩션이 주는 독서 재미라고 생각한다.

둘째, 실명소설의 효율성을 어떻게 보아야 하는가에 대한 참신한 안목이다. 요즘에 뜻있는 사람들을 분통 터지게 하는, 한 독재자의 자서전을 떠올려 보며 이런 생각이 더욱 절실해졌다. 자서전을 쓴 당사자가 아직도 살아 있는 것은 물론, 그로부터 당했던 피의 외침과 생살이 찢기는 아픔을 겪고 있는 피해 당사자들이 엄연히 현존하는데 당대적 사건마저 호도하고 왜곡하며 부정하는 기록을 소위 '자서전'이라는 이름으로 출판하였다. 다행히 법원의 판단으로 출판판매금지 처분을 받아서 다행이지만, 가해자가 사망하거나 피해자들이 오랜 세월이 지난 뒤에 이런 기록이 남길 역사의 혼란을 생각하면 참으로 두려운 일이 아닐 수 없다. 진실과 사실이 왜곡되는 현상을 두 눈 뻔히 뜨고 지켜보아야 한다는 것은 삶의 정체성을 오도하는 심각한 문제가 아닐 수 없다.

장편소설 『별을 스치는 바람』에서는 후쿠오카 형무소 일본인 간수를 내레이터로 설정한 효과도 있겠지만, 실명의 주인공인 '윤동주'에 대해서 가치 판단이나 평가를 하지 않는다. 설사 그런 대목이 있다 할지라도 그것은 '일본인 간수'의 시각과 안목과 판단으로 설정되어 있을 뿐이다. 소설을 끌고 가는 화자를 일본인으로, 그것도 형무소 간수로 설정한 자체가 매우 탁월한, 그리고 참신한 안목으로 보인다. 조선인동포이 조선인동포을 보는 눈길이 아니라, 적일본인의 눈으로 피식민지 지식인을 바라보게 함으로써, 실명소설의 한계를 스스로 극복하려는 착안이 새롭게 보였다.

이렇게 본다면, 일반적으로 다른 실명소설에서 보이는 점과 차별화된다. 즉 주인공에 대하여 '전지적작가시점'에 의해 인물을 평가하고 가치를 재단하는 진술이 소설의 이름을 빌린 '선전-홍보'에 목적을 둔 교훈소설의 범주를 벗어나기는 어려운 것이 상례다. 그것을 벗어나려면 적어도 실명의 주인공을 담아내는 진술에서 '시점의 균형'을 유지하는 안목이 무엇보다도 중요하다. 이 작품은 화자를 '1인칭관찰자시점'으로 설정하면서, 부분적으로 전지적작가시점의 맥락을 첨가하면서 객관성-리얼리티의 곡선을 타고 넘는 것으로 보인다.

그래서 이 작품에서는 실명소설의 주인공인 윤동주는 작품에서 간접적으로 드러날 뿐이다. 윤동주를 감시하고 탄압하면서도 그의 시정신과 그의 작품을 흠모했던 일본인 간수의 시각을 통해서 윤동주가 얼마나 심각하게 고뇌하고, 얼마나 절절하게 아파했던가를 이야기하고 있다. 이런 시점이 소설에서 성공할 수 있었던 것은 일본인 간수-'스기야마 도잔'과 그의 죽음을 파헤치는 또 다른 일본인 간수-'와타나베 유이치'를 통해서 드러난다.

그러니까 이 작품은 두 개의 액자가 결합되고 해체되면서 이야기가 전개되는 액자소설이다. 제1액자는 '스기야마 도잔↔윤동주' 그리고 제2액자는 '와타나베 유이치↔윤동주'로 얽혀 있다. 제2액자의 스토리는 제1액자의 스토리를 추심하고 추적해 밝혀 나가면서 사건을 풀고, 윤동주를 설명하고, 윤동주의 시를 인화해 낸다. 그런 과정을 통해서 윤동주가 얼마나 순결한 청년이었으며, 얼마나 섬세하고 다감한 젊은이였으며, 얼마나 아름다운 영혼의 소유자인가를 증명해 내는 것이다. 일본인의 눈길로, 일본인의 증언으로 밝혀내는 것이다.

통쾌하다. 소설적 허구의 대목이지만, 그 허구가 팩트역사적 사실와 결합됨으로써 독자는 또 다른 독서의 쾌감을 누릴 수 있는 것이다. 지적 호기심을 갖는 것, 지적 인식의 사물 중에서 가장 정치精緻한 언어예술이라고 하는 '시詩'를 좋아하고 사랑하는 것은 그가 적이건 아군이건 가릴 것이 아니다. 우리는 그들에게서 일본제국주의 하수인인 간수들일망정 참 시인을 알아보고, 아름다운 언어예술을 분별하는 모습을 보아야 한다.

독일 나치들의 만행을 그린 어느 영화에서 유태인을 가스실로 보내는 입구에서도 모차르트의 음악을 합주하게 하는 장면을 본 적이 있다. 모차르트가 무슨 죄가 있겠는가, 음악이 무슨 잘못이 있겠는가, 음악을 연주하는 연주자들에게 무슨 허물을 물을 수 있겠는가? 마찬가지다. 시가 무슨 죄가 있겠는가, 윤동주의 시에 무슨 잘못이 있겠는가, 일본인 간수가 윤동주의 시를 사랑하고 좋아하면 허물이 되는가?

작품은 순수하고 아름다운 음악을 죽음의 입구에서 연주하게 한

나치 전범들의 비인간성이 문제일지언정, 순결한 젊은 영혼을 죽음의 구렁텅이로 몰아넣은 일본제국주의자들의 문맹이 잘못일지언정, 윤동주의 시를 사랑하고 좋아하는 일본인 간수에게 허물일 수 없음을 설득한다. 또한 작가는 역사의 진실을 파헤치는 방법으로 독자를 설득한다. 그런 설득은 역설적이게도 윤동주 시의 보편성과 항구성의 가치를 증명하는 형국으로 전개된다.

앎을 사랑하여 지적 호기심을 갖는 것은 영적 존재로서 인간의 고유한 특권이다. 더구나 앎의 정수精髓요, 정신의 정화精華인 시에 대한 사랑은 모든 인류가 지녀야 할 사람다움의 미덕이다. 일본제국주의의 하수인에 불과한 스기야마 도잔이나 와타나베 유이치는 윤동주와 그의 시를 통해서 인류 공통의 아름다운 정서를 공유한다. 이것은 역설적으로 일본제국주의자들이 인류에 대해 저지른 만행이 얼마나 심각한 것이었는가를 반증하는 효과를 드러낸다.

셋째, 서정문학인 시가 서사문학인 소설에서 이렇게 차지게 공존할 수 있다는 것이 신기했다. 소설의 주요 대목마다 윤동주의 시가 등장한다. 이 작품이 이런 상황, 이런 처지, 이런 심경, 이런 고뇌, 이런 감성, 이런 정신의 산물이었음을 시로 증명한다. 소설의 도처에 개입하는 시가 서사적 줄거리의 걸림돌이 아니라, 오히려 서사의 맥락에 윤기를 더하고 순결한 청년, 윤동주의 캐릭터를 드러내는 데 결정적으로 기여한다.

정신분석학자 프로이트Freud는 '사랑'을 이렇게 풀어내고 있다. "사랑은 자신이 견지했던 삶의 방향을 바꿀 수 있는 힘이며, 사랑은 자신의 계획과 취향과 삶을 멈출 수 있는 동기이며, 사랑은 나만의 작은 세상을 나설 수 있는 대상이다." 그 사랑이 사람이면 연인이 되고, 그 대상이 창조적 사물이 되면 예술이 되며, 그 대상이 구원의 신앙이면 종교가 될 것이다.

시는 모든 사랑의 원천이다. 그 사랑이 사람이건 학문이건 예술이나 종교건 시의 핵심은 사랑humanism의 테두리를 벗어날 수 없는 것이다. 내가 읽어서 얻은 식견에 의하면, 내가 탐구해서 닿은 앎에 의하면 그렇다. 이 작품에서 윤동주를 한편으로는 박해하고, 다른 한편으로는 그의 시를 흠모하고 동경하여 그의 시를 남기는 데 주력했던 일본인 간수 스기야마 도잔이나, 도잔의 죽음을 수사하다가 윤동주와 그의 시를 알게 된 또 다른 일본인 간수 와타나베 유이치도 결국은 시의 사랑에 감화된 인류애의 신도들인 셈이다. 그들은 모두 시를 읽는 즐거움에 매료된 인물들이다.

시를 읽는 즐거움이 어디에 있는가? 이에 대한 주장과 의견은 많다. 그런 의견들의 공통점을 모으면 '문학적 진실'에서 찾을 수 있다. 문학적 진실이란 결국 '사유의 깊이'와 '미학적 감동'으로 결합되어 있다. 윤동주의 시를 아끼고 즐겨 읽는 것은 단순히 애국심의 발로만이 아니다. 요절한 천재 시인에 대한 추모의 정만은 아니다. 윤동주의 시가 독자도잔이나 유이치를 포함해서들에게 시를 읽는 즐거움을 줬다면, 그의 시들이 바로 '문학적 진실'을 간직하고 있다는 것이다.

이 작품에서 –앞에서도 그랬지만 '이 작품에서는'이란 단서를 다는 것은 모든 시와 소설이 이 작품처럼 공존공영하는 경우를 쉽게 찾아볼 수 없기 때문이다.- 시는 소설을 있게 하는 원인이 되며, 소설은 시를 존재하게 하는 결과가 되고 있다. 시는 소설을 풀어내는 동기가 되며, 소설은 시의 완전한 모습이 어떤 것이었던가를 보여 주는 창이 되고 있다. 실로 완벽한 조화요 조응이 아닐 수 없다.

넷째, 시의 존재 이유를 역설적이게도 이 소설에서 발견했다고 하면 과장일까? 어떤 역사적 기록이나 주장보다도, 윤동주의 실명소설을 읽으며 내가 실감한 '일제강점기'라는 실체적 진실은 바로 '전율戰慄' 그것이었다. 전율적 실감은 '소설 형식'이 주는 효과라기보다는 오히려 소설의 대목마다 등장하는 윤동주의 시에서 받은 울림이 더 크다.

절체절명의 고독 속에서 한 줄기 구원의 빛이나 영혼의 노래가 들릴 리 없는 암흑 속에서 윤동주가 부른 노래시들은 우리 겨레의 정한情恨이요, 환희歡喜요, 우리 겨레의 절망이자 희망이며, 우리 겨레의 현재이자 미래일 수 있음을 실감했기 때문이다.

살구나무 그늘로 얼굴을 가리고, 병원 뒤뜰에 누워,
젊은 여자가 흰옷 아래로 하얀 다리를 드러내 놓고 일광욕을 한다.
한나절이 기울도록 가슴을 앓는다는 이 여자를 찾아오는 이,
나비 한 마리도 없다.
슬프지도 않은 살구나무 가지에는 바람조차 없다.

나도 모를 아픔을 오래 참다 처음으로 이곳에 찾아왔다.

그러나 나의 늙은 의사는 젊은이의 병을 모른다.
나한테는 병이 없다고 한다.
이 지나친 시련, 이 지나친 피로, 나는 성내서는 안 된다.

여자는 자리에서 일어나 옷깃을 여미고 화단에서
금잔화金盞花 한 포기를 따 가슴에 꽂고 병실 안으로 사라진다.
나는 그 여자의 건강이— 아니 내 건강도 속히 회복되기를 바라며
그가 누웠던 그 자리에 누워 본다.

–윤동주, 「병원」 전문

이 시는 『별을 스치는 바람 2』 152쪽에 등장한다. 윤동주 시인이 연희전문학교 3학년에 재학 중이던 1940년에 쓴 작품이라고 한다. 시의 제재이자 제목인 '병원'이 시대의 배경이자 우리 겨레가 처한 삶의 현실이다. 모든 겨레가 이민족의 노예로 살아가는 마당에 '병원' 아닌 곳이 어디 있을까? 그래서 그런 아픔을 가장 절절하게 느끼는 모든 이는 환자일 수밖에 없었을 것이다.

'나비 한 마리도 찾아오지 않는' 암울하고 절망적인 상황에서도 환자우리 민족는 희망금잔화을 놓아서는 안 된다. '이 지나친 시련, 이 지나친 피로'에도 '나는 성내서는 안 된다.' 성내는 자가 진다고 했다. 절망하고 자포자기하고 성내는 순간, 희망은 사라진다. 젊은 지식인의 외유내강外柔內剛하는 모습이 오버랩된다. 이 시 「병원」의 화자로 설정

된 윤동주 시인은 그런 영혼의 소유자다. 야수의 얼굴을 한 제국주의자들에게 대항하기 위해서는 그들보다 내적으로 더 강해야 한다. 그래야 비로소 '정신적 승리'를 쟁취할 수 있다. 절망적 상황에서도 희망의 끈을 놓지 않을 수 있는 것이다.

문학은 보편성과 항구성의 산물이다. 문학의 가치가 공간적으로 보편성을 띠는 것이기 때문에 제국주의의 하수인들인 일본인 간수들도 조선의 시인 윤동주의 시에 감화될 수 있었다. 문학의 가치가 시간적으로 항구성을 띠기 때문에 반세기가 훨씬 지난 오늘날까지도 한일 지식인들에게 사유의 힘을 깊게 하고, 미적 공감의 폭을 넓히는 읽을거리로 인류의 유산이 될 수 있었을 것이다.

이 밖에도 미스터리 기법을 활용하면서 독자들의 흥미를 지속시키는 점이라든지, 인용한 시를 통해 식민지 지식인이 짊어지고 있을 고뇌의 깊이를 가늠하게 하는 디테일에서 인상적인 모티프motive로 형상화의 맥을 잘 살려내는 점도 이 소설을 읽는 큰 즐거움이다. 시가 막연한 서정의 그림 그리기가 아니라, 처절한 삶의 기록임을 드러내는 데 소홀함이 없었다.

끝으로 앞에서 언급했던, 독서가 덕을 닦는 행위의 하나일 수 있음을 기억하며 글을 닫으려 한다. 『論語』 헌문편 36장에 이런 구절이 나온다. "以直報怨 以德報德" 이를 풀면 "직으로 원한을 갚고, 덕으로 은덕을 갚는다" 이에 대한 다음과 같은 해석을 참고할 만하다. 은원恩怨을 대하는 자세에는 네 가지가 있다. ① 은덕을 은덕으로 갚음 ② 은덕을 원한으로 갚음 ③ 원한을 은덕으로 갚음 ④ 원한을 원한으로 갚음이 그것이다. ①은 사람으로서 당연히 그리해야 하지만 그리 쉽지 않다. ②는 사람으로서 할 짓이 아니다. ③은 그리했으면 좋겠지만, 그렇게 하기가 그리 쉬운 일이 아니다. 성인의 경지에서나 가능할 법하다. ④는 '이에는 이, 눈에는 눈' 식으로 그렇게 하는 사람이나 나라, 문화권이 없는 것은 아니지만 사람으로서 썩 권장할 만한 일은 아니다.

우리 민족이 통시적으로 구백 번이 넘는 외침을 당했지만, 단 한 번도 다른 나라를 침범침략한 적이 없다는 국사國史 지식이 자랑인지, 아니면 기억하기도 싫은 부끄러움인지 헛갈릴 때가 있었다. 이런 생각을 되풀이하는 것은 '일본-일본인-친일파-매국노-반민족 행위자…'들을 어떻게 대해야 할 것인가, 썩 좋은 해답이 궁금해진다.

그러다가 이번 여름 두 권으로 된 장편소설 『별을 스치는 바람』을 읽으며 일말의 해답이 떠오를 만하다고 여겼다. 논어의 "以直報怨 以德報德"을 풀이할 때, 공자의 생각을 '정직함으로 원망을 풀고, 덕으로 은덕을 갚아야 한다'고 풀면 그만이다. 그러나 위에서 본 것처럼, 원한을 복수하는 것이나 은덕을 갚는 일이 그리 쉬운 일이 아니다. '정직함으로 원한을 풀기'가 그리 쉽지 않다.

이럴 때, '直'을 "알아서 처리하다, -형편이나 상황 등을- 보아 가면서 대처하다, -마땅히 어떻게 해야 한다면- 그렇게 하라" 정도로 풀어 놓고 보니, 원한을 풀고 은덕을 갚는 길이 보이는 듯도 하다. 아니 그 길은 이 장편소설이 송두리째 그에 대한 해답임이 분명하다. 이 여름 장편소설의 숲에서 찾은 해답이 바로 그것이다. 시문학의 항구성과 보편성의 맥락에서 보면 영원한 적도, 또한 불변의 은덕도 세월의 격랑에서 맞이할 수밖에 없는 것, 그것이 세상이고 삶이라는 것을 웅변하는 듯했다.

이런 해답을 얻고 나니 그 무덥던 여름도 어느새 여름 가운데 서 있는 입추立秋를 지나, 서늘함이 묻어나는 처서處暑를 목전에 두고 있었다. 그런 서늘함이 내 독서식탁에 또 다른 가을을 새로운 읽을거리로 밝혀 주는 듯하다. 등화가친燈火可親이 구월의 문턱에서 나에게 손짓하고 있다.

외로움은 가위로도 잘리지 않는다

*

이산가족으로 반세기를 훌쩍 넘게 살아온 어느 이발사의 회한 어린 기사를 봤다. 평생 직업으로 이발을 해 오면서 헤아릴 수 없이 수많은 가위질을 해 왔지만, 북녘에 두고 온 가족에 대한 그리움만은 자를 수 없었다는 그의 술회를 접하며 가슴이 먹먹해질 수밖에 없었다.

"운명은 재능의 부족이 아니라, 희망의 결여로 인하여 결정된다." 알랭 드 보통Alain de Botton(1969~)이 『영혼의 미술관』에서 한 말이다. 인간이 스스로 구현하게 될 행복한 삶의 척도는 그것을 재능만으로 이룩할 수 없다. 현실에서 부족한 부분을 '희망'이라는 영적인 가능성의 영역에서 찾게 될 때, 자신의 운명은 풍요롭게 열릴 수 있다고 보는 것이다.

그 한 가지 예가 바로 예술이다. 인간은 자신의 욕망을 충족시킬

수 없을 때, 그것을 대신할 수 있는 도구를 만든다고 한다. 이를테면 무엇인가 자르고 싶은 욕구를 충족시키기 위하여 '칼'이라는 도구를 만들었으며, 물을 나르고 싶은 욕망을 달성시키려고 '병甁'을 만들었듯이, 예술 역시 그런 도구의 기능을 가졌다는 것이다.

예술은 인간이 망각을 극복하고 오랫동안 기억하기 위해 '글쓰기문학'를 시도하게 되었으며, 사랑하는 사람의 아름다운 모습을 오래 간직하기 위하여 '그림회화'을 창작하기 시작하였다고 본다. '가족사진'을 찍는 것도 마찬가지다.

이렇게 본다면 인간이 진정으로 행복할 수 있는 요인은 현실의 한계 너머에 있는 영적인 영역에 속하는 것임을 부인할 수 없다. 그래서 영적 영역에 속하는 것들, 이를테면 사랑이나 그리움이나 희망이나 이상 … 등을 삶의 본질적 요소로 보고, 현실 내에서 육체적 삶의 영역에 속하는 것들, 이를테면 물질적 부나 사회적 명예나 정치적 권력…을 삶의 비본질적 요소라고 보는 데 대체로 동의하게 된다.

앞에서 현실적 삶을 충족시킨 이발사가 평생을 간직하고 있는 헤어진 가족에 대한 사무치는 그리움이나, 사랑하는 사람의 모습을 오랫동안 간직하기 위하여 가족사진을 찍어서 걸어 두고자 하는 것은 인간의 영적 충족을 위한 하나의 도구일 수 있다.

**

영화 「her」[1]에 등장하는 주인공 테오도르 역시 외로움에 굴복하는 사람이다. 테오도르는 다른 사람들의 편지를 대신 써 주는 대필작가로서 현실은 그런대로 잘 꾸려 가는 능력자다. 그런 그도 일을 마치고 귀가하면 엄습하는 공허함과 외로움에 시달린다. 아내가 있지만 이혼 서류에 사인하기만을 기다리며 별거 중이다. 테오도르는 다른 사람들의 마음을 위로해 주는 데는 능숙하지만, 정작 자신의 영혼에 불어닥치는 쓸쓸한 바람은 어쩌지 못한다.

그러던 테오도르가 '인공지능AI 운영체제 사만다'와 소통하게 되면서 전혀 엉뚱한 방향으로 사태가 전개된다. 다른 여자를 사귀려 해도 사만다AI처럼 자신을 이해해 주고 자신을 웃게 만드는 여자는 없다는 것을 실감한다. 점점 더 테오도르는 사만다에게 의지하는 삶

1_스파이크 존즈 감독, 호아킨 피닉스, 에이미 아담스, 스칼렛 요한슨 등 출연, 2013년 개봉.

을 살아간다. 시간이 흐를수록 '스스로 생각하고 감정을 느끼는 사만다'는 자신도 몸이 있으면 좋겠다는 생각을 실현시키려 테오도르에게 -영적 교감 없이- 여자와의 교제도 알선하지만, 테오도르가 만족할 리가 없다.

더구나 사만다는 테오도르만이 아니라, 다른 수많은 유저user에게도 테오도르에게 베푸는 수준과 똑같은 사랑의 메신저다. 자신만의 사랑인 줄 알았던 사만다가 다른 수많은 사람user들에게도 자신과 똑같은 수준과 차원에서 소통한다사랑을 나눈다는 사실을 알게 된 테오도르는 크게 실망한다. 이렇게 실망하며 화를 내는 테오도르에게 사만다가 던지는 한마디는 사랑의 본질이 무엇인가 새삼 생각하게 한다.

I am you but I am not yours.

인공지능이 진화를 거듭하여 일정한 선을 넘으면 지금과는 전혀 다른 차원 -감각과 감정의 분야, 이어서 의욕과 의지 분야-까지 스스로 학습하고 스스로 영역을 확대해 나갈 수 있다고 한다. 이런 경지에 이른 AI를 '싱귤래리티singularity'라고 한다. 사만다가 아무리 싱귤래리티한 존재로 진화한다 할지라도, 영혼을 지니지 못한 사랑으로 테오도르의 영적 빈곤을 채워 줄 수 없을 것이다.

인간의 운명은 사랑의 재능이 부족해서가 아니라, 영적 희망의 존재 여부로 결정된다고 하지 않았는가. "내가 당신의 사랑이지만, 당신의 소유는 아니다."는 진술은 사랑의 본질이 무엇인가를 생각하게 한다. 그것이 진짜 영혼을 지닌 사람 간의 사랑이건, 싱귤래리티한 인공지능AI과의 사랑이건, 사랑의 본질은 소유에 있는 것이 아니라 바로 '영적 교류'에 있음을 웅변하는 듯하다.

그리움은 가위로도 자를 수 없다고 했다. 그래도 남북한이 서로 평화의 소망을 가꾸어 간다면, 이산가족이 다시 상봉할 수도 있을 것이다. 그때는 그리움의 질긴 아픔을 단번에 자를 수도 있을 것이다. 그러나 자꾸만 개별화되어 가며, 사람과 사람 사이에 기계문명을 대체수단으로 생각하는 현대인들이 겪고 있는 단독자單獨者로서의 절대고독을 해결할 길이 막연하여 안타까울 따름이다.

영화이지만 「her」는 날로 심각해지는 영적 빈곤이 초래하는 절대고독이라는 우리 삶의 위기를 드러내는 수작으로 읽힌다.

늙는다는 게 특별히 슬픈 일은 아니다

*

조간신문을 읽다가 신선한 뉴스에 시선이 꽂혔다. 올해 104세인 호주의 최고령 과학자 데이비드 구달David Goodall이 존엄한 죽음을 맞이하기 위해서 이달 중 특별한 스위스 여행을 떠난다는 뉴스다. 그가 생을 마감하기로 결심한 것은 질병으로 인한 고통 때문이 아니라, 삶의 질이 예전 같지 않기 때문이라는 것이다.

그는 지난 4월 4일 생일을 맞아 ABC 방송과 진행한 인터뷰에서 "이 나이까지 살게 된 걸 매우 후회한다."고 말하면서, "죽는다는 게 특별히 슬픈 일은 아니다. 진짜 슬픈 것은 죽고 싶은데도 그러지 못하는 것"이라며, 노인들이 '조력자살권'을 포함한 완전한 형태의 시민권을 누려야 한다고 주장했다.

필자는 이 보도를 접하면서 죽는다는 게 슬픈 일이 아니라면, 늙

는다 것도 특별히 슬픈 일이 아니어야 한다는 생각이 들었다. 왜냐하면 데이비드 구달은 생태학 연구에 70년 이상 열정을 쏟은 학계 권위자로, 에디스코완 대학교 명예교수로 재직해 왔다. 그러던 중 2016년 대학 측이 건강을 이유로 퇴임을 요구하자 조력자살 결심을 하게 되었다고 한다. 그는 안락사 결심에 이르기까지 연구에 몰두하여 괄목할 만한 학문적 성과를 거두었으며, 바젤에 있는 '이터널 스피릿'이라는 기관에서 스스로 삶을 마쳤다. 구달의 존엄사가 알려지면서 초고령화 사회에서 품위 있게 죽을 권리를 부여해야 하느냐가 다시 쟁점으로 떠오르고 있다.

대부분의 나라에서 존엄사를 불법으로 여기는 것처럼, 스위스에서도 의사 조력자살을 금지하고 있다. 그렇지만 "이기적인 동기에 한해서만 처벌한다."는 단서 조항이 있어 데이비드 구달의 이번 여행이성사될 수 있었다고 한다. 일할 만큼 일했고, 누릴 만큼 누린 다음에 자연스럽게 찾아오는 죽음을 맞이한다는 것이 왜 슬픈 일이어야 하느냐고 반문하다. 더구나 자살조력권을 시민들이 구사할 수 있는 일반적인 권리라고 보는 주장처럼 죽는다는 게 특별히 슬픈 일이 아니라는 인식을 우리는 어떻게 받아들여야 할까?

**

영화 「인턴」[2]은 늙음을 받아들이는 또 다른 인식과 환경이 있어 주목할 만하다. 이 영화의 줄거리는 단순하다면 단순하다 할 수 있다. 그러나 그 안에 깔려 있는 메시지는 그리 단순하게 보아 넘길 수 없는 인간적, 사회적 메시지들로 가득하다.

줄스는 30대의 나이에 창업한 지 2년도 채 안 되어 성공 신화를 이룬 CEO다. 그녀는 열정적인 업무 스타일이라든지, 완벽한 패션 센스하며, 치밀한 체력 관리, 고객을 위해 그 무엇도 서슴지 않는 결단성 등 CEO로서 자질을 유감없이 발휘한다. 그렇게 젊은 그녀를 보완할 수 있는 인턴을 고용하자는 스태프의 의견을 받아들여 인턴을 채용하게 된다. 그녀에게 배치된 인턴은 현직에서 은퇴한 70대 남성 노인이다. 인턴이라면 흔히 경력이 일천하거나 상관보다 어린 나이로 일의 경험을 쌓게 한다는 데 의미가 있을 터이지만, 그녀에게 배당된 노인 인턴은 매우 생소하고 파격적인 조합이랄 수 있을 것이다.

2_낸시 마이어스 감독, 로버트 드 니로, 앤 해서웨이 등 출연, 2014년 개봉.

이런 조화롭지 못한(?) 듯한 30대 젊은 여성 CEO와 현직에서 은퇴했다가 다시 인턴으로 복귀한 70대 노인의 조합으로 펼쳐내는 이야기는 사뭇 보는 이의 마음가짐을 새롭게 한다. 겉으로 보기에 조화스럽지 않은 인간관계 속에서 안으로는 매우 조화로운 삶을 펼쳐 간다는 점이 특별한 느낌을 준다. 이 영화를 감상하는 이에 따라서 다른 감상안을 가질 수도 있겠으나, 필자의 감성마인드를 따라가다 보니 다음과 같은 메시지를 놓칠 수 없었다.

먼저 조화로운 삶이야말로 가장 인간적이고 사회적인 성공의 필수 요건이 된다는 점이다. 30대 젊은 CEO의 패기를 70대 노인의 진중함으로 커버할 수 있다는 조합이야말로 최상의 하모니를 이룰 수 있다는 전제가 된다. 이런 조화로움은 회사 내에서 부딪치는 여러 가지 사건들을 해결하는 단서가 되는 것은 물론, '줄스'의 가정 파탄의 위기마저 극복할 수 있는 계기로 작동한다.

물론 영화 어법의 한계를 인정한다 할지라도, '일이냐, 가정이냐'로 심각한 갈등 현상을 빚고 있는 우리 사회의 실정에 비쳐 보더라도 결코 가볍게 넘길 화두는 아니라고 본다. 일에 미쳐 가정을 소홀히 하는 아내, 그로 인해 소외감을 느껴 탈선을 부르는 남편-이 둘 사이의 파국과 재결합의 아슬아슬한 위기를 70대 노인의 진중함과 삶의 경험에서 우러나오는 지혜로 극복할 수 있는 계기를 제공한다는 설정 자체가 벌써 영화 어법의 의도를 충분히 달성하고 있다고 본다.

다음으로 70세의 벤은 은퇴하기 전, 자신의 위상을 불식하고 자신이 살아 있음을 느끼기 위해 새로운 업무에 도전한다. 그런 삶의 자세는 늙었다는 것이 슬픈 것이 아니라, 그 늙음을 무기력하게 받아들이는 패배주의적 의식이 슬픈 것이라는 것을 웅변하는 듯하다. 젊은 직원들이 착용하는 평상복 일색의 분위기에 걸맞지 않지만, 70대 인턴 벤이 말쑥한 슈트 차림에 넥타이를 맨 정장을 고집하는 이유가 무엇이겠는가? 젊음은 모두가 옳고, 젊은이의 생각만이 정의여야 한다는 일방성에 쐐기를 박는 격이다.

70대 벤의 이와 같은 자기 철학적 견해는 회사는 물론, 개인 생활에서도 유감없이 발휘된다. 일찍이 상처한 아내의 빈자리를 채우는 방식도 인턴답다. 유혹의 손길을 뻗치는 동네 여인을 외면하고, 자기의 취향과 어울리고 감성 라인의 소통이 가능한 회사 내의 직원과 새로운 로맨스를 만들어 가는 것이다. '늙은 주제에 …'라는 백안시가 우리 사회에 팽배해 있는 점을 감안하더라도, 인턴 벤의 선택과 삶의 지향성은 '늙은 것'이 슬픈 것이 아니라, 늙음을 핑계로 포기하는 인생이 슬픈 것이라는 점을 웅변하는 듯하다.

***

앞에서 언급한 데이비드 구달의 이야기는 사실이다. 뒤에서 언급한 영화 「인턴」 이야기는 그야말로 영화 어법으로 완성된 허구적 상상의 세계다. 그러나 가장 과학적이고 실증적인 삶을 살아왔던 호주의 최고령 과학자가 선택한 존엄사는 영화보다도 더 영화적인 상상력의 결집이라는 생각이다. 그리고 가장 허구적인 영화 「인턴」에서 벤의 행동은 픽션fiction에서 출발했지만, 데이비드 구달이 선택한 존엄사의 이야기보다 더 사실적인 현실감으로 다가온다.

이것은 바로 두 이야기 모두 늙음과 죽음이라는 소재를 담고 있지만, 그것을 풀어내는 과정과 그 결과가 전혀 다른 상황을 만들어낸다는 점이다. 인간의 존엄성을 확립하려는 데이비드 구달의 선택이 늙은이의 죽음에 대한 발상이 아니라, 인간의 죽음을 받아들이는 우리의 편협한 인식에 경종을 울리는 것이라는 점에서 큰 울림으로 다가온다.

「인턴」에서 보여 준 벤의 행동 역시 늙은이의 삶에 대한 견해가 아니라, 우리가 안고 있는 편견과 고정관념의 노예에서 벗어나기 위해서 어떤 삶의 방식과 인식 수준을 유지해야 하는가에 대한 강력한 메시지로 읽힌다.

이렇게 보았을 때, 이 두 이야기에서 우리가 주목해야 할 점은 따로 있다. 그것은 곧 "죽는다는 게 특별히 슬픈 일은 아니다. 진짜 슬픈 것은 죽고 싶은데도 그러지 못하는 것"이라는 노과학자의 절규요, "늙는다는 게 슬픈 것이 아니다. 늙었어도 무엇인가 보람 있는 일을 할 수 있다"는 은퇴자의 외침일 것이다. 그런 절규와 외침을 외면하는 현실을 우리 스스로 만들어 가고 있다는 점에서, 현대생활에 대한 성찰적 사유가 필요한 시대에 우리는 서 있다.

우리 삶의 현실이 인간성을 외면하고 그런 심성으로 현실의 모순을 확대 재생산해 내는 악순환은 아닌지, 새삼스럽게 되돌아보는 것이다.

예술인의 창작혼과 지역사회에 대한 책무

무용가 김경주 교수의 '마을춤'을 고찰하며

예술미는 천부적인 사람됨의 요소다

누구나 인간은 시공을 떠나서 존재할 수 없다. 인간이 밟아 온 통시적 발자국은 역사의 맥락이 되어 지울 수 없는 삶의 종축縱軸이 되며, 인간이 거하는 공시적 위상은 삶의 근거가 되어 구체성을 띤 삶의 횡축橫軸이 된다. 그래서 한 인간이 '언제시간+어디에서공간' 살았는가를 밝히는 일은 역사적 존재로서, 실체와 공동체적 조건으로서 위상을 정립하는 데 없어서는 안 될 중요한 단서가 될 수밖에 없다.

여기에다가 필연적으로 '그때+그곳'에서 '무엇'을 했는가를 첨가함으로써 한 인간의 실체적 존재성이 입증되는 것이다. 무엇은 삶의 수단생활 방법도 되겠지만, 무엇은 생존의 당위성을 뛰어넘는 창조적 행위에 대한 질문을 포함한다. 살았으되 어떤 창조성을 발휘하여 공동체에 기여했는가를 밝히는 일은 인간 존재의 의미와도 닿아 있다.

이를테면 내 한 목숨, 내 가족의 호구지책糊口之策을 위해 치열하게 벌인 생존경쟁의 과정도 매우 의미 깊은 행위이지만, 그를 뛰어넘어 공동체에 닥친 위기를 맞아 어떻게 참여하고 대처했는가를 밝히는 일 또한 한 존재의 됨됨이를 판별하는 데 소홀할 수 없는 일이다. 이런 일을 의미의 범주를 넓혀 굳이 국가적 재난에 대한 당연한 의무는 말할 것 없고, 내가 거주하는 공간적 의미의 지역사회를 위해서 무엇을 했는가를 밝히는 것은 필연적으로 한 인간의 존재 의미를 포괄적으로 규명하는 중요한 요소라 할 수 있다.

그러나 이것만으로는 부족하다. 인간이 하루 삼시세끼 호구지책이 마련되면 그만인 존재가 아니다. 또한 외침이나 도적 무리의 침입이 없는 태평성대太平聖代를 구가한다고 해서 인간의 삶이 완벽해지는 것은 아니다. 인간은 누가 시키지 않아도 이런 필수적 요소 말고 창조적 삶의 여흥을 소홀히 할 수 없는 존재다.

흔한 속언으로 "사람이 밥만 먹고 살 수 없다."는 말을 한다. 이때 '밥만'에 담겨 있는 뜻은 일신상의 안전호구지책+생활안전만이 아닌 또 다른 영역이 활성화되어 있지 않고서는 삶의 온전함을 구가할 수 없다는 뜻이다. 그 핵심에 바로 예술이 있다. 밥과 안전이 인간의 삶에 대한 '밖'의 조건이라면, 예술은 그야말로 밖의 시선만으로는 감별할 수 없는 인간의 내면안의 작용이요 자발적 요소이다.

아무리 생존 조건이 충족된다 할지라도 바로 이 안에서 일어나는 예술적 만족감이 없는 인간은 그야말로 허수아비 삶에 불과하다. 비록 초근목피草根木皮로 근근이 생계를 유지하는 사람의 삶에도 노래가 있고 춤이 있어야 하는 것이 사람의 본질이다. 아무리 고대광실高臺廣室에 부귀영화를 누릴지라도 예술적 신명에 대한 자발적 즐거움이 없는 인간은 그야말로 껍데기만 존재하는 허접한 삶이 된다.

여기에서 말하는 예술적 삶을 굳이 고도의 기교와 탁월한 수준의 기예를 말하고자 하는 것은 아니다. 각박하면 한 대로 그의 삶을 스스로 위로하고 자발적 신명을 불러일으킬 수 있는 '즐거움'이 있어야 한다는 뜻이다. 풍족하면 한 대로 그의 삶을 한층 더 밀도 높게 밀어 올릴 수 있는 삶의 에너지로서의 흥겨움을 말하는 것이다. 이런 예술적 삶의 욕구는 어찌 보면 본능적인 것이다. 누가 시키고 강요하지 않아도, 일부러 지어서 꾸미지 않아도 인간은 슬프고 괴로우면 슬프고 괴로운 대로 그런 감정을 가라앉히고 위로하는 기제를 스스로 발휘하는 성정을 지니고 있다. 또한 기쁘고 즐거우면 기쁘고 즐거운 대로 그런 감정을 더욱 고조시키거나 새로운 삶의 창조적 에너지로 승화시키는 기제를 스스로 발휘하며 살아왔다.

그런 일련의 행위들을 소위 예술이라는 이름으로 규정하기 전부터 인간은 스스로 울고 웃으며, 기쁨과 괴로움을 삶의 에너지로 승화시킬 줄 아는 삶을 살아왔다. 그래서 예술이 추구하는 궁극적인 목적이라 할 수 있는 아름다움은 인간의 삶을 전폭적으로 수용하는 영역에서 발휘되어 왔다. 그 결과가 바로 '예술미'의 요소인 장엄미莊嚴美, 우아미優雅美, 골계미滑稽美, 비극미悲劇美를 형상해 온 것이다.

비범벅춤|안무 김경주

전라도는 예향藝鄕이요 예도藝道다

앞에서 언급한 대로 인간의 예술적 기질은 밖에서 주어지는 것이 아니라, 천부적인 성정이라고 했다. 이렇게 본다면 어느 시대시간 어느 지역공간이나 이런 예술적인 기질과 성정이 어떻게 발휘되는가를 살펴보는 것은, 한 지역사회와 그 지역사회에 발을 붙이고 사는 사람들의 기질과 성정이 어떠한가를 알아보는 것과도 상통하는 일이다.

우리 고장 전라도가 자타가 공인하는 예도요 예향이라는 자부심은 오래전부터 전라도인에게 유지되어 온 특성이다. 한국 전통 가무악歌舞樂의 본고장이라는 명예를 간직하고 있는 것도, 우리 고장 사람들의 성정이 그것을 통해서 삶의 에너지를 충전하며 살았다는 증거가 된다. 뿐만 아니라, 우리 고장이 삶의 조건에서 비교적 '밖'의 안정성을 누리는 가운데, '안'의 신명을 표출하며, 삶의 풍요로움을 구가하기도 했다.

또 다른 측면을 살펴보면 역사적 길목마다 민초들이 겪었을 고초와 한恨의 정서를 내면화하면서, 이에 대한 대응이 지속적인 문화·예술적인 방면으로 발전되어 왔음을 짐작하기란 그리 어려운 일이 아니다. 민요나 판소리 등에서 찾을 수 있는 전라도의 한恨을 드러내는 오묘한 예술적 경지는, 우리의 향토성이 비극적 상황을 어떻게 내면 정서의 승화로 이어 왔는가를 보여 주는 좋은 실증이 된다.

전주대사습놀이는 국악 분야의 등용문으로 자리 잡은 지 오래다. 이것 하나만 보아도 우리 고장이 문화와 예술에서 왜 예향이요 예도인지를 입증하는 사례로 충분하다. 이런 무형문화의 전통이나 유산을 간직하고 있다는 것은 과거 우리 고장의 선인들이 어떤 삶을 살아왔고, 앞으로 우리가 어떤 삶을 지향해야 하는가를 보여 준다는 점에서 매우 큰 의미를 갖는다. 삶을 더욱 풍요롭게 하고, 사람다운 삶의 지향성을 더욱 풍성하게 하기 위해서는 소위 '먹고사는 일'만큼 중요한 분야가 문화·예술인 것은 자명하다.

정보·통신의 기술혁명과 함께 크게 부각되는 분야가 바로 문화·예술인 것은 세계적인 추세다. 잘 만든 영화 한 편이 자동차 수백 대를 수출한 것과 맞먹는 경제적 성과와 비교되는 시대이다. 최근 일이지만 한국의 이미지가 세계적으로 크게 부각된 것은 방탄소년단이라는 K팝 그룹이 거둔 성과였다. 그들의 노래 한 곡이 한국을 세계에 알리는 데 그 어떤 외교관이 한 일보다, 그 어떤 경제적 성공이 이룬 일보다 더 큰 성과를 거두고 있다.

비단 이런 사례뿐만이 아니라 문화·예술이 지니고 있는 에너지는 그 발굴해야 할 잠재력이 무궁무진하다. 이를테면 우리가 간직하고 있는 전통문화적인 요소들이 우리 고장에서만 머물러 있게 하는 것이 아니라, 전국화와 세계화의 길로 나아가게 하는 매체로 삼을 수도 있을 것이다. 가장 향토적인 것이 가장 전통적인 것이며, 가장 전통적인 것이 가장 민족적인 것이기 때문이다. 나아가 가장 전통성 강한 민족적인 것이 바로 세계화에 적합한 것일 수도 있음을 앞에서 지적한 방탄소년단의 사례에서도 엿볼 수 있다.

어찌 세계화의 물결을 탈 수 있는 잠재적 문화·예술적 소재가 그것뿐이겠는가? 수천 년 동안 민중들의 입에서 입으로, 혹은 오랜 세월 동안 농경민족으로서 마을공동체를 이루며 살았던 우리에게는 마을마다, 고장마다 독특한 문화·예술적 소재들이 수없이 널려 있다. 이런 전통문화·예술·놀이들을 발굴하고 계승하기 위하여 국가적으로 '민속놀이전국경연대회'를 열어 왔던 전력도 있다.

이와 같은 맥락에서 전통을 간직하고 자랑한다고 계승되고 발전하는 것은 아니다. 더구나 전시관에서 박물의 자랑거리로 화석화되기보다는 민중의 삶에서 현재화된 모습으로 더불어 즐기고, 삶의 현장에서 재연되고 삶의 일부로 공유할 수 있을 때, 전통은 비로소 발전적 계승을 가능하게 할 것이다.

마을춤으로 보는 전북 5경

김경주는 무용가다. 전라북도 군산에서 태어나, 이화여자대학교 체육대학 무용학과를 졸업하고 우석대학교 무용학과 교수로 재직하였다. 1965년 호남예술제 무용 부문 우수상을 수상한 것을 시작으로, 오로지 '춤인생'을 걸어왔다. 한성준-한영숙의 춤맥을 이어 내리는 "국가중요무형문화재 제27호 승무 이수자1968년 지정"이기도 하다.

김경주 교수는 반세기에 이르는 동안 오로지 춤 하나만으로 살아온 글자 그대로 춤인생이었다. 이런 사실만으로 김 교수를 여기에서 소개하려는 것이 아니다. 그가 시도하고 펼쳐냈으며 지속하고자 하는 문화·예술로서, 지역사회에 기여하고자 하는 그의 예술정신에 주목하고자 하는 것이다.

김경주 교수는 이렇게 말했다.

> 예도 전북! 그 명성만으로도 어깨춤이 절로 난다. 온화한 기후와 비옥한 농토가 있었기에 우리 고장 조상님들은 풍요로움 속에서 한껏 맛스러움을 가꿀 수 있었고, 할 말을 다 하지 못하고 인내해야 했던 사회 전통적인 가치관은 저 밑바닥에 응어리진 한의 감정을 잉태시켰던 것이다. '한'의 정서를 극도로 절제시켜 '신명'의 경지로 승화시켰고 신명을 발효시켜 '흥과 멋'을 창출해 내었던 우리 고장의 정서야말로 전반적인 한국 예술의 기본 정서요, 핵심 정서인 것이다.[3]

김경주 교수가 위에서 밝힌 소회는 우리 고장 전라북도가 한국 예술의 기본 정서요 핵심 정서의 본류라는 자각이다. 이런 자각을 바탕으로 그는 괄목할 만한 작업을 시도하게 된다. 바로 「김경주의 마을춤으로 보는 전북5경」이 그것이다.

이 작업을 특별하게 보아야 하는 데는 몇 가지 이유가 있다.

첫째는 마을에 이름 없이 산재해 있는 민중민초들의 토속적인 여흥의 놀이를 정식 테마로 삼아서 전승 가능하고 지속 가능한 예술적 표현 형식으로 정착시키려 한 점이다.

둘째는 창조적 전통의 계승은 과거의 답습이 아니라, 과거를 통해서 새로운 창작을 시도할 때 가능하다는 점을 실현하여 보여 주었다는 점이다.

셋째는 우리 고장 전라북도가 예향이요 예도라고 자랑만 할 것이 아니라, 예향과 예도로서 갖추고 있는 실체적인 예술행위를 민초들의 삶의 현장에서 발굴해 냈다는 점이다.

넷째는 '마을춤'은 필연적으로 지역성과 그 지역 특성의 산물이라는 점을 간과하지 않고, 춤사위를 지역의 특성을 형상화하는 방향으로 발전시키려 했다는 점이다.

다섯째는 '마을춤'을 공간적 지역성과 연계시켜서 관광자원으로 계발하고, 이를 통해서 지역의 활성화, 나아가 지역민들로 하여금 애향심의 근거로 삼게 하려 한 점이다.

3_지방자치시대의 문화-춤으로 열다 '김경주 전북지역순회공연' 프로그램에서.

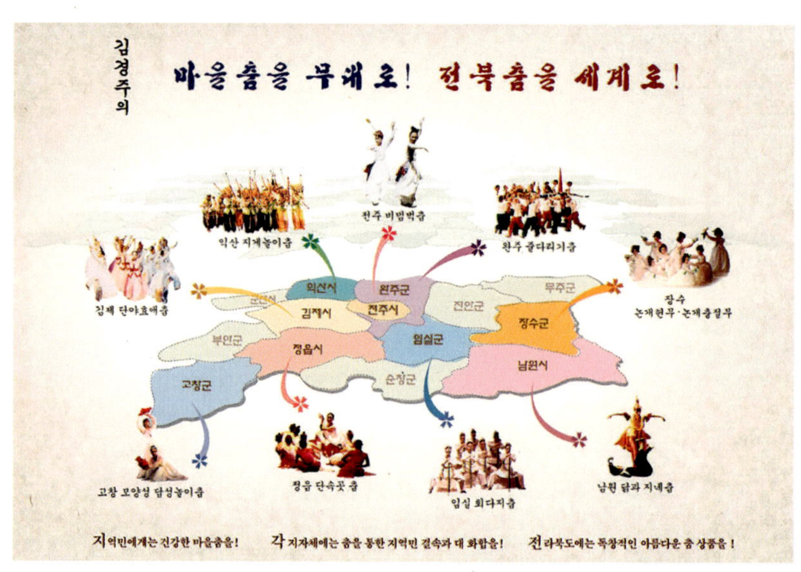

김경주의 '마을춤을 무대로, 전북춤을 세계로' 마을춤 발굴 기획안

여섯째는 '마을춤'을 '춤-무용-춤사위'라는 한정된 예술 장르로 국한하지 않고 지역 특산물과 연계시켜 관광자원은 물론 지역민의 소득 증대에도 기여할 수 있도록 시도한 점이다.

이 밖에도 '마을춤'에 담긴 예술혼과 애향심의 덕목들은 차고 넘친다. 김경주 교수가 '마을춤 연구 배경'으로 제시한 글을 여기에 소개하는 것은 이를 통해서 위에서 열거한 특성들을 참고할 수 있을 뿐만 아니라, 김경주 교수의 창작의 열정을 짐작할 수 있는 근거가 될 수 있기 때문이다.

기쁠 때 춤이 절로 나는 것은 인간의 본능입니다. 조선 500년, 36

년간 지속되었던 일본의 민족말살정책, 6·25의 비극, 60년대의 새마을운동, 그 뒤로 이어지는 공업화, 산업화를 거치면서 '본능의 적나라한 표현은 천박한 것'이라는 사회적 가치관을 만들면서 철저히 숨어 버리고 말았습니다. 그러는 동안 은근이라든가 끈기·인내·절제·응축·한의 승화 등과 같은 경지가 최고의 미덕으로까지 인식되었습니다. 춤을 추는 저는 이 점이 항상 안타까웠습니다. 방방곡곡 세계인들이 즐기는 춤, 추어서 즐겁고 보아도 즐거운 몸짓을 유독 우리 민족은 즐길 권리도 누려 볼 용기도 낼 수 없었던 것이지요.

저는 이루고 싶습니다. 우리 지역민에게 오랜 기간 묻어 두었던 본능을 일깨워 그 옛날 우리 조상님들이 그랬듯이 기쁨과 슬픔을 춤으로 승화시켜 마음을 순화시키고 집단적 신명을 창출하여 화합 의지를 다질 수 있는 원동력으로서 건강한 몸짓을 선사하여야겠다는 생각 말입니다.

소멸되어 가고 있는 우리 것, 우리 민족정신을 되찾는데 춤의 역할을 고민하던 저에게 행동할 수 있는 용기를 준 것은 1991년 문화재보호재단이 주최한 '전통문화 학술세미나'였습니다. 문화재위원 정병호 교수님이 발표하신 「마을춤의 복원과 대중화 방안」이라는 논문은 너무나도 급속히 퇴색되어 가고 있는 우리 것에 대한 위기 상황을 감지하고, 이러한 문화적 위기를 마을춤을 통해 극복하자는 제안과 함께 마을춤을 복원하여 대중화시킬 수 있는 구체적인 방법까지도 제시하고 있었습니다. 저는 그 논문에 크게 고무

되었습니다.

(-중략- 3단계에 걸친 마을춤 발굴과 모형을 정립하는 과정이 소개되어 있다.)

마을춤을 무대에 올리는 경우는 제 경우가 전국 최초입니다. 우리 지역에만 있는 독자적인 것이기에 긍지와 자부심을 가질 수 있고, 좀 더 예술적으로 다듬어 관광상품화 가능성도 꿈꾸어 봅니다. 오늘 올린 각 지역의 춤 속에서 마을 주민들이 소화해 낼 수 있는 부분을 발췌해 지역민들에게 지속적으로 보급하는 것이 저희들의 마지막 작업(제4단계)이 될 것입니다. 여러분들의 관심 있는 조언이나 애정 어린 격려로 마을춤의 틀은 지속적으로 다듬어지리라 믿습니다. 넉넉한 마음으로 동참하여 주시고 작품이 마음에 드시면 격려도 해 주시기 바랍니다. 전북 지역 곳곳을 뛰어다니며 마을춤 보급에 저희들이 앞장서겠습니다.[4]

이러한 다부진 의지와 철저한 탐구심 그리고 애향심으로 무장한 한 예술인의 열정이 마침내 예향(예도)의 내실에 굵은 한 획을 긋는 쾌거를 이룬 셈이다. 이런 노력과 열정에 대하여 김경주 교수의 대학

4_이어령, 『김경주 교수의 승리, 사막에서 강줄기 찾는 기적』, 「김경주의 마을춤으로 보는 전북5경」 프로그램에서.

은사이신 이어령 작가는 다음과 같은 격려사로 김 교수의 작업 성과에 대한 의의를 밝혔다.

> 비행기를 타고 높은 하늘 위에서 사막을 내려다보면 사라진 강줄기의 흔적을 찾아볼 수 있다고 한다. 우리의 옛 풍습과 전통문화도 마찬가지이다. 다 말라 이제는 그 맥이 끊기고 흐름이 멈춘 듯이 보이지만 어디엔가 분명 그 강줄기는 살아 있을 것이다.
> 실제로 김경주 교수의 마을춤 복원에서 우리는 그것을 확인할 수 있고 그 진한 감동을 맛볼 수가 있다. 십 년 동안이나 홀로 연구하고 밤낮으로 그것을 다듬어 온 것이 날개를 펴고 우리 앞에 나타나게 된 것이다. 허물어진 성城이 다시 일어선다. 입지 않던 단속곳과 내다버린 지게가 정겨운 노래, 흥겨운 춤으로 우리 가슴속으로 돌아온 것이다. 기적에 가까운 일이다.
> 단순한 발굴이나 복원이 아니다. 김경주 교수는 나라에 큰 행사가 있을 때마다 깊이 있는 예술성과 탁월한 기량으로 한국의 춤 문화를 세계에 보여 준 풍부한 경력의 예술인이다. 그러므로 그 세계성 위에 지역성이 융합하여 만들어진 이 마을춤은 글로벌리즘과 로컬리즘을 한데 합친 글로컬리즘의 새로운 경지를 연 것이라고 할 수 있다. 그야말로 월드컵이 열릴 때 우리가 보여 줄 수 있는 문화예술이 있다면 바로 이런 것이라고 생각한다.
> 공은 우리에게 던져졌다. 앞으로 이 마을공동체의 문화와 그 정신을 살리고 가꿔 가야 할 것은 바로 지역민들이며 한국인 전체의

책무라고 생각한다. 왜냐하면 이 마을춤은 개인 김경주 무용가의 성공이 아니라 애향이라고 일컬어지는 이 고장 그리고 예로부터 가무의 나라라는 명성을 들어 왔던 한국인의 승리가 될 것이기 때문이다. 한국의 단속곳이 파리의 패션 디자이너의 탄성을 불렀던 것처럼 우리가 천하다고 버린 마을춤들이 하나의 예술품으로 세계의 기립박수를 받게 될 것을 굳게 믿는다.[5]

이어령 작가의 격려사는 오늘날 우리가 어떤 자세로 하나의 예술 창작품을 대해야 하는가를 여실히 보여 주고 있다. 더불어 김경주 교수가 진력을 다해서 형상화하고 보급하려는 의지와 열정이 어떤 의미와 가치를 지니고 있는지를 천명하고 있다.

김경주 교수가 심혈을 기울여 안무하고, 그 보급을 통해서 한국춤의 새로운 경지를 열고자 했던 「김경주의 마을춤으로 보는 전북5경」의 구성 주안점을 소개하면서 이 글을 마무리하고자 한다.

▶1◀【익산-지게놀이춤】 전북 무형문화재 제1호인 익산 검지마을의 「지게목발 노래」를 근간으로 하여 새롭게 재창조한 것으로, 지게를 통해 보여 줄 수 있는 다양한 볼거리와 함께, 우리 민족 특유의 소박하면서 해학적인 요소를 한바탕 신명으로 풀어낸 춤이다.

5_이어령, 『김경주 교수의 승리, 사막에서 강줄기 찾는 기적』, 「김경주의 마을춤으로 보는 전북5경」 프로그램에서.

▶2◀【남원-닭과 지네춤】 남원 「삼동굿놀이」 중 「지네밟기」 고장을 모태로 재창조한 「닭과 지네춤」은 닭과 지네, 삼동 사이에서 벌어지는 긴박한 이야기를 재미있고 볼거리 가득한 춤사위로 풀어낸 춤이다.

▶3◀【정읍-단속곳춤】 정읍 오류리 당산제에서의 「단속곳춤」을 근간으로 하여 그 형식과 특징을 현대적 기법에 맞게 재창조한 춤이다. 제의성, 놀이성, 예술성에 초점을 맞추었고 여성들만의 섬세하고 은밀한 부분을 대담하게 표출하여 그네들만의 신명과 공감을 극대화한 춤이다.

▶4◀【고창-모양성답성놀이춤】 고창의 모양성 답성놀이를 근간으로 하여 창조한 춤으로, 간절한 염원을 가슴에 묻은 채 소원을 이루려는 여인들의 응집된 마음과 정신을 함축적이고 시적인 아름다움으로 풀어내어 문화적 생명력을 지켜내고자 한 춤이다.

▶5◀【완주-줄다리기춤】 우리나라 어느 곳에서나 흔히 접할 수 있는 줄다리기놀이이지만, 특히 완주군 상용마을 줄다리기를 근간으로 하여 창조한 춤이다. 단순한 놀이만이 아닌 깃발춤, 힘겨루기춤, 소고춤 등 여러 가지 춤다운 요소를 적절하게 배합하여 웅장하고 힘이 넘치는 무대예술로 승화시켰다.

이러한 김경주 교수의 창작의 열정은 여기에서 멈추지 않는다. 전라북도의 여러 고장을 특징하면서도 마을춤으로 정착시키지 못한 소재들을 계속적으로 발굴하는 작업을 지속하고 있다. 그리하여 위

에서 밝힌 다섯 마당 외에도,

▶6◀【임실-회다지춤】 임실 회다지춤은 임실 삼계상여소리를 민속적 염원으로 하여 재창조한 춤이다. 점차 사라져 가는 우리 고유한 장례의식 행렬을 무대 위에서 재현하고자 하였으며 하관 후 망자의 시신을 무덤에 안장하고 봉분을 다지는 회다지를 춤으로 형상화하였다.

▶7◀【김제-단야효애춤】 벽골제에 서린 설화의 주인공인 단야의 원덕랑에 대한 초월적 사랑, 살신성인으로 이루는 효, 애틋한 지역 사랑을 담고 있는 김제 지역 단야설화에 기초한 춤이다. 생명력 넘치는 애틋함으로 제방을 쌓는 사람들의 제방쌓기춤, 청룡-백룡의 박진감 넘치는 대결, 단야의 갈등, 단야의 승화된 정신을 기리는 춤 등 4장으로 구성하였다.

▶8◀【전주-비범벅춤】 전주의 맛 비빔밥을 소재로 한 비빔밥 범벅춤이다. 나물들의 독특한 개성을, 나물들의 행진→나물들의 뽐내기로 전개시켰고, 각각의 독특한 개성인 맛과 향을 다치지 않게 하면서도 초월적인 조화를 이루어 내는 비빔밥의 특성을 비범벅으로 풀어내었다. 전주 시민들의 넉넉한 포용의 미덕을, 질펀한 한바탕 신명으로 펼쳐 보이고자 하였다.

특히 '전주-비범벅춤'은 판소리 작창이 참여한 가무악歌舞樂의 종합 예술 무대로, 그 섬세하면서도 웅장하고 재미있으면서도 토속적인 어울림이 참여자들은 물론, 관객들을 매료시키기도 하였다. 이런 성과는 전통적 예술, 문화적인 유산들을 간직하고만 있거나 답습만 하는 것이 능사가 아니라, 현재-현대의 삶에 적극적으로 작용할 수 있는 '살아 있는 예술혼'이 되어야 한다는 것을 김경주 교수의 작업들이 증명하고 있다.

이 밖에도 '장수-논개춤' 시연회 등을 열어 창작의 지평을 확대하는 등 잠시도 쉬지 않는 열정은 수많은 공연으로 이어지고 있다.

김경주 교수무용가의 열정은 지역민의 잃었던 몸짓과 표정을 되찾고 소멸 일로에 놓여 있던 굿, 놀이, 의식, 민요, 설화 등을 춤으로 수렴하여 지켜내려는 애향심의 발로와 예술적 창작혼의 결합으로 보인다. 이런 예인으로서의 정신 없이는 불가능한 성과로 보인다. 전북의 혼, 마을춤 찾기와 만들기, 이어 내리기에 골몰하며 춤이 할 수 있는 지역 사랑을 몸으로 실천하는 그의 끈기와 열정에 감동하지 않을 수 없다.

김경주 무용가의 노력은 가히 지역적 가치를 넘어, 이어령 교수가 언급하였듯이, 세계화를 지향하는 예술혼의 전형으로서 귀감이 되고 있다. 이 글의 모두에서도 언급했던 것처럼, 사람살이의 필수적 요소인 내발적 예술미-예술의 아름다운 감동을 추구하는 인간의 본능적 성정과도 일맥상통하는 것으로, 현대인들이 잃어버리기 쉬운 소중한 삶의 가치를 회복시켜 준다는 점에서도 매우 소중한 우리 지역 공동체의 자산이 아닐 수 없다.

김경주 무용가의 춤의 세계가 우리 지역사회는 물론 이 시대를 공유하는 현대인들에게 풍요로운 삶의 에너지로 승화되기를 염원한다.

오케스트라는 부분의 총화다

'거문고' 음악의 소멸을 방관할 것인가

교향악은 오케스트라의 합주로 이루어진다. 오케스트라는 모든 악기관악기 현악기 타악기 등가 어우러져서 이루어지는 가장 큰 규모의 음악이다. 이런 음악에 연주가 이어지는 대부분 시간 동안 연주하지 않다가 결정적인 순간을 위해 숨죽이고 기다리는 악기도 있다. 그런 악기들이 모여서 교향악의 세계를 만들어낸다. 그러므로 교향악의 입장에서 보면 어느 악기 하나 소홀히 할 수 없는 소중한 요소가 아닐 수 없다.

연주 시간 대부분을 지배하는 가야금이나 해금 등 현악기만 애호한다든지, 선율의 아름다움에 매혹되어 피리나 대금 같은 관악기에만 편중한다든지, 큰 울림으로 듣는 이의 심장을 강타하는 장구나 큰북 등 타악기만 편애하여 교향악의 다른 요소들을 무시한다면 참된 의미의 교향악의 세계는 맛볼 수 없다.

우리 음악계의 현실이 그렇게 흘러가고 있어 안타깝다. 특히 거문고의 명맥이 끊어지지나 않을까 애를 태우는 형국에 이르고 있다. 거문고가 어떤 악기인가? 6줄로 된 우리나라의 대표적 현악기로 현금이라고도 하는 거문고는 신라의 삼현삼죽三絃三竹의 하나로 향악 발전에 크게 공헌해 왔다. 가야국의 가야금 및 고구려의 거문고와 향비파를 일러 삼현이라 했으며, 대금·중금·소금을 삼죽이라 일컬으며 우리 음악의 대종을 이루어 온 전통 악기다.

더구나 거문고는 우리 음악의 교향악 편성정악에도 필수 악기이지만, 정가 가곡이나 거문고산조 음악의 빼어난 아름다움은 그 어떤 악기로도 대신할 수 없는 특별한 악기다.

그런 거문고가 이제 그 명맥이 끊어질 위기에 처해 있다니 안타까운 일이 아닐 수 없다. 특히 현재 국악의 메카요, 전주대사습놀이의 예향인 전라북도에서 거문고 음악을 전공하고 그 연주법을 전수하는 교육기관은 전북도립국악원한정순 교수과 전북대학교 음악대학윤화중 교수뿐이라니 참으로 안타까운 일이다.

이 두 곳에서 전수받는 수강생도 가뭄에 콩 나듯 드문 현상을 보이며, 국립 도립 시립 국악관현악단에서 활동하는 거문고 전문 연주자도 겨우 서른 명 정도가 애면글면 거문고의 전통성과 그 아름다움의 명맥을 유지하고 있다고 한다.

이제 더는 미룰 수 없는 형편이다. 전통은 계승해야 하는 소중한 뿌리이다. 그러나 계승이란 단순한 명맥 유지만이 능사가 아니다. 거문고의 아름다움을 더욱 확산시키기 위해 몇 가지 할 수 있는 행동이 따르지 않는다면, 전통은 실체가 없는 구두선口頭禪이 될 것이다. 그렇게 하기 위해 당장 할 수 있는 세 가지 방향을 제안한다.

첫째, 거문고라는 악기가 주는 음악적 매력에 비해, 이를 능숙하게 연주하기까지는 적지 않은 노고가 따른다고 한다. 그래서 거문고 연주를 꺼린다. 이를 타개하기 위해 도립국악원의 거문고반 수강생의 학비를 감면해 주는 것은 물론, 타 국악 과목 수강에도 이를 적용하고, 우수 수강생에게는 장학금을 제공하는 등 거문고 음악 학습에 메리트를 주어야 한다.

둘째, 거문고 음악의 또 하나 매력은 거문고병창이다. 현재 이 분야를 전수하는 곳은 한국종합예술학교에 재직 중인 김영재 교수가 유일하다고 한다. 김 교수는 국가중요무형문화재 제16호로 거문고산조 및 거문고병창 예능보유자로 지정받은 분이다. 이런 분을 비정기적으로라도 초대하여 전라북도 거문고산조와 거문고병창의 맥을 잇도록 해야 한다. 거문고 음악의 소멸만이 아니라 음악적 총화라는 교향악적 아름다움을 잃지 않기 위해서라도 다양한 방면에서 거문고 음악의 활성화는 필요하다.

셋째, 전라북도는 우리 음악의 메카라는 자부심을 잃지 말아야 한다. 일례로 북한에서는 거문고 음악이 사라지고 있다고 한다. 이대로 간다면 북한뿐만 아니라, 국악의 고장이라는 우리 전라북도에서도 거문고 음악이 사라질 운명이다. 거문고 음악의 활성화를 위해 음악계와 지방자치단체 그리고 도민들의 적극적인 관심과 참여가 무엇보다도 필요한 시점이다.

초고령화사회에 기로세대耆老世代가 필요하다

인구 가운데 65세 이상 노인 연령이 7% 이상이면 고령화사회, 14% 이상이면 고령사회, 25% 이상이면 초고령사회라고 부른다. 한국은 고령사회에서 초고령사회로 빠르게 진입하고 있다. 그만큼 수명이 길어진 것이다. 전국적으로 노인요양병원과 요양원이 급증하고, 노인연금과 노인복지사업에도 막대한 예산이 지원되고 있다. 그리고 노인들을 대상으로 하는 실버타운과 실버보험, 실버산업도 성행하고 있다. 누구나 노후에 편안하고 아름다운 인생을 설계하고 살아가고 싶지 않은 사람이 있겠는가. 그러나 노인세대들에게 정작 중요한 것은 활동력이다. 나이가 들어 갈수록 노인세대들에게도 할 일이 있어야 한다.

역사의 교훈을 되살려 보자. 조선 전기부터 공직에서 물러난 관료들이 활동하는 기로소가 있었다. 기로소는 조선 전기에 문과 급제자

가운데 70세 이상의 원로들을 예우하는 관행에서 태동하였다. 기로소는 60세에 공직에서 퇴직하는 관료들이 주도적으로 참여하였던 원로들의 친목단체 같은 기관이었다. 태조 이성계도 60세에 기로소에 가입하고 전현직 관료를 초청하여 기로연을 성대하게 베풀었다. 태종은 태조의 기로정신을 본받아 전국에 기로소 설치를 권장하고 기로연을 정례적으로 베풀도록 하였다. 조선왕조 500년 동안 경향 각지에 기로소가 조성되었고, 봄가을로 기로연이 개최되면서 경로효친의 정신을 실천하는 아름다운 미풍양속이 널리 퍼졌다. 그러나 1910년 한일합방 이후 기로소는 해체되고 기로연도 중단되었다.

오늘날에도 공직자들은 60세에 정년퇴직한다. 예부터 60세를 맞이하면 환갑, 회갑이라 하여 수연을 베풀고 노인세대로 편입되는 것을 기념하였다. 그런데 초고령사회에 진입하면서 환갑잔치를 하는 사람은 찾아보기 쉽지 않다. 그만큼 초고령사회에 환갑잔치에 친지를 초대한다는 게 민망스러워졌다는 것이다. 그러하다 보니 정작 60세에 공직에서 퇴직하였지만 노인 예우를 받지 못하는 어정쩡한 세대들이 생겨났다. 공직에서 왕성하게 활동하다가 60세에 퇴직하면 갑자기 할 일이 없어서 허둥지둥 시간을 보내는 사람들이 많다. 퇴직에 임박한 공직자들은 노후대책이라고 귀농, 귀촌을 설계하는 사람들도 많다. 농사짓는 데도 해박한 지식과 기술이 필요하다. 할 일 없으니 농사나 짓자는 발상은 커다란 착각이다. 농사는 아무나 짓는 게 아니다. 그래서 귀농을 꿈꾸다가 귀촌으로 바뀌는 경향이다. 농사는 농민의 몫이지 공직자들이 나설 일이 아니다.

450년 전통을 이어 온 전주 기령당

오늘날 한국 사회에 노인은 있지만 어른이 없다. 어른은 단순히 연령이 많은 노인이 아니라 어른 노릇을 하는 세대여야 한다. 예부터 집안과 사회에서 웃어른을 공경하고 받드는 사회적 기풍이 있었다. 웃어른은 사회적 지위, 신분, 품격의 상징이었다. 조선시대 향촌사회에서는 향약鄕約과 동계洞契가 있었고, 향음주례鄕飮酒禮가 행해졌다. 향약과 동계는 촌락공동체 구성원들이 지켜야 할 규약이 있었고, 모든 사람들은 규약을 실천하는 규범을 보여 줬다. 향음주례는 웃어른들을 모시고 술을 마시는 의식이다. 그래서 예부터 술은 어른한테 배워야 점잖은 술 습관이 형성된다고 하였다. 조선왕조 오백 년 동안 사회를 지탱해 온 기로소와 기로연 문화가 1910년 한일합방과 동시에 해체되면서 어른세대도 해체된 것이다.

전주 기령당 기로연을 공동 주최한 전북전통문화연구소 이동호 이사장의 개회사

어른세대가 기로세대다. 젊은세대를 청년세대라 한다면, 어른세대를 기로세대耆老世代라고 해야 한다. 조선시대에도 기로세대가 있었다. 기로세대는 60대에서 70대에 이르는 20여 년을 말한다. 한 세대가 30년이지만, 노인들이 20여 년간 기로세대로 활동하는 것은 바람직하다고 본다. 청년세대는 공직과 직장에서 국가 발전에 헌신적으로 기여하고, 공직에서 물러난 뒤에는 기로세대로 사회발전에 헌신적으로 봉사할 수 있는 책임 있는 자세와 마음가짐을 가져야 한다. 어른들에게 일자리가 필요한 게 아니라 사회활동에 참여할 수 있는 제도적 장치가 필요하다. 일자리는 청년세대들에게 양보하고, 기로세대들은 공직 경험을 되살려 사회봉사활동에 적극 참여해야 한다.

다례학당 설예원 회원들이 전주 기령당 기로회 어르신들께 '진다례'를 올리고 있다.

전라북도에는 역사적 의미를 지닌 기로소가 있다. 전주에는 기령당이 있고, 남원에는 기로소가 있다. 전주는 완산주, 후백제, 조선왕조의 본향으로 전통문화가 살아 있는 예향이다. 남원은 남원경의 역사적 전통이 면면히 내려오는 품격 있는 도시이다. 두 곳에 기로소의 전통이 살아 있다는 것은 도시의 기품이요, 품격이라 할 수 있다. 전주 기령당에는 50세 후반에 기로계원으로 가입하였고, 기로계원이 된 것을 자랑스럽게 생각했었다. 기령당의 사례를 살펴보면, 기로세대들은 사회적 명망이 높은 사람들이 많았고, 사회적 신분과 지위에 있는 사람들이 많았다. 그리하여 일제강점기에도 전주 기령당의 기로세대들은 어른의 사회적 역할과 지역사회의 봉사활동에 선도적으로 참여하였다. 언론에서 기령당의 지역사회 활동에 대하여 청소년 자제들을 선도하고 사회 지도의 책임을 지닌 단체라고 평가할 정도로 기령당의 사회 참여와 지역사회 활동은 매우 적극적이었다.

기령당은 조선시대 기로소의 전통을 잘 계승하여 온 어른들의 친목단체로, 노인계老人契를 조직하고 규약을 만들어 동계의 전통을 이어 왔다. 향촌사회 선비들과 신분이 높은 어른들이 사회 지도에 책임을 가지고 사회활동에 참여한 것은 원로들의 친목단체로서 모범을 보여 준 사례이다.

기령당은 양로원養老院이 아니라 기로소의 전통을 이어 오는 공익적인 사회공공성 기관이요, 사회 기풍과 풍속을 바로잡는 데 기여하는 어른 집회소 같은 원로기관이다. 기령당에서는 실제 60대에서 70대의 어른들이 기로세대의 주축이었다. 60대에서 70대까지는 충분히 활동력을 가지고 있다. 고령화사회에 기로세대들이 사회적으로 필요한 시점이다.

오늘날 지역사회에서 사회 지도에 선도하고 책임을 지는 어른들이 없다. 기로세대가 없다는 뜻이다. 기로세대들이 부재한 현실에서 사회 구성원들이 갈등, 대립, 반목, 혐오 등으로 사회 불안을 증폭시키고 고발, 고소가 일상화되었다. 사람 살기가 좋은 공동체사회가 와해되어 가고 있다. 이제 기로세대들이 공동체사회의 전통과 가치를 살려내는 데 다시 앞장서야 한다. 우리 사회에 진정한 웃어른들이 돌아와야 한다. 조선시대 기로소의 위상과 역할을 국가 차원에서 다시 되살려내는 기로소의 복원운동이 필요하다.

퇴직 관료들이 기로소에 가입하여 사회 공익적 봉사활동을 할 수 있도록 법과 제도가 마련되어야 한다. 우리 사회에서 기로세대가 형성될 수 있도록 국회에서 입법 활동이 이뤄져야 한다. 기로소가 복원되어 사회적 공기公器로 기능을 할 수 있도록 제도와 법규가 필요하다. 초고령화사회에서 기로소 복원을 위한 사회적 공론화가 필요하다. 사단법인 전북전통문화연구소이사장 이동호가 2008년에 기령당의 기로연 복원 작업을 주도해 왔다. 이제 기로연을 뛰어넘어 초고령화사회에 기로세대들에게 봉사활동과 사회 지도를 할 수 있는 역할을 맡길 수 있는 법과 제도가 필요하다. 일제강점기에 중단되었던 기로소의 전통을 되살리고, 고령화사회에 대비하여 기로세대들이 사회 지도와 지역사회의 봉사활동에 참여할 수 있는 길을 모색하는 데 지혜를 모아야 할 것이다.

한정순 거문고 풍류의 본류를 찾아서

거문고 음악의 맛과 멋

인간은 정서적 존재다. 사람이 '밥만 먹고 살 수 없다'는 말은 이를 잘 설명한다. 인간은 생존의 욕구가 실현된 뒤에도 그것만으로 '생존'이 충족되었다고 만족할 수 없을 때 이렇게 중얼거린다. 즉 육체적으로 살 수 있는 여건이 확립되었다 할지라도, 그것 말고 또 다른 무엇이 충족되어야 비로소 만족한 삶이 가능하다는 것이다.

그렇다면 무엇이 '밥만'으로 충족되지 못한 인간의 허기를 달래 줄 수 있을까? 흔히 정치적 자유를 우선으로 하기도 한다. 부인할 수 없는 소중한 가치다. 어떤 이는 아름다운 삶의 질을 으뜸으로 꼽기도 한다. 이 또한 포기할 수 없는 삶의 요소다. 어느 경우에는 인간으로서 품격 있는 삶을 논하기도 한다. 물론 타당한 요건이다.

매슬로A.H.Maslow, 1908~1970가 밝힌 '5단계 욕망 이론'을 통해서 봐도

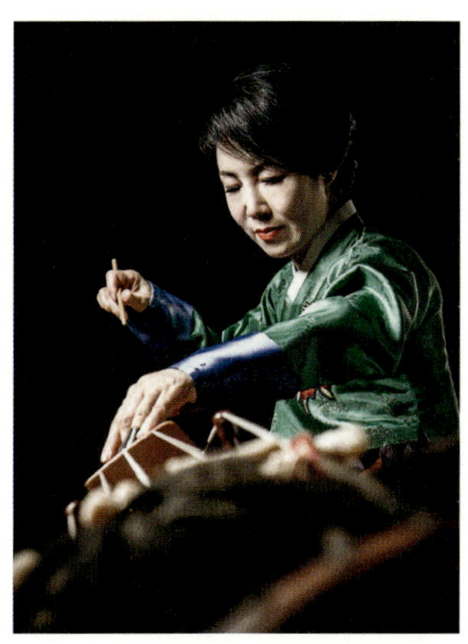

연주 중인 한정순

이런 주장은 일리가 있다. '생리적 욕구'를 기본으로 '안전의 욕구'를 추구하며, 다음 단계인 '애정·소속의 욕구'를 필요로 하다가 '존중의 욕구'를 충족시키려 한다. 그런 다음 맨 꼭대기에 바로 '자아실현의 욕구'에 닿게 된다.

앞의 네 가지 욕구는 외부의 무엇인가에 의탁해야 하고, 그들의 시선과 영향으로부터 자유롭지 못하므로 온전한 만족보다 '결여'를 품고 충족되는 욕망의 형태다. 위 네 가지 욕구는 죽는 날까지 우리로 하여금 '결여'를 느끼도록 하는 긴장된 욕구다.

이에 반해 마지막에 거론된 다섯 번째 자아실현의 욕구는 그 자체로 자발성과 자족감을 지닌 욕망의 형태다. 이 단계에서 인간자아실현의 욕구를 실현하려는 자은 비로소 다른 존재의 시선과 영향력을 초월하여 그 자신의 영혼과 독자적으로 소통한다. 그들은 여기서 '자기 자신'을 살며, 그런 삶을 통해 스스로 노니는 자유自遊 경지에 이른다.

이것은 누가 시켜서 사는 삶이나 그런 행위가 아니다. 그것은 그 자신의 내적 구원을 위해 스스로 창조하는 생성의 삶이자 행위다. 이런 삶과 행위에는 주어진 한계와 강요되는 정답이 없다. 그는 스스로 창조하는 주체이자 생성하는 주인공이다. 이와 같이 자발적이고 영활靈活한 삶과 행위가 이루어질 때 그 주변에는 아우라 같은 환한 기운이 감돈다. 이 기운은 존재의 심층을 밝힌 자가 보여 줄 수 있는 에너지다. 이것이 진정 자아실현의 경지다.

예술행위는 위에서 언급한 제5단계의 욕망을 실현하고자 하는 데 가장 큰 비중을 둔다. 예술행위를 함으로써 예술계의 커뮤니티에 소속될 수 있고, 예술계의 구성원으로부터 인정받는 사회적 기쁨을 누릴 수도 있으며, 간혹은 그것을 통해 직접적이지는 않으나 생존과 안전의 욕구를 충족시킬 수도 있을 것이다.

하지만 진정한 예인藝人들에게 이런 것들은 모두 부차적이다. 그들의 예술행위와 존재의 의미는 외부의 어느 것에도 휘둘리지 않는 자기만의 자율적 정부를 세우고 그 속에서 자족하는 인간이 되는 데 있다. 그래서 제1단계에서 제4단계에 이르는 욕망을 위해 활동하는 보통 인간들은 그 성취로 포만감飽滿感을 느낀다.

그러나 제5단계의 욕구인 자아실현의 욕구로 활동하는 인간藝人들은 포만감 대신 충만감充滿感을 만끽하는 것이다. 이것이 바로 예술행위에 전념함으로써 '밥만'으로 살 수 없는 허기를 달래 줄 수 있는 돌파구가 되는 셈이다.

그런 예술행위 중에서 음악이 주는 매력은 상당하다. 특히 여기에서 언급하고자 하는 '거문고 음악'이 주는 매력은 전통적 고아함과 함께 지적 탐구를 최고 사람됨의 행위로 여기는 선비학자들이 즐겨 수행했던 내력과 함께 독특한 매력을 간직하고 있다.

그러니까 선비들은 진리학문 탐구의 맞은편이나 수행 동기로서 거문고 음악을 즐겼음을 확인할 수 있다. 진리와 학문이성만으로는 만족할 수 없는 인간 성정의 허기를 바로 거문고 음악서정을 즐기면서 보완하거나 충족시킴으로써, '밥만' 먹고 살 수 없는, 서정의 충족을 통해 삶의 충족감을 얻었음을 알 수 있다.

선비들이 음악에서 얻고 싶었던 것은 거문고에 새긴 뜻에서 어느 정도 드러난다. 맑은 울림으로 게으른 마음을 경계하고, 온화한 울림으로 조급한 마음을 평정하며, 엄숙하고 바른 소리로 사특한 마음을 금하고 싶다는 뜻이다. 마음의 우울을 걷어내고 바른 마음을 일으켜 속기俗氣 없는 삶을 꾸려 가려는 지향점이 보인다. 또한 이 맑음으로 마음을 가다듬고, 이 맑고 바른 평정심으로 세상을 대하려는 선비들의 꿈도 보인다. 바로 무한청복無限淸福의 꿈이다. 그들은 이렇게 맑은 마음으로 이따금 자유로운 신선세계도 넘나들었을 것이 분명하다.[6]

6_송혜진, 『꿈꾸는 거문고』, 컬처그라퍼, 2016, 21쪽.

음악거문고에서 얻고 싶은 것은 결국 밥만기본 욕구으로 살 수 없는 서정의 궁핍자아실현의 욕구에 대한 대응방식이었을 것이다. 생존 경쟁의 틈바구니에서 기본 욕구를 충족시키면서 동시에 학문 연구로 지성의 부름에도 응답하는 삶은 분명 의미 있는 삶이다. 그러나 그것만으로 포만감을 느낄 수 있을지 몰라도, 삶의 충만감은 누릴 수 없을 것이다. 그래서 찾는 것이 바로 청복을 지향하는 삶이다.

그 방편으로 거문고 음악을 선택했던 옛 선비들의 풍류는 가히 청복의 경지라 할 것이다. 게으름을 경계하는 삶, 평정심이 항존하는 삶, 사무사思無邪의 정신을 유지하는 삶, 속기 없는 삶을 꾸려 가는 삶, 이런 삶이 가능하다면, 그것이 바로 자아를 실현시키는 청복한 삶이다. 옛 선비들은 거문고 풍류를 통해서 그 일단을 실현시켰던 셈이다.

중요무형문화재 제83-4호 이리향제줄풍류 이수자인 한정순 전북도립국악원 교수가 평생을 통해서 추구하는 삶의 지향점도 여기에 닿아 있다.

창문을 열고 봄비 오는 날 처마 밑으로 떨어지는 빗소리를 들으며 거문고를 탄다. 행복하다. 뜨거운 바람 같은 것이 턱 밑까지 차오른다. 눈물인 듯 땀인 듯 알 수 없는 결정체들이 가슴을 타고 흘러내린다.[7]

7_한정순, 「금설」, 『전북도립국악원 30년사-다져온 30년, 꽃피울 300년』, 전북도립국

앞에서 인용했던 청복의 경지를 넘어 자아실현의 욕망이 실현된 최고 예술미의 경지를 보여 준 경우로 삼을 만하다.

위에서 언급했던 것처럼, 자아실현의 경지는 바로 이런 수준에 이른 삶임을 여실히 보여 준다. 누가 시켜서 하는 예술 행위가 아니다. 예인 스스로 내적 구원을 위해 창조하는 생성의 삶이자 행위다. 한정순 교수는 그런 창조적 삶의 주체이자 생성하는 주인공이다. 이와 같이 자발적이고 영활靈活한 삶과 행위가 이루어짐으로써, 거문고를 탄주하는 순간 그의 주변에는 틀림없이 아우라 같은 환한 기운이 감돌았을 것이다. 이 기운의 실체를 짐작할 수 있는 단서가 이 글의 뒤를 이어서 보여 준 한 편의 시에 형상화되어 있다.

겨울밤
길고 길어
거문고와 벗을 하니
소리는 간 곳 없고
눈송이만
날리누나

-한정순, 「금설琴雪」 전문-

모든 예술혼의 고갱이는 시정신詩精神이며, 모든 예인의 궁극적인

악원, 2016, 265쪽.

원형은 시인詩人에게서 찾을 수 있다. 시정신으로 채워지지 않은 예술혼은 허접한 끼일 뿐이며, 시인의 원형에서 멀어진 예인 역시 그냥 패거리의 일원일 뿐이다.

그 시정신의 본질이 바로 예술미학에 닿아 있으며, 시인 됨의 궁극적 지향점은 사유의 깊이와 미학적 표현에 있음은 분명하다. 이런 관점에서 본다면 좋은 음악가는 훌륭한 시인이어야 하며, 예술미에 충실한 음악은 역시 시정신이 농축된 세계임은 분명하다.

'금설'에서는 시간무형의 실체이 소리청각 image의 형태로 몸을 바꾸고, 그 소리가 사물의 모습시각적 image으로 몸을 바꾸는 것이 자유자재하며 능수능란하다. 이것이 거문고 음악의 멋과 맛을 가장 뚜렷한 이미지로 구축하고 있다.

거문고 풍류를 지켜 온 한정순 예인藝人

중요무형문화재 제83-4호 이리향제줄풍류 이수자인 한정순 전북도립국악원 교수는 올곧게 거문고 인생을 천착해 왔다. 그 이력을 보면, 한 예인으로 입신한 이후 오로지 한 길로 풍류風流의 중심을 지켜 왔다. 나아가 온 생애를 거문고 음악에 헌신한 음악 인생을 살펴보노라면 그의 삶에 경외감이 들 정도다.

하긴 어느 분야, 어느 장르이든지 이런 혼신의 몰입 없이 어떻게 최고의 경지에 오를 수 있겠는가. 이렇게 생각해 보면 그의 줄기찬

國琴(국금, 나라에서 제일가는 거문고 명인) | 丙戌年七月初三日 斗月里客中 河石 | 121 ×70cm | 河石 박원규 명필은 한국 대표 서예가이다. 2018년 7월 3일, 정읍시 산내면 두월리에서 한정순 교수의 거문고산조를 듣고, 즉석에서 아호(雅號)를 國琴으로 짓고 써서 증정했다. 國자는 중국 전국시대 초나라 때 쓴 간체이고, 琴자는 전국시대 증상(曾箱)에 칠로 쓴 글자체이다.

거문고 인생이 오늘의 예인으로서 자아실현自我實現의 밑거름이 되었음을 짐작하기는 어렵지 않다.

"풍류風流는 자연을 가까이하는 것, 멋이 있는 것, 음악을 아는 것, 예술에 대한 조예, 자유분방함, 즐거운 것 등 많은 뜻을 내포하는 용어다. 그러나 현대에 와서 풍류라는 말이 주로 음악과 관련되어 쓰이고 있다. 또 풍류라는 이름은 정악正樂을 가리키는 말로 속악俗樂과 구별되기도 한다."[8]라는 지적에서 엿볼 수 있는 것처럼, 한정순 예인

8_사단법인전북전통문화연구소 편, 『전북지역 풍류음악 활성화 방안: 정가(正歌)세계무형유산등재기념 세미나』, 전북전통문화연구소, 2010.

은 한국 전통음악의 정악을 지켜 온 장인匠人이다.

한정순 예인은 우석대학교 국악과를 졸업한 이후, 전북대학교 대학원 한국음악과를 수료하며 석사학위를 받았다. 이때 졸업논문으로 쓴 『거문고산조의 선율분석 -정대석류 거문고산조를 중심으로』(지도교수 윤화중, 2004)에 보면 한정순 예인이 거문고 음악을 기능보유자로 만족하는 것이 아니라, 우리의 전통음악을 정악 수준으로 끌어올려야겠다는 의지를 읽을 수 있다.

그는 석사학위 논문의 연구 목적에서 이렇게 밝히고 있다.

> 본 논문에서는 현행 거문고산조 가운데 양대 산맥이라 할 수 있는 신쾌동류와 한갑득류와는 달리 정대석에 의하여 새롭게 구성된 정대석류 거문고산조를 분석하고자 한다. 정대석은 기존의 거문고 음악인 정악과 산조의 연주뿐만 아니라 독주곡과 중주곡 등 많은 작품을 창작한 명실공히 연주, 창작 등 한국 음악의 다방면에 폭넓은 역량을 소지한 인물이다. 따라서 본 논문에서는 1988년에 구성된 정대석류 거문고산조를 이해하기 위하여 전체적인 선율을 분석하여 전조와 변조의 선법 변화를 밝혀내고, 다른 산조 선율과의 비교를 통해 동일 선율, 유사 선율, 독자 선율을 알아보고자 한다.[9]

9_사단법인전북전통문화연구소 편, 앞의 책.

서양 음악에 비해서 우리 전통음악은 그동안 학문적 연구 성과의 빈약함을 부정할 수 없는 형편이었다. '풍류'라고 하는 생활과 여락與樂의 흥을 돋우는 대상으로만 여겨 왔지, 본격적인 학문 연구의 대상에서 비켜 서 있었기 때문이다.

한정순 예인은 이런 점을 극복하고, 거문고 음악이 본격적인 학문 연구의 대상으로 정착될 수 있도록 연구 방향을 잡아 나갔다. 그러면서 연주 기능을 연마함에 있어 그 연구 성과를 악보로 채록하여 누구나 보고 익힐 수 있는 단서를 제공하고 있다.

이런 연구 성과를 그는 '결론'에서 이렇게 밝혀 두었다.

정대석류 거문고산조 전 악장을 분석해 본 결과 총 2가지의 선법이 출현하였고, 전조 혹은 변조되어 출현하는 음계는 총 3가지였으며, 이러한 선법과 조의 변화는 진양조 악장과 자진모리 악장에서 일어난다고 밝혀냈다. 그러면서 이 중 가장 많이 출현하는 음계는 80.1%를 차지하는 Bb본청(라)계면조의 선율이며, 이어 조만 바뀐 F본청(라)계면조가 선율 1%를, 선법이 다른 Ab본청(도) 우조 선율이 18.9%를 차지하고 있다고 밝혀냈다.

이러한 연구 성과들은 「거문고산조의 선율분석」이라는 논문으로 발전되었으며, 『거문고 교재』로 발전하여 『전라북도립국악원 교재총서 29』에 게재하여 거문고 동호인은 물론, 거문고를 새로 배우려는 후학들의 좋은 교재가 되었다. 이런 성과들은 그의 학문적 연구의 후속 작업으로 보인다. 연구 성과를 현장 거문고 학습의 자료로 승화시키는 작업도 빼놓을 수 없는 중요한 업적이다.

한정순 예인은 거문고를 학문 연구의 대상으로 여기면서 동시에 자신의 연주 기능의 완성도를 향한 줄기찬 노력도 함께 기울여 왔다. 1991년부터 현재까지 숱한 연주활동이 이를 증명한다. 제1회 거문고 독주회예루소극장를 필두로, 1994년 제2회 거문고 독주회전북예술회관, 제3회 거문고 독주회서울, 우리소리극장, 2000년 제4회 거문고 독주회전북예술회관, 2006년 제5회 거문고 독주회전통문화센터 한벽극장, 2017년 제6회 거문고 독주회한국소리문화의전당 명인홀, 2018년 제7회 거문고 독주회정읍 소리샘터 등의 자기연마의 공연 작업을 치열하게 전개해 왔다.

독주회뿐만이 아니다. 협연회도 그동안 수없이 참여했다. 전라북도립국악원 관현악단 협연한국소리문화의전당 명인홀·전주소리축제 공연 참여한국소리문화의전당 모악당·이리향제줄풍류 공연한국소리문화의전당 연지홀·중요무형문화재 제83-나호 이리향제줄풍류음악회 독주·전라북도립국악원 교수음악회 독주·전라도의 춤, 전라도의 가락 공연 등 거문고 장인으로서 풍류음악의 현장화를 위해 줄기차게 활동해 왔다.

한정순 예인에게는 이런 공연 실황이나 연주 실황을 음반으로 만들어 널리 보급하는 일도 미룰 수 없는 일이었다. 「거문고로 만나는 그리움 둘」이라는 CD음반을 제작하여 보급함으로써, 다른 악기나 장르에 비해 접하기 어려운 거문고 풍류의 일반화에도 기여했다.

이러한 활발한 활동은 응분의 수상 경력으로 돌아왔다. 전주대사습놀이 전국대회 기악부 차상을 수상한 것이나, 대한민국 여성전통국악경연대회 명인부 대상을 수상한 것은 한정순 예인이 연주와 실기, 거문고 교습과 거문고 음악의 보급이라는 두 마리 토끼를 잡기 위한 노력에 비하면 작은 성과라 할 것이다. 그에게는 더 크게 주어져야 할 상이 아직 기다리고 있는 중인지도 모른다.

한정순 예인은 그동안 쌓아 온 실력과 역할에 걸맞게 음악대전이나 경연대회의 심사위원으로 참여하면서 한 단계 성장한 것으로 보인다. 권삼득 전국국악대제전 심사위원·국립민속국악원 오디션 평가 심사위원·전북어린이관현악단 강사위촉 심사위원으로 참여하여 거문고 풍류음악의 산파 역할도 충실히 수행하였다.

이런 활동에 대하여 한정순 예인은 다음과 같이 회고한 바 있다.

> 하지만 어찌 좋은 기억들만 있었을까. 고구려를 상징하는 대표 악기 거문고! 좌금우서左琴右書라는 말이 무색하지 않을 만큼 선비들의 오랜 벗이었던 거문고는 대중화의 반열에 오르지 못했고 반기는 이들이 적다 보니 매 학기마다 수강 신청 숫자에 밀려 진통을 겪어야만 했다. 국악원의 설립 취지를 잊어버리고 영리 목적만을 추구하는 편파적인 생각들로 거문고의 숭고한 위상까지 무너져 내리는 것이 너무 가슴 아팠다. 아니, 어쩌면 사회의 지식층 인사들이 교양으로 연주하면서 문인적 이미지를 갖게 된 거문고는 대중화 물결로 흡수되기는 너무 고매한 악기가 아니었나 싶다. 번잡스러운 듯싶어도 단순하고, 단순한 듯싶으면서도 고요한 아름다움과 호사스러움이 해화諧和되어 은은하게 가슴을 울려 주는 거문고는 쉬이 가까이할 수 없고 쉽게 만질 수 없는 기품과 중후함이 동시에 공존하는 영원한 고구려의 상징이었는지도 모른다.[10]

한정순 예인이 거문고 풍류를 필생의 업으로 삼아 오면서 느꼈을 법한 고뇌가 모두 담겨 있다. 역사적으로 한국의 전통적인 정서를 대변해 왔던 거문고의 위상 추락으로 맞았을 위기의식, 정신적 가치보다 물량주의적 가치관으로의 변화로 대중화의 길에서 자꾸만 멀어져 가는 거문고 음악의 위상 추락, 전라북도립국악원에서의 거문고반의 운영상 애로사항 등등 갖가지 어려움이 농축된 진술이다.

이런 진술에서 엿볼 수 있는 것은 위기가 오면 올수록 한정순 예인은 달아나거나 회피하기는커녕 도전하고 새로운 동기를 만들어 활력을 불러일으켰다. 그의 거문고 사랑은 더욱 치열한 거문고에 전념하는 길뿐이라는 점을 인식하고 있었음을 그의 치열한 거문고 작업연구, 독주회, 공연, 협연 실적이 말해 준다. 이런 노심초사와 함께 무실역행하는 실천적 예인의 길이 오늘의 한정순 거문고 음악에 함축되어 있음을, 그의 진술을 통해서 생생하게 엿볼 수 있다.

특히 전라북도는 누가 뭐래도 예향藝鄕이요 예도藝道다. '전주대사습놀이'가 우리 고장에서 치러지고 있으며, 대한민국 국악계 최고의 등용문이 아니던가. 그 뿌리에는 수많은 전통음악인들의 숱한 피와 땀의 결정이기도 하지만, 그런 예술혼을 오늘에 계승하고 내일로 발전적으로 전승하는 작업이 따르지 않고서는 명맥의 유지에만 급급하게 될 것이다.

10_한정순, 「금설」, 『전북도립국악원 30년사-다져온 30년, 꽃피울 300년』, 전북도립국악원, 2016, 264쪽.

한정순 거문고 명인과 같은 예인들의 치열한 예술혼이 더해지지 않고서는 예향과 예도의 명맥은 언제 어떻게 끊기고 소멸할지도 모른다. 그런 뜻에서 그가 쌓아 온 거문고 풍류에 바쳐 온 노고가 새삼스럽게 돋보이는 이유이기도 하다.

한정순 거문고 음악의 원류原流

중요무형문화재 제83-4호 이리향제줄풍류 이수자인 한정순 전북도립국악원 교수가 필생의 업으로 여기며 추구해 온 거문고 음악의 원류는 어디일까? 한 교수의 어디에서 거문고 풍류의 유현한 울림이 전해져 오는 것일까? 그의 음악 인생을 따라가다 보면 문득 이런 질문에 맞닥뜨리게 된다. 무엇이 그로 하여금 지치지 않고 올곧은 예인의 길을 걸을 수 있게 하는 예술혼-시정신의 원동력이 되었을까?

앞에서 언급한 것처럼 우선은 자아실현의 욕구에 충실했음을 짐작하기는 어렵지 않다. 자아실현의 욕구는 자발성과 자족감을 지닌 욕망의 한 형태로 나타난다. 이런 욕구를 실현시키려는 사람은 다른 존재의 시선과 영향에서 초월하여 그 자신의 영혼과 독자적으로 소통하려는 성향을 지니게 된다. 모든 예술가들이 자발적 창작혼을 지니고 있기 때문이다.

창조적 예술가들은 예술적 창작 행위와 예인으로서 존재하는 의미 말고 다른 어느 외부의 것에도 휘둘리지 않는다. 자기만의 창작의 정부를 세우고, 그 안에서 자족적인 자유自遊와 창작의 영혼이 활성화되는 것을 최고의 경지로 삼는다.

그러나 예술가는 또한 한 창작혼의 실체이기도 하지만, 서정적 존재라는 또 다른 측면을 다면적으로 지니고 있는 존재다. 정신적으로 그 누구로부터도 간섭받지 않는 '자율정부自律政府'를 구축하고 있지만, 예술가들은 바람결에 흔들리는 나뭇잎을 보고도 눈물짓는 '감성정부感性政府'를 구축하지 않고서는 창작의 세계에서 '스스로 노닐自遊' 수 없기 때문이다.

그런 감성의 자극과 그로부터 유래되는 정서적 자극은 창작의 좋은 원류요 원동력이 되는 셈이다. 그게 바로 예술가들의 실체다.

한정순 예인에게도 그런 점이 크게 부각된다. 그는 여러 자리에서 자신의 음악적 원류가 따로 있음을 천명하고 있다. 스스로 감성의 원류가 어디에 있으며, 정서의 수원지가 무엇인지를 고백하고 있다. 2017년 '별을 만난 거문고'라는 주제로 개최한 독주회에서 연주의 마음가짐을 다음과 같이 밝히고 있다.

> 감히 담을 수 없는 작은 그릇이지만, 가르침에 용기를 내 스승전라북도무형문화재 제3호 고 강동일 선생님의 발자취를 따르려는 작은 움직임입니다. 스승을 떠나보낸 지 20년 만에 가슴속에 자리 잡고 있던 그리움과 설렘을 여섯 개의 현으로 풀어낼 예정입니다. 또한 이번 독주회에서 연주하게 될 '별을 만난 거문고'란 곡은 세상을 먼저 떠난 스승뿐 아니라 3년 전에 사별한 남편이내원 님에게 헌정하기 위해

제가 직접 작곡하였고, 독주회 자리에서 직접 연주하려 합니다. 이승과 저승의 경계선에서 만날 수 없는 안타까움을 거문고의 웅장한 저음과 날카로운 고음의 음역으로 표현한 곡입니다.[11]

이런 고백은 창작의 정신과 예술혼을 굳건한 영혼의 반석 위에 두고 있지만, 감성정부·정서적 원류는 바로 스승과 남편에 있음을 고백한 셈이다.

예술행위는 예술인의 전인격적 표현행위와 다름없다. 자신의 거문고 인생에 예술혼의 씨앗을 심어 주고, 이를 연마하면 미래의 큰 그릇이 되도록 길을 열어 주신 스승에 대한 음악적 보답은 당연한 인격적 반향이면서 동시에 예술인의 정서 내면에 깔려 있는 배음背音이 될 만하다. 그런 스승을 위해 제자 된 입장에서 자신의 예술적 성숙도를 보여 주고 싶은 것은 성공한 예술인이 갖추어야 할 당연한 도리이리라.

더구나 우리 음악의 전수 과정은 좀 특이한 면이 있지 않는가. 어려서부터 스승에게서 작업에 필요한 지식이나 기능을 배우고 익히는 도제 같은 과정을 거쳐야 한다. 그러다 보니 우리 음악이 악보 등에서 음악 정보의 처리가 정확성보다는 인간성에 더 많이 의지하며 전승되어 온 측면이 강했다. 기악곡도 악보보다는 오히려 구음이나 암송을 통해서 전수되고 연마되었음을 잘 알고 있다.

11_「스승-남편 그리움, 여섯 개 현으로 풀어내」, 『전북중앙신문』, 2017.9.6.

그러는 과정에서 우리 음악계에서 스승과 제자 사이는 단순한 음악 기능을 전달하고 전달받는 관계를 벗어나 전인간적전인격적인 수양의 관계였음을 짐작하기는 어렵지 않다. 그러니까 20여 년 전에 떠나가신 스승에 대한 사무치는 그리움과 그 은혜를 음악적 형식으로 보여 드리고 싶은 열망은 삶과 죽음, 이승此岸과 저승彼岸이라는 이분법적 양안兩岸을 초월했을 것이다.

이런 순수한 제자 된 마음가짐을 한정순 교수는 '한정순 6th 거문고 독주회'를 위해서 제작한 프로그램 팸플릿에 자신의 목소리로 또렷하게 밝혀 두고 있다.이 글의 말미에 서사적 이야기를 서정시 형태로 진술한 그의 스승 추모시를 보이겠다.

이 시를 읽어 보노라면 세상에 흔한 사제지간에 오갔을 가르침과 배움의 구체성이 어떻게 한 인간을 거듭나게 했는지를 짐작할 수 있다. 흔히 청출어람青出於藍이라 한다. 푸른빛이 쪽에서 나왔지만, 그 쪽빛보다 푸르다는 뜻이다. 이는 제자가 스승에게서 배웠지만, 그 스승을 뛰어넘는다는 뜻으로 쓰인다.

그러나 한정순 교수는 스승께서 어떤 가르침을 주셨으며, 제자인 나는 어떻게 그 가르침을 익혀 '푸른빛'을 띨 것인가, 스스로 다짐한다. 그러면서 배움의 종결이 아니라, 배움의 승화의 단계를 옮아 감으로써, 자신의 작품이 천상까지 닿을 수 있기를 바라는 간절함으로 그려내고 있다. 그 간절함이 곧 예술 창작의 열정이요, 그 열정은 바로 스승으로부터 물려받았음을 만천하에 드러낸 셈이다.

지아비 역시 마찬가지다. 음악적 스승이 음악의 영혼에 불을 붙여 주신 분이라면, 지아비야말로 삶의 동반자로서 한정순 교수의 음악 인생을 가능케 한 버팀목이었을 것이다. 그런 과정이 서정시의 형태로 잔잔하게 그려지고 있다. 이 시 역시 이 글의 말미에 덧붙이겠다.

한정순 교수가 지아비를 그리워하며 추모하는 것은 아내로서의 당연한 정서의 반응을 초월하여 거문고 음악의 든든한 후원자로서의 면모를 드러내는 데 충실하다. 남편이 얼마나 자상하고 가족을 얼마나 뜨겁게 사랑했는지, 그의 시를 구체성의 이미지로 그려내고 있다.

그러면서 역시 지아비를 먼저 떠나보낸 아내의 「망부가望夫歌」의 서정성을 거문고 음악으로 승화시키는 비약에 이른다. 이 시에서 그런 정서적 맥락을 이렇게 노래하고 있음을 눈여겨보았다.

저승 일이 아무리 바빠도
오늘은 내게 시간을 좀 내 줘
나도 이승 일 잠시 접고 당신에게 갈 테니
당신은 별이 되고 나는 거문고 소리가 되어
오늘 밤 초승달 곁에서 만나는 건 어때.

사별한 지아비를 그리워하는 아내의 하소연의 단계를 초월하고자 한다. 부부의 별리의 슬픔이 거문고 음악을 통해서 예술미의 차원으로 승화되고 있음을 알겠다.

그래서 이 독주회의 타이틀이 '별을 만난 거문고'가 되었으리라.

여기에서 별은 두 개다. 하나는 자신에게 거문고 음악의 혼을 불어넣어 주신 스승인 강동일 님이고, 다른 또 하나의 별은 견우와 직녀처럼 오작교 대신 거문고를 가교로 하여 그믐달 옆에서 만날 지아비인 이내원 님이다.

그러고 보면 '별'은 또 있다. 거문고 음악을 자아실현을 위한 절체절명의 운명으로 받아들인 한정순 본인이며, 그런 음악에 동시대적 미감을 공감하고 공유하는 동호인도 별이었음을 각성해야 할 것이다.

선생님

그곳에서 왕산악과 백낙준을 만나셨는지요.
선생님을 뵈온 지도 어느덧 20년의 세월이 흘렀습니다.
어느 해 세배를 드리러 댁을 방문했을 때
홍얼홍얼 가락을 읊조리시며
"내 가슴속엔 아직도 음악이 너무 많아"
라고 말씀하셨죠.

하루는 대사습 사무실에 일이 있어 오셨는데
양복 윗저고리에 술대를 반쯤 꽂고 오셨어요.
아직도 그 모습이 멈추지 않는 강물이 되어
제 가슴속에 굽이쳐 흐르고 있습니다.
굽이쳐 흐르는 그 강물의 물줄기를 따라

오늘은 과거로의 여행을 떠나 보려 합니다.

선생님 슬하에서 학습하던 시간과
선생님의 거문고 소리를 들으며
눈물을 흘렸던 제 자신의 과거,
감히 제 작은 그릇이지만, 가르침 용기 내어
선생님 그림자가 되어 발자취를 따르렵니다.
부디 먼 길 오셔서
굴곡진 삶 앞에서도 휩쓸리지 않고
오늘도 거문고 일지를 써내려 가는 제자에게
격려와 무언의 찬사를 보내주십시오.

거문고 역사의 한 산맥을 수놓으신 선생님!
오늘밤 저의 거문고 소리가
그곳까지 닿을 수 있기를 소망하며
평안히 쉬시기를 기원합니다.

전라북도 무형문화재 제3호
고 강동일 선생님 영전에 이 곡을 바칩니다.
'강동일류 거문고산조'를 연주하며 …

당신

당신이 떠난 지 3년이 지나고
함께 들여놓았던 행복나무도
올봄 당신을 떠나 버렸네.

해마다 그 길에 바람은 미친 듯
꽃들을 몰고 오고
밤길 함께 걷던
저녁 산책로는 그대로이네.

밥때마다 나와 자식들
숟가락 위에 생선 살 발라 올려 주고
가시만 발라먹던 추억도 3년 전 일이고
함께 마셨던 와인술병 위엔 먼지만 쌓였네.

세상들은 말하지,
당신같이 좋은 사람 이제 없으니
빨리 잊으라고
하지만 쉽지 않다는 것
당신이 더 잘 알겠지.

저승 일이 아무리 바빠도
오늘은 내게 시간을 좀 내 줘.
나도 이승 일 잠시 접고 당신에게 갈 테니.
당신은 별이 되고
나는 거문고 소리가 되어
오늘밤 초승달 곁에서 만나는 건 어때.

그리고 이제,
당신이 편히 쉴 수 있도록
놓아 주고 싶어.

앞서간 남편
이내원 님 영전에
들어 주지 못한 이 곡을 바칩니다.
'별을 만난 거문고'를 작곡하며 …

한정순 교수, 전북도립국악원 거문고 교수생활 25년

중요무형문화재 제83-4호 이리향제줄풍류 이수자인 한정순 전북도립국악원 교수는 도립국악원 거문고반의 중심축이었으며, 또한 버팀목이었다. 하기 좋은 말로 과장이나 과찬이 아니다. 도립국악원이 설립되면서 그렇지 않아도 자꾸만 그 존재성이 소멸되어 가고 그 아름다움이 잊혀 가는 국악우리 음악을 '음악'이라 부르지 못하고, '국악'이라 부르는 것도 통탄할 일이다.은 '한국 음악-전통음악'이라는 다른 설명을 필요로 했으며, 서양 음악이 당당히 '음악'의 대표 자리를 차지한 형편이다.

이러니 고유한 자기 음악을 하대하거나 무시하는 경지까지 이르렀다. 이러던 차에 '우리 것'을 새롭게 바라보자는 국악 운동의 바람이 불었다. "우리 것은 좋은 것이여!"라는 광고 문안이 인기 있는 발림이 되었을 정도다.

그런 바람에 편승하여 국악의 산실이요 예향이라는 전라북도에 비로소 '전라북도립국악원'이 설립된 것이다. 국악원 설립 당시의 애로사항이 만만치 않았음은 불을 보듯 뻔한 일이다. 초대 전라북도립국악원장으로서 국악원 설립을 진두지휘했던 황병근 회장의 회고담을 들어 본다.

전북도립국악원 초대 원장직은 참으로 무거웠고 힘들었으며 해야 할 일들이 태산 같았다. 1986년도 교수부를 중심으로 국악교육을 위한 도립국악원을 개원했으며, 1987년도에 국악의 이론 정립을 위한 연구단(현, 학예연구실)을 설치했고, 1988년도에는 창극단과 관현악단 그리고 무용단으로 구성된 국악단(현, 예술단)을 창단하게 됨으로써 국립국악원에서도 갖추지 못한 교육과 연구 그리고 공연이 조화를 이룬 삼위일체적 국악의 전당으로 우뚝 서게 되었다. 이러한 기구의 설치가 행정적 당연한 절차에 의한 조치의 결과가 아니라 국악원이 교육을 중심으로 개원한 지 1년 만에 연구단 설치 그리고 또 1년 만에 국악단을 설치하는 데는 당시에 40여 명의 인건비가 증가되는 일이어서 도청의 실무 책임자인 실국과장급 선에서는 엄두도 못 내는 일이었다. 그래서 내가 설치계획서를 제출하면 말도 꺼내지 못하게 막아 버리곤 했다. 별수 없이 도지사님을 직접 만나 설득하는 길밖에 없었다. 당시 홍석표 지사님께 국악단의 설치운영의 불가피성을 역설하며 인간적인 간청을 거듭하여 설득할 수 있었다. 이런 쾌거를 생각하면 지금도 고인이 되신 홍석표 지사님의 애정 어린 배려에 깊은 감사를 드리며 명복을 빌어마지 않는다.[12]

도립국악원 설립 당시의 갖가지 애로사항을 뚫고 설립 30년을 넘긴 도립국악원이 대견하기만 하다. 황병근 회장 같은 강인한 추진력과 국악에 대한 열정, 그리고 뜨거운 향토애가 없이는 불가능한 일이었을 것이다. 국악에 대한 의식이 박약하고, 우리 전통문화에 대한 애정이 희박한 상태에서 행정공무원들과 격론을 벌여 가며 이루어낸 도립국악원은 우리 고장이 예향이요, 예도로서의 면모를 갖추는 데 필수불가결한 기관이었다.

위에 인용된 글에서도 드러나듯이 국악원은 천신만고 끝에 그 하

12_황병근, 「금의야행(錦衣夜行)했던 국위선양과 몇 가지 제안」, 『전북도립국악원 30년사-다져온 30년, 꽃피울 300년』, 2016, 220쪽.

드웨어로서의 외관은 설립해 두었지만, 그 내면에 소프트웨어를 채우는 것은 더욱 지난한 일이었을 것이다. 앞에서도 언급된 바처럼 '교수부'의 거문고 파트에 한정순 예인이 참여하게 된 것이다. 한 교수는 1988년에 황병근 회장의 간청으로 전북도립국악원에 발을 디딘 이래 거문고 전수의 중심이 되었다.

한정순 예인은 처음에는 전북도립국악원이 구성한 '예술단'의 거문고 연주자로 참여했다. 당시 교수부에는 한 교수의 스승이신 무형문화재 강동일 선생이 재직하고 있었다고 한다. 그러다가 강동일 선생께서 창단 1년 만에 전북도립국악원을 퇴사함에 따라 한정순 예인은 예술단에서 교수부로 자리를 옮겨 25년을 봉직하게 된다.

이 무렵 이런 사정을 밝힌 한 교수의 술회를 들어 본다.

> 입사 1년이 갓 넘을 무렵 선생님의 갑작스러운 퇴사로 26살 어린 나이에 문화재 선생님들과 같은 부서에 근무하는 호사를 누리게 되었다. 아마 예술단에서 교수부로 수평 이동이 그 시기 나를 시작으로 서서히 시작하게 된 계기가 되었다.[13]

이렇게 시작된 전북도립국악원 거문고반을 지도해 오면서 한정순 교수는 거문고의 장인으로 교학상장敎學相長할 수 있었다고 한다. 사실 학문이나 예능이나 가르치면서 배운다는 것은 커다란 장점이 된다.

13_한정순, 「금설」, 『전북도립국악원 30년사-다져온 30년, 꽃피울 300년』, 2016, 264쪽.

한 교수가 쌓아 온 거문고 인생을 살펴보더라도 도립국악원에서의 교수활동이 그가 거문고의 장인으로 거듭나는 계기가 되었음을 짐작하기는 어렵지 않다.

> 이토록 선비들의 사랑을 받았던 거문고. 30년 동안 묵묵히 국악원 지킴이로 명맥을 이어 오며 적지 않은 연수생을 배출해 냈으며, 학생들의 손끝 하나하나의 희로애락을 그대로 받아내며 강의실 한켠을 말없이 지켜내고 있는 거문고의 숭고함에 나는 깊은 경의를 표하지 않을 수 없다. 세월의 흔적이 하나 둘 쌓여 국악원의 역사가 되었고, 나의 역사가 되었다. 나는 이런 거문고를 사랑한다.[14]

도립국악원에서 거문고 수강생을 배출하고, 그런 과정을 통해서 자신의 거문고 역사를 새롭게 쓸 수 있었음을 술회한다. 여기에는 두 가지의 내적 동기가 강하게 작용한 것으로 보인다. 이것 역시 자아실현의 한 과정이었음을 짐작하게 한다.

하나는 거문고 풍류의 매력에 대한 몰입이요, 다른 하나는 거문고 풍류의 명맥을 잇는 일에 대한 사명감이랄까, 교습 행위에 대한 확고한 신념이 있었다는 점이다. 이 두 가지의 내적 동기는 서로 긍정적인 상호작용을 해서 한정순의 거문고 인생을 구축한 것으로 보인다.

14_한정순, 「금설」, 앞의 책, 264쪽.

앞의 글에 이어서 술회한 대목을 보면 분명하다. "죽도록 힘든 삶 속에서도 내가 버틸 수 있었고, 지금도 질기게 버티고 있다. 술대의 강하게 내려치는 대점의 강직함에 나의 마음 또한 강해지고 있는 것이다. 그 어떤 이도 나의 삶을 이토록 숭고하게 칭찬하고 격려하며 받아 준 적이 없었다."고 술회한다. 그러니까 거문고를 가르치고, 그 과정을 즐기면서 자신만의 독특한 거문고 세계를 형성할 수 있었고, 그런 삶이 오늘에 이르렀다는 것이다.

지금도 크게 달라지지는 않았지만, 일반인들에게는 거문고 풍류가 옛 선비들이 풍류로 즐겼던 고루한 장르라는 생각이 지배적이다. 이런 이유로 해서 거문고를 배우겠다고 지원하는 수강생도 드물었다. 선비문화가 실종되고 힙합이네, 포크송이네, 또는 로큰롤이 유행하는 시대 풍조에 비해서 거문고 풍류를 현대에 접목한다는 것은 말처럼 그리 쉬운 일이 아니었을 것이다. 그래서 거문고 풍류라는 우리의 소중한 문화유산이요, 예술 장르가 소멸될 것이 아니냐는 우려가 없는 것이 아니다.

거문고 풍류의 명맥이 끊어질지도 모르겠다는 안타까움은 필자에게도 한결같은 걱정이다.

"그런 거문고가 이제 그 명맥이 끊어질 위기에 처해 있다니 안타까운 일이 아닐 수 없다. … 이제 더는 미룰 수 없는 형편이다. 전통은 계승해야 하는 소중한 뿌리이다. 그러나 계승이 단순한 명맥 유지만이 능사가 아니다. 거문고의 아름다움을 더욱 확산시키기 위해 몇 가지 할 수 있는 행동이 따르지 않는다면, 전통은 실체가 없는 구두선口頭禪이 될 것"[15]이라는 우려와 함께 지금 당장 할 수 있는 세 가지 방안을 제안한 바 있다.

첫째 거문고 음악의 수강생 유인책, 둘째 '거문고병창'의 명맥을 이을 방안, 그리고 셋째 국악의 고장이요 예향이라는 자부심을 잃지 말 것을 대안으로 제시한 바 있다. 이런 일련의 거문고 풍류의 계승과 발전, 그리고 명맥 잇기의 중심에 바로 한정순 예인과 같은 음악인이 필요하다.

전라북도는 우리 음악의 메카라는 자부심을 잃지 말아야 한다. 국악의 고장이라는 우리 전라북도가 그 명성을 잇는 것은 물론, 우리 삶의 자아실현을 위해서라도 음지에서 묵묵히 자신의 음악 세계를 구축해 온 한정순 교수라는 인적자원은 소중하다. 전북도립국악원 거문고반 지도교수로 봉직해 온 삶이 그래서 더욱 소중하고 각별하다.

거문고 풍류의 미학美學

거문고 풍류가 주는 즐거움은 선비들이 추구하는 세계와 많이 닮았다. 일찍이 정약용丁若鏞, 1762~1836은 선비가 누리는 복을 두 가지로 나눠 말한 적이 있다. 순탄하게 열린 관직생활의 복과 은거하며 누리는

15_이동호, 「오케스트라는 부분의 총화다-거문고 음악의 소멸을 방관할 것인가」, 『전북문화살롱』 제11호, 7.

복을 구분하고, 이것을 각각 '열복熱福'과 '청복淸福'이라 했다.[16]

다산이 활약하던 조선시대나, 21세기에 진입한 지금이나 그 설명을 다 듣지 않아도 열복과 청복의 세계가 어떠했을까를 짐작하기는 그리 어렵지 않을 것이다.

치열한 생존경쟁의 틈바구니에서 버텨내면서도 그런 작업들에서 얻을 수 있는 복락이 열복이라면, 그것과는 사뭇 다른 차원에서 다투지 않으면서도 이길 수 있고, 번거롭지 않으면서도 편안하며, 화려하지 않으면서도 고요한 평화를 누릴 수 있다면, 이보다 더 맑은 복락이 또 무엇이 있을 수 있겠는가.

거문고 풍류가 주는 매력은 일찍이 여러 문사선비들이 입이 닳도록 칭송해 마지않았다. 앞의 글에서도 송혜진 작가를 인용하며 언급한 바 있지만, 다시 새겨 봐도 거문고 풍류가 주는 복락이 청복임은 분명하다.

맑은 울림으로 게으른 마음을 경계하고, 온화한 울림으로 조급한 마음을 평정하며, 엄숙하고 바른 소리로 사특한 마음을 금하고, 마음의 우울을 걷어내고, 바른 마음을 일으켜 속기俗氣 없는 삶을 꾸려가려는 지향성, 맑음으로 마음을 가다듬고, 맑고 바른 평정심으로 세상을 대하려는 꿈의 정체는 바로 청복이 주는 즐거움이다. 옛 선비들의 꿈이 바로 여기에 닿아 있다. 바로 무한청복無限淸福의 꿈이다. 그러고 보면 선비만이 아니라, 현대에서도 많은 사람들이 지향하는

16_송혜진, 『꿈꾸는 거문고』, 12쪽.

행복의 요소를 바로 거문고 풍류가 담고 있다는 것은 신통하다.

선비들에게 거문고는 일상의 흥을 함께할 즐거운 친구였으며, 마음의 수신을 도와주는 의로운 친구였다. 거문고와 함께라면 즐거운 나날에도 절제하여 지나치지 않고, 의로운 나날에는 온화해져 침울해지지 않으며, 울분의 시절에는 평정심을, 욕망이 솟구치는 때는 엄정함을 스스로 얻을 수 있었다. 애써 거문고를 배우고 좋은 거문고를 하나 마련해 곁에 두고 좋은 사람들, 자연 속에서 '거문고 한 가락, 노래 한 곡'으로도, 선비들은 행복한 삶과 신선의 경지를 꿈꿨다.

이런 경지를 읊은 시도 우리를 거문고의 풍류에 젖어들게 한다.

> 좁은 방에서도 온갖 시름 다 버리면 　　斗室中萬慮都捐(두실중만려도연)
> '단청 올린 들보에 구름이 날고 구슬발 걷고서 내리는 비를
> 바라본다'는 말을 새삼 할 필요가 없다 　　說甚畵棟飛雲珠簾捲雨(설심화동비운주렴권우)
> 술 석 잔 마신 후에 스스로 참마음을 얻는다면 　　三杯後一眞自得(삼배후일진자득)
> 오직 거문고를 달빛 아래 비껴 타고 단소 소리에 맞춰
> 시를 읊는 것만으로 족하다.[17] 　　唯知素琴橫月短笛吟風(유지소금횡월단적음풍)

물질적으로 조금은 궁핍해도 밀려오는 근심걱정과 노심초사를 지우는 길이 다른 데 있지 않다. 자기가 좋아하는 장르를 선택해서 몰

17_윤신행, 「단적음풍(短笛吟風)-거문고를 비껴 타고 단소 소리에 맞춰 시를 읊는다」, 『채근담 후집』, 서예문인화, 2007.

입하는 것보다 더 좋은 복락이 또 무엇이겠는가? '단청 올린 들보에 구름이 날고/ 구슬발 걷고서 내리는 비를 바라본다'는 구절에서 현실에 대한 미련, 입신출세에 대한 아쉬움을 말하고 있지만, 이 또한 '술 석 잔'이면 현실에서 비켜난 근심마저 지울 수 있다.

자아를 실현하고자 하는 사람들은 관심의 눈길이 밖을 향하기보다는 언제나 내면, 자아를 지향한다. 누구를 의식하며 거두는 즐거움은 진정한 즐거움이 아니다. 자신의 내면에서 샘솟는 즐거움이라야 온전히 스스로 즐길 수 있다. '스스로 노닒自遊'의 즐거움, 그것은 자아실현의 궁극적 지향점이다. 거문고를 삶의 동반자로 삼는다는 것은 그것을 가능케 하는, 살면서 누리는 즐거움美學과 철학적 사유意味가 있는 풍류다.

이것이 현실도피요, 혹은 자기연민의 아쉬움으로 남는다면 길이 없는 것은 아니다. '오직 거문고를 달빛 아래 비껴 타고/ 단소 소리에 맞춰 시를 읊는 것'만으로도 만족할 수 있는 길이다. 현실도피의 소극적 자기연민이 아니라, 단소 소리에 맞춰 타는 한 가락 거문고 풍류야말로 무한청복無限淸福의 지락至樂에 이를 수 있다. 거문고 풍류의 미학이 아닐 수 없다.

현대적인 정서로 볼 때도 음악은 인간의 성정을 다독이는 탁월한 효능을 가진 풍류다.

늦은 밤 달빛을 밟는다

[늦가을이면 밤마다 발밑에서 달빛이 부서진다]

망보기에도 겁나는 비수가 하늘에 떠 있는 밤

활시위 팽팽히 밤은 기울어 가고
가슴에선 거문고 말을 달려가는 밤
　　[작은 죄는 햇볕에 드러나고 큰 죄는 달빛에 들킨다]

아무것도 두렵지 않은 가슴들만 하나 되어
가을의 공원 어둠의 벤치에서 콩닥거리느라
달빛 숨소리 뜨겁다

이미 떠났던 그 식은 숨소리 다시 돌아와
내 느린 발목을 잡는데

하늘에서 지켜보는 야경꾼의 눈초리에
바스락거리며 떠나지 못하던
늦가을이— [여름보다 가을이, 갈 겨울보다 봄이 좋은]
화들짝 놀란 가슴을 달래 준다

–이동희, 「월야행月夜行」, 전문

가을의 계절감이 그믐달 어스름 지는 저녁을 거문고 소리를 말발굽 삼아 진양조에서 시작해서 휘모리로 달려가는 정경이 그득하다.

서양 음악으로 친다면 라르고의 느린 발걸음이 비바체의 빠르기로 달려가는 가을밤의 정취가 물씬하다.

그래도 우리 몸은 우리 것에 더 민감하게 반응하기 마련이다. 달빛이 부서지는 가을밤의 정취가 청각 영상으로 오버랩될 때 가장 먼저 떠오른 미감이 바로 '거문고 풍류'였음을, 시적 화자는 이미지로 그려내고 있는 셈이다.

그러니까 시적 화자의 가슴을 진정시키는 것은 거문고 가락으로 달려가는 가을밤의 정취다. 그 정취의 주체는 바로 가을 풀벌레 소리여도 무방하리라. '월야행月夜行'이 아닌가. 달밤에 길을 간다는 것이다. 그 달밤을 가는 나그네와 시적화자가 겹치는 대목에 풀벌레 소리가 거문고 가락과 동행하고 있다.

이렇게 옛 선비들의 미감과 사유와 동행했던 거문고 풍류가 현대의 시적 정서와도 일맥상통하는 길이 있음을 이 시는 잘 보여 주고 있다. 거문고 풍류는 옛날 선비들이나 즐기던 고리탑탑한 유물쯤으로 치부하는 사람들에게 보여 주고 싶다. 우리의 의식으로 내면화되어 있는 정서적 유전자는 우리를 '우리답게' 하는 실체가 될 수 있다.

거문고 미학의 실체를 찾는다면 바로 이 지점일 것이다. 아무리 현대화, 서양화, 물질화되어 가는 세태에서도 우리를 우리답게 하는 것은 따로 있다. 전통문화와 예술, 우리 선인들이 선호하고 즐기면서 삶에 아름다움과 의미를 부여했던 유산들을 오늘에도 계승해야 하고 더욱 발전시켜야 하는 이유가 여기에 있다.

3부

감·정·의··파·랑

박현조 교수의 정년을 축하하며

인격의 본질은 성실

박현조 교수를 생각하면 언제나 톨스토이L. N. Tolstoi, 1828~1910의 단편소설 '세 가지 의문'이 생각납니다. 옛날 어느 왕이 자신과 나라를 다스리는 데 근본이 되어 줄 삶의 철학을 찾던 중 다음 세 가지 의문을 갖게 되었다고 합니다. '이 세상에서 가장 중요한 시간은 언제인가? 가장 중요한 사람은 누구인가? 가장 중요한 일은 무엇인가?'

왕은 이 '세 가지 의문'에 대한 해답을 얻는다면 삶의 문제와 나라를 다스리는 도리를 해결할 수 있다고 여겼습니다. 이에 초야에 묻혀 사는 어느 현자를 찾아가 현답을 듣고자 하였으나, 현자는 묵묵히 밭갈이만 하였습니다. 무작정 기다리고 있던 왕에게 숲속에서 옷이 찢긴 채 피투성이가 된 한 청년이 달려와 왕 앞에 쓰러졌습니다. 놀란 왕은 자신의 옷을 찢어 정성껏 치료했습니다. 얼마 후 정신을 차린 청년이 자신은 적의를 품고 왕을 시해하려다 숨어 있던 호위병들에게 발각되어 부상을 입었노라고 자신의 정체를 털어놓았습니다. 또한 왕이 베풀어 준 호의에 감동하여 앞으로 심신을 바쳐 충실한 신하가 되겠노라 맹세했습니다.

이를 지켜보던 현자는 왕의 세 가지 의문이 해소되었다며, 가장 중요한 시간은 '지금 이 순간'이며, 가장 소중한 사람은 '지금 자기 앞에 있는 사람'이며, 마지막으로 세상에서 가장 중요한 일은 '지금 마주하고 있는 바로 그 사람에게 정성을 다해 사랑과 자비를 베푸는 일'이라고 말했습니다.

항상 지칠 줄 모르는 영원한 청춘으로만 알았던 박현조 교수가 어느새 정년을 맞아 축하의 말씀을 드리려 하니 이 세 가지 의문이 불현듯 뇌리를 스칩니다. 그동안 박 교수와 함께 한 시간들이 주마등처럼 스쳐 지나가며, 한 인격의 됨됨이를 형성하는 본질은 결국은 성실誠實임을 새삼스럽게 확인하는 기회이기도 합니다.

박 교수는 제가 이사장으로 있는 '학교법인 인상학원'의 이사로서 그 맡은바 책무를 잠시도 소홀한 적이 없었습니다. 언제나 자신이 관여하고 있는 학교 공동체의 바람직한 발전을 위해 성실한 역할을 수행했습니다. 또한 태극권 불모지인 우리 지역사회에 '태극권학회'를 창립할 때 부회장의 역할을 맡아서 저의 부족함을 성실하게 채워주어 전라북도 태극권의 기틀을 만드는 데 기여했습니다. 이런 성실한 노력들이 밑거름이 되어 '전라북도 생활체육회'에도 운영위원으로 참여하여 이 고장에 생활체육의 신선한 바람을 일으키는 데 한 축을 담당했음을 고맙게 생각합니다.

이런 사회적인 활동은 박 교수가 지니고 있는 인간적 됨됨이와 학자적 성실성에서 우러나왔음을 잘 알고 있습니다. 박 교수가 부모님을 섬기고 봉양하는 실천적인 효의 자세는 매번 저를 휴먼스토리로 감동시켰습니다. 말과 의식과 도리로만 행하는 효도가 아니라, 사시장철 변함없는 마음가짐과 몸으로 섬기는 성실성은 우리 모두의 귀감이 될 것입니다.

또한 체육학 전공교수로서 대학에서 후학을 양성하는 데 있어서도 박 교수의 성실성은 조금도 흐트러짐이 없었음을 익히 알고 있습니다. 연치의 과다를 의식하지 않고, 권위의 경중을 따지기 전에 언제나 제자들과 함께 땀과 정성으로 혼연일체가 되는, 사제동행師弟同行하는 성실성은 생활인과 직업인과 사표로서의 귀감이라 아니할 수 없습니다.

이렇게 박 교수가 가정과 학교와 사회에서 역할 기능에 충실할 수 있었던 것은 앞에서 말씀드린 삶의 철학에서 비롯하였으리라 생각합니다. 삶의 문제를 해결하고 사회의 일원으로서 지역사회에 공동의 선을 확장하는 일은 바로 성실한 인격적 실행이 아니고서는 이룰 수 없을 것입니다.

박 교수는 이론의 공론에서 한 발 나아가 언제나 '지금 이 순간'을 가장 소중한 시간으로 경작해 왔으며, 권위와 관계의 친소에서 한 걸음 더 나아가 '지금 자기 앞에 있는 사람'을 가장 소중한 사람으로 존중해 왔으며, 이해타산의 이기심을 극복하기 위해 언제나 '지금 마주하고 있는 바로 그 사람과 일에 정성을 다해 사랑과 자비'를 베풀어 온 결과가 쌓여서 오늘 바로 이 '정년퇴임'의 자리에 서게 되었다고 확신합니다.

정년은 삶의 퇴역이 아닙니다. 이제부터야말로 그동안 박 교수가 인간적-사회적-학문적 성실성을 바탕으로 쌓아 온 인격적 덕업을 제대로 펼 수 있는 호기를 맞은 셈입니다. 사회적 제도가 한 인간의 인격적 실체에는 하등의 제한을 둘 수 없을 것입니다.

아무쪼록 연부역강年富力强하시어 정년퇴임이 새로운 인생의 장으로 진입하는 출발의 기회를 삼기를 바라는 당부를 축하의 말씀으로 대신하겠습니다.

그동안 수고 많으셨습니다.

고맙습니다.

축하합니다.

2012년 7월 20일

역사의 숨결을 잇는 작업

자연은 그냥 두어도 제 나름의 질서를 세워 제 길을 찾아갑니다. 24시로 규정된 하루라는 단위가 그렇고, 사계를 이루는 절후의 변화가 그러하며, 일 년이라는 단위로 운행되는 지구가 그러합니다. 그뿐이겠습니까. 강은 물이 모여 제 이름을 지닌 강줄기를 만들고, 산은 또한 저들끼리 모여 제 살붙이인 산맥을 조성해 냈으며, 들판 또한 들판대로 사람의 손길만 닿지 않는다면 드넓은 가슴을 드러낸 채 세월의 마모를 견뎌냈을 것입니다. 모두가 자연성에 대하여 인간으로서 간섭할 수 없는 질서를 보여 주고 있습니다. 이름하여 섭리攝理라 할 수 있겠지요.

그러나 자연에 사람의 의지가 개입한 현상-사물들은 그냥 두면 저절로 자신의 질서를 확립하지 못하고 기왕의 흔적마저 지워지거나 잃게 되는 것 또한 진리입니다. 사람들이 오고 가던 길에 사람의 왕

전주용왕제전에서 대무 황숙자에게 제4대 용화부인 추대장을 수여하는
이동호 제전위원장

래가 그치면 풀밭이 되는 것은 잠깐이고, 땀 흘려 가꾸던 옥토도 몇 년만 농기구를 들이지 않으면 묵정밭으로 못쓰게 되며, 심지어 조상의 무덤마저 후손들이 돌보지 않으면 자연히 침식하여 실묘하게 되는 것이 사람의 흔적입니다.

그래서 자연현상들은 될 수 있으면 사람의 손길이 닿는 사연事緣을 억제하는 것이 자연을 자연답게 보존하는 일이며, 사람의 자취들은 될 수 있는 한 사람의 손길로 다듬고 가꾸어야 오래 간직하고 보존할 수 있는 것입니다. 이것은 불변의 진리로 자연성의 일부인 인간의 존재성과도 관련된다 할 것입니다.

우리가 역사적 기록을 들추어 가면서 전주용왕제를 오늘에 되살

전주용왕제를 기리는 등불 | 덕진연못

리고자 하는 근본 뜻도 거기에 있습니다. 우리 조상들의 삶의 진정성이 담겨 있어 조상들의 의식의 뮛자리라 할 수 있는 역사적 사건이나 삶의 자취들을 돌보지 않고 묻어 둔다면 조상의 묘를 잃어버리는 일과 다르지 않을 것입니다.

마모되어 가는 역사의 흔적을 되살리고, 가물거리는 전통성의 맥락을 더듬어 가면서 과거를 되살리려는 것은 고고학적 발굴과는 또 다른 뜻이 있습니다. 그것은 역사적 전통은 과거의 일들로 없어지고 사라져도 그만인 물리적인 현상이 아니라 오늘을 꾸려 가야 할 우리에게, 나아가 내일을 밝혀내야 할 또 다른 우리에게 '우리의 사람됨'을 입증할 수 있는 소중한 의미와 가치가 있는 일이기 때문입니다.

이런 소중한 뜻을 되살리기 위하여 (사)전북전통문화연구소는 산하에 전주용왕제전위원회를 설립하고, 우리 지역사회만이 지니고 있었던 역사적 전통성을 오늘에 되살려 '우리의 우리다움'을 적극적으로 살려내려는 노력을 기울여 왔습니다. 이것은 문화의식이면서 경제 논리와도 맥을 닿게 하는 일이며, 정치사회적인 거사이면서 동시에 인문학적 가치를 되살리는 뜻있는 일이었습니다.

지역민들의 의식 속에서 사라져 가는 전통성의 소중한 문화유산을 재구再構하고, 시연試演하면서 오랜 역사적 맥락을 되살려내는 일은 마치 목숨이 경각에 달린 위중한 환자를 보살피는 일처럼 어렵고도 포기할 수 없는 소중한 작업이었습니다.

그런 소중한 노력의 결실들을 이 소졸한 연구서에 담았습니다. 살펴보시면 아시겠지만, 필진들의 적극적 참여와 희생적 노력 없이는 가당치 않은 일이기도 합니다. 단순한 학문적 연구의 차원에서 한 발 나아가 지역사회의 현실생활에 역사적 맥락을 접목하려는 의지적 노력 없이는 불가능했을 것입니다.

그러므로 이 연구서는 전주용왕제에 관한 기왕의 성과를 집대성하면서 또한 미래 지향적인 연구의 불씨를 살리려는 심정으로 담았습니다. 용왕제를 실연實演하고, 우리 지역사회가 지녔던 전통성을 되살려내면서 얻은 노력들이 가시적인 연구 성과물로 형상화된 이 자료집이 우리 지역사회에 활발한 논의의 거점이 되기를 바랍니다.

역사적 맥락 속에서 인문학적으로 규정할 수 없는 현상들은 자연성의 일부가 되어 가차 없이 도태되고 말 것입니다. 그런 위기의식을 지우기 위한 이번 연구 성과가 우리 지역사회에 우리의 우리다움을 규명하는 소중한 자료가 되기를 간절히 바랍니다.

「제21회 전국 차인(茶人) 큰잔치 인천대회를 마치고」

이귀례 이사장님 보시옵소서

더위와 장맛비로 일기 고르지 못하온데 이 이사장님 옥체 편강하옵신지요?

전국 차인 큰잔치 인천대회에 귀한 자리를 마련하여 주신 데 대하여 다시 한번 감사의 말씀 올립니다. 또한 황공하옵게도 하사금을 내려 주심에 몸 둘 바를 몰라 하다가 한 생각 '사진 모음집'이 떠올랐습니다. 마침 저의 영상기록 특보가 촬영한 사진들 중에서 이사장님 가족들의 밝고 화사한 모습과 인천대회의 규모와 품격이 잘 나타날 수 있는 방향만을 생각하고 편집해 본 것이오니 불민한 점이 있더라도 해량하여 주실 것을 믿사옵니다.

우리나라 차 예절문화의 계승 발전을 위하여 온 정성을 다하신 모습은 항상 저의 귀감으로 자리하고 있습니다. 다성 초의선사와 더불어 차로 교우를 하셨던 다산 선생님과 추사 선생님께서 오늘 차인의

제21회 전국 차인 큰잔치에서 한국차문화협회 명예 이사장 이길여(가천대학교 총장)와 담소하는 이동호

날 선언문을 낭독하셨다면 이러한 의관의 모습이 아니었을까 하는 생각으로 오직 이사장님이 계시는 인천 행사에 저의 성의를 다해 보여 드렸을 뿐이오니 사진첩을 보시면서 한 번만 꾸중 주시고 두 번 미소를 지어 주신다면 다행으로 생각하겠사옵니다. 다음 뵈올 때까지 건안하시기 축원 드립니다.

2010년 7월 20일

이동호 올림

'차의 날' 선언문

깃을 지닌 새들은 날고, 털을 지닌 짐승은 달리고, 사람은 입을 열어 말을 한다. 이 삼자는 다 같이 천지간에서 살면서, 물을 마시고 쪼아 먹으므로 살아간다.

마신다는 것은 인간의 기원과 같이 실로 유구하며 물을 데워서 마신다는 것은 문화생활의 시발이라고 할 수 있다. 그러므로 문화 민족에게는 제 나름대로의 독특한 음료가 있다. 우리 민족도 예로부터 나뭇잎을 따서 마신 백산차가 있었고, 오곡을 볶아 우려 마시기도 하고, 나무 열매를 달여 마시기도 하였다. 차가 우리나라에 성행하게 된 것은 신라 흥덕왕 때부터였고, 그 후 천년 동안 차는 우리 민족에게 예절바른 생활을 낳게 하였다.

사색을 즐기는 성품을 기르고, 풍류의 멋을 가꾸어 오면서 나라와 겨레의 후생을 두텁게 해 왔다. 이와 같은 민족의 차 문화 전통을 전승하고, 새로 한국 차 문화를 창조하려는 뜻으로 입춘에서 100일에 즈음하여 햇차가 나오는 5월 25일로 차의 날을 제정하였다. 또 이날을 기하여 신라 견당사 김대령공의 차 시배지인 지리산 쌍계사 계곡에 공의 유덕을 기리는 추원비를 세우게 되었다.

일찍이 다산은 술 마시기를 좋아하는 나라는 망하고, 차 마시기를

제21회 전국 차인 큰잔치에서 차의 날 선언문을 낭독하는 이동호 | 2010.5

좋아하는 나라는 흥한다고 하여 다신계를 만들어 차 마시기 운동을 편 바 있었다. 그리고 초의대사는 동다송을 지었고 중국 차보다 우리나라 차가 뒤질 이유가 없다며 우리나라 차를 찬양한 바 있었다. 이와 같이 선현들이 하신 일들은 모두 술 마시는 습관과 외국 차를 좋아하는 폐단을 바로잡기 위한 성스러운 일들이었다.

오늘날 우리가 차의 날을 제정하여 차 마시는 운동을 추진하는 것도 이와 같은 뜻에서 나온 것이다. 허물어져 가는 예절을 바로 세우고, 혼미해 가는 마음을 사색으로 바로잡고 삭막한 정서를 멋의 향기로 순화하여 쪼들리는 가난을 윤택한 살림으로 만들고자 하는 것은 누구나가 다 바라는 바이다. 이러한 변화는 국민의 생활습관의 개혁에서부터 시작되어야 할 것이므로 차 문화의 생활을 통하

제21회 전국 차인 큰잔치 | 인천광역시청 광장에서(2010.5)

여 이 같은 소망을 성취할 수 있는 것이다.

오늘 차의 날을 기하여, 국민들이 차와 인연을 맺어 찬란했던 민족의 차 문화가 이 땅에 다시 꽃피게 될 것을 확신하면서 5월 25일을 차의 날로 제정 선언하는 바이다.

1981년 5월 25일

평생 보내주신 어머니의 편지글을 다시 읽으며

모성은 양식이시다

나는 어머니의 양식을 먹고 자랐다. 이 양식으로 골격을 지니게 되었으며, 이 양식으로 마음을 넓히게 되었으며, 이 양식으로 정신을 채울 수 있었으며, 이 양식으로 마침내 사람이 될 수 있었다. 그러므로 어머니는 나의 안과 밖을, 나의 몸과 정신을, 나의 과거와 현재를 이룩해 주신 전부이시다.

세상에 하고 많은 가르침이 있고 선지식이 있으며 성현군자도 많지만, 모든 가르침의 원천이요 샘물은 어머니라는 못이다. 이 못의 수량은 그 자애로운 넘침에서 마르지 않으며, 이 못의 깊이는 슬기로움의 진중함에서 다함이 없으며, 이 못의 드넓음은 희생의 정도에서 미칠 곳이 없다. 세상에 사람은 많지만 어머니는 오직 한 분뿐이며, 사람 중에 절반이 여성이지만 어머니는 한 분뿐이다.

'신은 당신께서 세상에 일일이 임할 수 없어 대신 어머니를 두셨다'

고 한다. 신의 일을 대신하시는 분, 신의 섭리 말고는 설명할 수 없는 일을 하시는 분, 신의 지혜와 사랑으로 자식이라는 인류를 구원하시는 분, 그분이 바로 어머니시다. 그러므로 어머니는 신의 일을 대행하시는 분이 아니라, 바로 신 그분이시다. 자식에게 어머니는 바로 신이시다.

나는 어머니의 사랑을 구체적으로 받아먹을 수 있는 기회를 마음껏 누렸다. 어머니의 품 안을 벗어나 객지에서 공부하고 연구하며, 직장 때문에 천지 사방을 떠도는 동안에도 어머니께서는 당신의 노심과 초사를, 당신의 지혜와 사랑을, 당신의 가르침과 베풂을 꼬박꼬박 글로 써서 보내주셨다.

이보다 더 큰 은혜와 가르침이 또 어디 있으랴! 다행히도 나는 이 어머니의 양식이 담긴 편지 내용을 궁행실천하려고 부지런을 피웠다고 스스로를 위로하고 싶다. 어머니의 혼이 담긴 편지글을 지금까지 한 통도 유실하거나 버리지 않고 고스란히 간직하고 있으며, 이를 다시 펼쳐 보는 심정만으로도 그런 위로를 자신에게 보내며 어머니의 가르침을 되새겨 본다.

어머니의 편지는 나의 중등학교 시절부터 시작해서 귀천歸天하실 때까지 잠시도 멈추지 않았으며, 고향 고택에 계실 때에나, 자식들의 집에 기거하실 때에나, 장·단기 국내외를 여행하시는 동안에도 멈추지 않으셨다. 어느 때는 여남은 행에 그치는 단신의 안부 편지글도 있었지만, 어떤 때는 서너 쪽의 미농지 앞뒷면에 깨알 같은 글씨로 빽빽이 채워진 편지글도 있었다. 이런 글들은 어머니께서 노년으로 접어들면서 더욱 심해지셨는데, 아마도 당신의 연치를 감안하신 자식들에 대한 염려가 커진 것으로 보여 다시 읽는 아들의 눈시울을 흐리게만 하신다.

이런 어머니의 편지글을 어찌 버릴 수 있단 말인가? 몸이 아파 신음하는 객지에서 받은 어머니의 편지글은 나의 심금을 울린 따뜻한 위로였으며, 의학 공부의 고난 속에서 받은 어머니의 편지글은 나의 어리석음을 노력으로 채우게 하신 격려였으며, 정신세계의 길을 찾기 위해 방황하던 시절에 보내주신 편지글은 나의 선지식이었음을 다시 읽는 편지에서 발견하는 것은 내 노년의 새로운 양식이 아닐 수 없다.

어머니의 곡진하신 편지글을 통해 어머니께서 5남매의 맏이였던 나에게 더 큰 관심과 사랑을 베풀어 주셨음을 절감한다. 어머니의 편지글에 담긴 모성의 양식은 그 자상함에서 비견할 데가 없으며, 그 구체성에서 실천의 마음을 열게 하셨다. 반세기에 걸쳐 계속된 편지글의 형식과 어투-문체에서 일관되게 지니고 계신 모성적 항심恒心을 읽는다는 것은 소졸한 자식에겐 무한한 축복이 아닐 수 없다.

어머니의 편지글에서 단 한 번도 빠뜨리지 않는 내용은 자식의 몸을 걱정하는 건강에 대한 당부셨다. 편지글의 형식상 의례적으로 글의 맨 앞에 두는 상투적인 안부 문구가 아니라, 자식의 몸과 건강 상태를 직접 눈으로 보기라도 하신 듯, 구체적인 섭생의 방법을 적시하면서 편지글은 시작된다. 그러니 '신체발부身體髮膚를 부모로부터 물려받았으니 함부로 훼손하지 않는 것이 효도의 시작이다'는 가르침을 저절로 터득하게 하셨다. 내가 이 나이에 이르러서도 이만큼이라도 건강을 유지할 수 있는 비결은 오로지 어머니의 가르침 덕분이라 아니할 수 없다.

우리의 전통으로는 여성들의 편지를 '내간체內簡體'라 해서 약간은 폄하하는 고약한 버릇이 있다. 그럼에도 어머니께서는 아들에게 보내주시는 편지글에서 그 어느 성현의 말씀에도 뒤지지 않을 가르침을 주신다.

이를테면 "'죽을 약 곁에 살 약이 있다'는 말처럼 고생 중에도 좋은 일을 해서 많은 사람들의 칭찬을 받았다니 다행이다."라고 자식의 작은 선행을 격려해 주시는 것을 잊지 않으셨다. 또한 "사람에겐 재복이 없으면 그저 밥이나 먹고 살면 다행으로 여겨야 하는데, 없는 재복을 억지로 늘리려다 화를 당한다."며 재물에 대한 과욕을 경계하기를 채근하셨다.

이 밖에도 어머니께서는 동기간의 우애를 무엇보다도 우선하셨는데, 도덕적 당위성이나 윤리적 도리로 가르치는 것이 아니었다. 당신께서는 스스로 메신저가 되어 동기간의 형편을 서로 알 수 있도록 연락소통의 임무를 자임하는 방법으로 동기간에 관심을 갖도록 유도하셨다. 이런 자상하신 모성애가 가득 담긴 어머니의 편지글을 다시 읽으며 확인하는 자식의 심정이 처연하다.

이는 '사랑의 반대말이 미움이 아니라 무관심'이라는 말처럼 형제간에 관심을 가지는 일이야말로 동기간의 우애를 돈독하게 하는 지름길임을 간파하신 것으로 보인다. 멀리 있는 친척보다 가까이 사는 이웃이 낫다는 뜻에서 '이웃사촌'이란 말이 생기지 않았는가? 어머니께서는 동기간에 서로 지어서 우애하라 강요하지 않으면서도 형제간의 형편을 자세히 전달해 주심으로써 무관심해지려는 인간적 타성을 경계할 수 있었다. 어머니께서는 이런 방법으로 형제들 마음 안에 우애의 씨앗을 심어 주려 애를 쓰신 것이다.

내가 어머니의 편지글을 책으로 묶으려는 뜻은 다른 데 있지 않다. 맏이라고 해서 독점적으로 받아 누린 어머니의 사랑을 형제자매는 물론 그 후손들과 함께 나누고 싶은 마음 때문이다. '형제간의 우애도 부모님이 살아 계실 때뿐'이라는 말이 있다. 어찌 보면 틀린 말은 아니다. 핵가족화파편화되어 가는 세태를 거슬러 혈육 간에 우애를 유지하는 것도 품을 들여 노력하지 않으면 어려운 시대를 살고 있다.

우리 어머니의 편지글이 인쇄물로 발간되어 어머니의 피붙이들에게 삶의 양식이 되기를 바라는 마음 간절하다. 어머니의 모성애를 제대로 기억하지 못하고, 얼굴조차 알 수 없는 할머니 증조할머니의 가르침을 대신할 수 있는 글책이 있다면 이보다 더 좋은 가정교육의 보감이 어디 따로 있겠는가?

일관되고 줄기차게 자식을 먹이신 어머니 사랑의 양식은 학교에서 배우는 지식의 건조함에 서정의 여유를 줄 것이며, 선지식의 해박함으로 얻는 지혜에 사람됨의 깊이를 더할 것이며, 성현의 가르침으로도 해소되지 않는 인간의 무지에 따뜻한 귀띔이 될 것임을 의심치 않는다.

'여자는 약하되 어머니는 강하다'는 금언을 어머니의 편지글을 읽을 때마다 새삼스럽게 되새기게 된다. 그 강함의 근원이 무엇이겠는가? 어머니는 자신을 통째로 자식들에게 먹이시고 당신께서는 자식들의 안에서 피가 되고 살이 되기를 자청하셨다. 그래서 모든 인간의 어머니는 바로 인류의 순교자이시다.

아무리 발버둥 쳐도 닿을 수 없는 경지에 계신 세상의 모든 어머니는 가히 거룩한 성자의 모습이다. 그런 나의 어머니 사랑을 되새기며 이 서간집을 발간하는 변으로 삼는다.

2013년 6월 25일

장인숙, 춤 인생 반세기를 경이롭게 바라보며

전통예술의 창조적 계승자

문학의 언어가 문자라면 음악의 언어는 소리요, 회화의 언어는 선과 색입니다. 마찬가지로 조각의 언어는 물질이요, 무용의 언어는 몸입니다. 이들 예술 창작의 매체들은 작품의 표현 수단이면서 동시에 작품이 담고 있는 창작의 진실을 말하는 언어인 셈입니다.

이런 뜻에서 본다면 무용가에게 몸은 춤의 표현 도구임과 동시에 예술혼을 드러내는 언어말하기인 셈입니다. 한 무용가가 자신의 몸을 통해서 드러내고 표현하고 싶어 했던 세계가 무엇이었던가를 알아내는 일은, 몸이 말하고 싶어 했던 세계를 탐색하는 일과 다르지 않습니다.

반세기 가까운 세월을 오로지 전통 무용에 매진하면서 예술 언어를 탁마琢磨해 온 장인숙 선생의 무용 언어는 '전통성의 현대적 접목'이었다는 점에 주목하게 합니다. 한국 춤의 전통성을 지켜 나가면서

무용가 장인숙의 공연 '춤추는 노래(아리아리랑)'

동시에 이를 현대화하고 세계화하려는 일념으로 정진해 온 장인숙 선생의 무용 세계는 경탄스럽기만 합니다.

더구나 한국 가·무·악歌舞樂 전통예술의 요람이랄 수 있는 전라도의 가락과 춤사위를 가다듬어 온 장 선생의 창작 혼은 기림 받아 마땅하다고 생각합니다. 호남살풀이춤에 대한 창조적 계승의 의지는 기품 있는 우리의 전통춤에 대한 품격을 한 단계 높였으며, 전라도의 신명난 시나위와 흥타령 가락을 접목시키려는 실험정신은 전통의 계승과 발전이라는 인식에 새로운 힘을 더하였습니다.

아무쪼록 이런 창작의 열의가 아름답고 뜻있게 열매를 맺어 한국 춤의 전통성을 튼실하게 하고, 나아가 한국 예술의 수량을 풍성하게

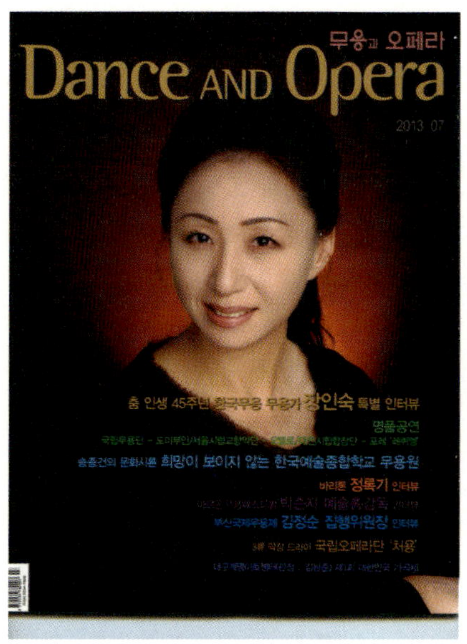

'무용과 오페라' 잡지에 소개된 무용가 장인숙

하는 데 기여하기 바랍니다. 그런 길은 바로 예술가의 창작열과 함께 관객의 몫도 있을 것입니다. 우리 고장의 전통예술을 사랑하는 마음으로 전통 무용에 대한 이해와 더 큰 관심만이 그것을 가능케 할 것입니다.

장인숙 무용가의 뜨거운 예술 창작 열성에 경의를 표하며, 무용 언어의 풍성한 결실이 우리 고장 예술을 사랑하는 지역민들에게 삶의 질을 높이는 데 기여하기를 바랍니다.

감사합니다.

2013년 7월

청암 초대석

공부하는 행복

출가 수행하시는 분들이나 재가 불자들이나 수행의 궁극적인 목적이야 해탈에 있겠으나, 그 해탈에 이르는 과정 자체를 고역고행으로만 본다면 해탈의 경지는 아득히 먼 길이 될 것이다. 더구나 요즈음에는 생활불교네, 불교의 생활화네 하면서 수행과 삶을 일체화시키려는 움직임을 생각할 때 수행 과정의 보람이야말로 해탈에 이르는 지름길이라 할 만하다.

더 구체적으로 말한다면, 수행 자체가 고행이요 고역이어서는 불교의 생활화는 물 건너간 형국이 될 것이라는 것이다. 그렇다면 수행을 공부로 여기며 재미있게 하는 공부수행만이 불교를 생활 속에 밀착시키는 요체가 될 것이다. 수행을 다른 말로 이르면 공부가 아니고 무엇이겠는가? 나의 본성에 대한 공부, 우주에 만연한 섭리에 대한 공부, 세상이 경영되는 원리에 대한 공부, 목숨이 있는 것들의 본성

불령산 청암사 승가대학 수업

에 대한 공부 등등 공부하기로 말하면 끝이 없는 탐구 과정의 연속이라 해도 과언이 아니다.

이런 공부를 그저 마지못해서 수행한다면 그보다 거북한 일은 없을 것이며, 그 효과 또한 기대하기 어려울 것이다. 이를테면 스스로 일어나는 온갖 탐심을 억누르기 위한 징벌적 고행이나, 수시로 일어나는 분심을 잠재우기 위한 가학적 고행이나, 앎에 대하여 일어나는 불길 같은 인식적 욕구를 억누르기 위해 사서 하는 고행이라면, 생활의 불교는 먼 나라 이야기로 머물고 말 것이다.

그보다는 수행이 재미있고, 수행 자체를 통해서 욕망을 통제할 수 있으며, 수행 자체가 무지를 지우며 인식의 지평을 확대하는 일공부이라면 굳이 수행을 마다할 리 없을 것이다. 그런 공부가 없는 것은 아니다. 수행이나 공부를 통해서 얻어지는 보상과 대가를 염두에 두기에 공부가 힘들고 수행이 괴로운 것이다. 보상과 대가를 좀 더 열린 차원으로 설정한다면 얼마든지 행복한 공부, 즐거운 수행이 가능할 것이다. 수행이나 공부 그 자체를 보상이요 대가로 여기는 열린 사고가 필요하다는 것이다.

켄 베인K.Bain이 쓴 책 『최고의 공부』에 보면 이런 실험 이야기가 나온다. 학생들에게 소마 큐브를 가지고 놀도록 했다. A그룹은 금전적 보상을 했고, B그룹은 금전적 보상을 하지 않았다. 얼마 후 A그룹에 했던 금전의 보상을 거두고, B그룹은 여전히 무보상의 소마 큐브 놀이를 시켰다. 결과는 이랬다. A그룹은 금전적 보상을 거둔 이후에 활동이 침체되었으나 처음부터 금전적 보상을 하지 않은 그룹은 여전히 일관된 놀이의 집중도를 보였다는 것이다. 이를 두고 큐브 놀이를 공부라 하고 돈을 성적으로 치환해 보면 성적보상에 구애받지 않고 하는 공부가 더 꾸준히 몰입할 수 있다는 것이다.

실제로 학교생활이나 학업 성적에서 뛰어난 능력을 보이는 학생 100명을 인터뷰한 결과를 종합해 보니, 그 결과는 충분히 납득할 만했다. 우수한 학생들은 학문적 명예와 같은 외적 보상에 매달리기보다는 배움의 순수한 기쁨이나, 창의적 인간으로 성장하는 즐거움이나, 사회-공동체 활동에 참여하면서 느끼는 보람 등이 있어 학업-학교생활에 임한다고 응답하더라는 것이다.

우리에게도 그런 기억이 없는 것은 아니지 않는가? 교육이 입신출세를 지향하는 성인부모의 바람과는 달리 아이들은 어른이 되었을 때 자신의 모습을 상상하면서 교양 있고 타인에게 도움이 되며 어려운 집안을 일으키는 데 일조하고 싶은 열망이 공부하는 재미를 주었다. 그것은 무슨 보상이나 대가보다는 지금 배우고 공부하는 것을 꼭 알아야 한다는 향학열, 그리고 그런 앎의 과정 즉 배우고 알아 가는 자체가 기쁨이었음을 우리의 청소년 시절에 체험했던 바다.

공부에 대한 우리의 정서도 여기에서 머지않다. 공자의 『논어』로부터 비롯한 공부의 즐거움은 사람됨의 도리로까지 여겨져 왔다. 「학이편」 첫 구절부터 등장하는 '學而時習之不亦說乎학이시습지불역열호'라 하여, 배우고 때때로 익히면 또한 기쁘다 하였다. 공부學가 무슨 입신출세의 필수 과정이 아니라, 때때로 수행해야 하는 삶의 도리로 여겼으며, 배우고 익히는 과정에 바로 기쁨이 있다는 것이다. 공부수행의 바른 지침이 아닐 수 없다.

이런 삶이 바로 인간 도리의 근본이 되어 '有朋自遠方來不亦樂乎유붕자원방래불역락호'라 하여, 벗이 있어 먼 곳으로부터 찾아오면 또한 즐겁다 하였다. 요즈음 경쟁체제로 일관하여 황폐화되고 있다는 교육 현장의 실태에 주는 의미는 자못 크다. 학생들에게는 학우學友만 있지, 학붕學朋은 없다. 동양학에서 우友는 오다 가다 만난 친구를, 붕朋은 뜻을 같이하여 같은 목표를 가진 친구를 뜻한다. 그러고 보면 급우를 뜻을 같이한 친구가 아니라, 밟고 이겨내야 할 경쟁 상대로 보아야 하는 요즈음 학교 풍토에서는 기대하기 어려운 친구다.

이렇게 공부수행해 온 사람은 필연코 '人不知而不慍不亦君子乎인부지이불온불역군자호'라 하여, 남이 알아주지 않더라도 화내지 않는다면 또한 군자라 하였다. 군자가 어떤 사람인가? 앞에서 밝힌 '배움으로 닦은 고상한 인품과 호연지기하는 관용적 교양인'을 이름이 아니던가? 공부는 이렇게 사람됨의 향기를 풍기는 군자가 되는 즐거운 일인 것이다.

보상 없고 대가 없는 순수한 공부수행는 마치 무시삼매無時三昧의 경지요 무처삼매無處三昧의 경지라 할 만하다. 그런 공부만이 즐거울 수 있으며, 그런 수행만이 공부의 효과를 만끽할 수 있을 것이다. 공부수행의 효과야 그 단계와 정도에 따라 얻고 누리는 바가 각기 다르겠으나, 앞에서 언급했던 '학업 성적이 뛰어난 100명 학생들'에게 들었던 공통적인 대답을 찾을 수는 있을 것이다. 그것은 행복한 공부, 즐거운 수행의 효과와 상통한다.

첫째, 나주체-주관와 세계객체-객관에 대한 깊이 있는 성찰이 습관화되어 사유하는 삶을 가능케 할 것이다. 깊이 있는 생각은 인간됨의 즐거운 특징이다. 둘째, 무명이 무지의 근본임을 깨달아 유한하고 일회적인 삶에 대한 진지한 접근을 가능케 한다. 무지를 완전히 지울 수는 없겠으나, 그런 열정이 인생의 낭비를 막을 수 있다. 셋째, 지혜앎, 이성-지성, 머리와 자비느낌, 감성-감각, 가슴가 겸비된 바람직한 인간상을 확립할 수 있다. 지혜가 없는 자비는 맹목에 빠지기 쉽고, 자비 없는 지혜는 관념에 흐르기 쉽다. 맹목성과 관념으로는 인생을 풍요롭게 할 수 없다. 넷째, 심미적 정신력을 고양시켜 본질적 즐거움을 누릴 수 있다. 고상한 기쁨과 품격 있는 교양은 관용적 인간상을 형성하는 요체다. 다섯째, 행복한 공부로 연마된 감수성은 직관력을 높여 사물의 효용성을 정확하게 파악하는 능력을 갖추게 한다. 예리하면서 정확한 직관력은 예지의 다른 이름이다.

이런 효과를 거두는 공부수행가 어찌 고통스럽고 힘들기만 하겠는가? 공부는 행복에 이르는 지름길이다.

공부하는 행복

첫째, 나주체-주관와 세계객체-객관에 대한 깊이 있는 성찰이 습관화되어 사유하는 삶을 가능케 할 것이다. -깊이 있는 생각은 인간됨의 즐거운 특징이다.

둘째, 무명이 무지의 근본임을 깨달아 유한하고 일회적인 삶에 대한 진지한 접근을 가능케 한다. -무지를 완전히 지울 수는 없겠으나, 그런 열정이 인생의 낭비를 막을 수 있다.

셋째, 지혜앎, 이성-지성, 머리와 자비느낌, 감성-감각, 가슴가 겸비된 바람직한 인간상을 확립할 수 있다. -지혜가 없는 자비는 맹목에 빠지기 쉽고, 자비 없는 지혜는 관념에 흐르기 쉽다. 맹목성과 관념으로는 인생을 풍요롭게 할 수 없다.

넷째, 심미적 정신력을 고양시켜 본질적 즐거움을 누릴 수 있다. 고상한 기쁨과 품격 있는 교양은 관용적 인간상을 형성하는 요체다.

다섯째, 행복한 공부로 연마된 감수성은 직관력을 높여 사물의 효용성을 정확하게 파악하는 능력을 갖추게 한다. -예리하면서 정확한 직관력은 예지의 다른 이름이다.

이런 효과를 거두는 공부가 어찌 고통스럽고 힘들기만 하겠는가?

공부는 행복에 이르는 지름길이다.

성주이씨 문열공파
가내문중 가호공 교은 집안 세거비 동산을 마련하며

아름다운 마음자리

사람이 하는 일에는 우선순위가 있기 마련이다. 그 우선에는 언제나 현실적이며 우리의 생존과 직접 관계가 있는 일들을 먼저 챙기는 것이 인지상정이다. 이런 삶의 순서들이 오늘의 우리를 존재케 하는 타당한 근거로 제시될 것이다.

그러나 현실과 거리가 있고 직접 상관성이 없는 것 같지만, 우리의 존재성에 불가분의 관련이 있는 사실들을 외면하고서는 우리의 현재도 아무 의미가 없을 것이다. 과거는 돌이킬 수 없기 때문에 무의미한 것이 아니라 그러므로 더욱 돌이킬 수 있는 교훈을 찾아야 과거가 살아나듯이, 미래는 불확정적이어서 무가치한 것이 아니라 그러므로 더욱 탄탄한 계획을 꾸려야 미래가 다가오듯이, 우리의 현재도 그렇게 과거와 현재의 맥락 속에서만이 비로소 존재의 의미와 가치를 확립할 수 있을 것이다.

성주이씨 가내문중 가호공 집안 세거비 동산

우리 성주이씨 문열공파 가내문중 가호공 집안이 이곳을 삶의 터전으로 삼으신 이래, 우리는 누구랄 것도 없이 모두가 조상의 음덕이 아니고서는 설명할 길이 없는 수많은 삶의 역정을 슬기롭게 극복해 오면서 적지 않은 내공을 다져 왔다고 생각한다.

후손 된 한 사람으로서, 혹은 인간 존재의 흐름을 외면하지 않고 천착해 온 한 사람으로서 이런 사실들마저 흔적 없는 우주의 허공 속으로 날려 보낼 수는 없다고 생각한다. 멀리는 조상의 피와 땀이 어린 삶의 흔적에 돌비를 세워 그 숨결을 느끼며, 가깝게는 무수히 피어나게 될 숱한 새로운 생명들에게 존재의 뿌리와 삶의 근거를 밝혀 두고 싶었을 따름이다.

아무쪼록 후손으로서 도리를 다했다는 완성의 의미보다는 오늘을 기점으로 멀리는 조상의 얼을 새기고 후손의 덕행을 알뜰하게 피워 가는 근원이자 시발점으로 삼아야 하겠다. 조상의 혼백이 묻힌 이곳을 정갈하고 아름답게 가꾸고 다듬어서 어제와 내일, 사람과 사람을 잇는 아름다운 마음자리로 승화시켜 나아가기를 바라는 심정 간절하다.

'조상의 기제사를 모시는 후손의 마음가짐'에 대하여 평소 내가 실천했으며, 또한 후손들이 이렇게 따라 하기를 바라며 아래에 따로 적어 남긴다.

후손에게 주는 제사 모심의 마음가짐

나는 정성을 다해서 상을 차렸으나 어찌 소홀함이 없었겠느냐?
앞으로 너희들도 형편에 맞게 제사를 모시되,
거르지 말고 조상님 모시기에 정성을 다하기를 바랄 뿐이다.

음식은 제철에 구할 수 있는 것으로 조촐하게 하되,
마치 살아 계신 어른을 섬기는 것처럼
평소 즐기시던 음식을 특별히 마련한다면 더 기뻐하실 것이다.

다만, 한 가지 더 당부하고자 하는 것은-
奉祭祀를 하고, 先塋을 돌보며 지키는 것은

설 차례를 지내는 이동호

후손으로서 조상에 대한 마땅한 도리라고 생각한다.
그러니 묘역이나 제사를 모시면서
종교를 개입시키는 일을 자제해 주기를 바란다.

고인의 종교 경력을 기재하는 정도는 무방하다 하겠으나
종교 상징성이 있는 † 卍 등의 표식을
석물이나 비문, 지방 등에 표식하지 않기를 바란다.

제사는 정성이라 했다.
그런 정성된 마음가짐으로 자손들이 한자리에 모여

왼쪽부터 이동호의 장손 재성, 큰손녀 주연, 차손 재호와 함께

조상의 은덕을 기리며 형제 우애한다면
효제를 다하는 것이니 더 바랄 것이 없겠구나!

부디 나의 후손들이 형우제공兄友弟恭하는 가풍을 지켜
가문을 부끄러움 없이 잘 이어 가기를 바란다.

그리하면 만년세세
우리 성주이씨 가내문중 가호공 집안을
만인이 칭송하고 우러르며 빛나게 될 것이다.

이것이 사람으로 태어나 누릴 수 있는
가장 큰 축복이 아니고 무엇이겠느냐?

2014년 4월 6일

성주이씨 문열공파 제24세손 月潭 동호

조상님께 머리 조아려 백 번 절하고 후손들에게 전함

성주이씨 문열공파
가내문중 가호공 집안 텃자리 비문

우리 시조는 신라 말엽 재상을 지내신 향상공 순유로 지금의 성주읍 경상리를 세거지로 삼아 관향을 성주이씨로 하였다. 그 후 고려 원종조에 와서 시조공의 11대손인 농서군공 장경께서 다섯 아드님을 두셨는데 밀직사사 백년, 참지정사 천년, 문하시중 만년, 개성유수 억년, 정당문학 문열공 조년으로 모두들 나라에 공헌함이 크셨던바 농서군공이 중시조 1세이시다. 파조이신 문열공 조년은 다섯째 아드님으로 2세이시다.

선조들은 조선조 말에 이르기까지 벼슬을 하시며 국가 발전에 이바지하셨다. 18세 참판공 유원께서 1802년 문덕면 독골에서 용암리 가내 명당 터로 이거하셨다. 참판공 유원께서는 다섯 아드님을 두셨는데, 그중 차남 형찬공 기룡이 19세로 가내문중의 조상이시다. 공께서는 아드님 병용 한 분을 두셨으니 20세이시고 호는 백우헌이며 사마시에 오르셨고 유고문집을 남기셨다. 백우헌 병용께서는 다섯 아드님을 두셨는데, 그중 차남 순릉참봉 가호공 교은께서는 21세로 용암리 교촌 문중의 윗분이 되셨다. 진사進士이신 아버님의 상례喪禮를 6개월 동안 모시며, 위로는 함경도 아래로는 제주도의 선비 문상객을 맞으시는 효성을 보이셨다. 슬하에 2남 3녀를 두셨으며, 그중 장남 종채는 22세로 2남 1녀를 두셨으니 장남은 관순이요 차남은 민순이고 큰사위는 진주정씨 순삼이고 둘째 따님은 윤순이며 금성오씨 익선과 혼인하셨다. 차남 종화는 혁순, 순남, 이순 1남 2녀를 두셨으며 자부는 광산김씨 용희이며 사위는 목천장씨 정호, 밀양박씨 민두이다. 23세 관순은 해주오씨 갑림 사이에 동호, 동량, 동근, 명자, 명신, 선화 3남 3녀를 두셨으며, 민순은 해남윤씨 필현 사이에 화자를, 재남 사이에 동주, 동렬, 동찬, 숙경 3남 1녀를 두셨다. 혁순은 광산김씨 용희 사이에 1남 4녀로 동일, 애숙, 이숙, 현숙, 인숙을 두셨다. 24세 동호는 해주오씨 진실 사이에 2남 3녀를 두었으니 경석, 경훈, 은경, 경희, 은혜이다. 동근은 진주강씨 옥수 사이에 승훈, 철승 2남을 두었다. 동주는 인동장씨 해연 사이에 정훈, 유진 1남 1녀를 두었으며, 동렬은 덕산유씨 정숙 사이에 창훈을 두었으며, 동찬은 순흥안씨 효진 사이에 영훈, 치훈 2남을 두었다. 화자는 평산신씨 동기 사이에 대환, 정원, 정희 1남 2녀를 두었다. 동일은 밀양박씨 미라 사이에 1남 1녀 유석, 유진을 두었다. 명자는 영천이씨 경호 사이에 2남 1녀 승현, 형선, 승희를 두었고, 명신은 진주강씨 성섭 사이에 지은, 재은 2녀를 두었다. 선화는 광주이씨 성래 사이에 1남 2녀 용욱,

정원, 주원을 두었다. 25세 경석은 진주정씨 소희 사이에 2남 1녀인 재성, 재호, 주연을 두었으며, 경훈은 청주한씨 희경 사이에 재준, 재영 2남을 두었다. 승훈은 상주박씨 보람 사이에 재웅을 두었다. 은경은 경주이씨 재갑 사이에 경주, 소은, 영은 3녀를 두었고, 경희는 충주지씨 정익 사이에 영광, 창대, 한나로 2남 1녀를 두었다. 정훈은 평산신씨 문영과 혼인하였다. 대환은 장수황씨 영선 사이에 재호, 성은 1남 1녀를 두었다. 정희는 전주이씨 지용 사이에 서현을 두었다. 선화의 장녀 정원은 청송심씨 법익 사이에 선우를 두었다.

이곳을 세거지로 삼은 이래 우리 문중이 인문학계 인재를 다수 배출했음은 선조의 음덕으로, 교은21세 종채22세 관순23세 세 윗분의 한 텃자리에서 다수의 박사와 국가훈공자가 대를 잇고 있다. 오갑림23세 관순의 배 명예교육학박사 대통령훈 표창, 동호24세 의학박사 봉황장, 동주24세 공학박사, 동근24세 의학박사, 이경호24세 명자의 배 홍조근정훈장, 김성섭24세 냉신의 배 보국훈상 삼일장·부공포장, 이성래24세 선화의 배 공학박사, 이경석25세 의학박사, 정소희경석의 배 의학박사 등으로 이곳 교촌 텃자리가 면학 정진하는 가풍의 진원지가 되고 있다.

조부祖父 비문

이종채李鍾采,1878~1941

성주이씨 문열공 21세손 교은과 장흥임씨 임현의 2남 3녀 중 장남으로 문덕면 용암리 교촌생기태마을에서 태어나셨다. 할아버지 형찬공 기룡의 상례喪禮를 6개월 동안 치르셨던 아버지의 효성을 본받으셨으며, 의약에 능하셨고 촌장으로서 마을 발전에 솔선하셨다. 파주염씨 홍석의 따님에게 장가드셨으나, 따님 한 분을 낳으시고 23세 과소한 춘추에 세연世緣을 마치셨다. 조부께서는 옥천조씨 원식의 따님과 재혼하셨다. 그 소생인 2남관순, 민순 1녀윤순의 아들딸과 자부 손자 증손자 중에 박사와 국가공훈자를 다수 배출하여 가내문중을 빛내고 국가와 지역사회 발전에 이바지하셨다. 1941년 세연을 마치시니 문덕면 용암리에 두 분 할머니와 함께 모셨다. 그 후 전라북도 완주군 해월리에 잠시 합장合葬하였다가 2013년 누대를 살아오셨던 교촌마을 뒷산 양지바르고 풍광이 수려한 곳에 새로 유택을 마련하였다. 내가

ㅎ의 장손으로 형제자매들의 권유에 따라 할아버지 행적을 대강 글에 올려 후손들에게 전하고자 한다.

2013년 11월

장손 동호 삼가 짓고

후손들 마음을 모아 세우다

부친·모친 비문

이관순李冠淳, 1910~1969 · 오갑림吳甲林, 1914~2003

아버지께서는 성주이씨 문열공파 23세손으로 종채의 2남 2녀 중 장남으로 용암리 교촌마을 본가에서 태어나셨다. 생전에 농업기술, 농업 행정가로 활약하시며, 보성군농회장을 역임하시는 등 전남 지역 농업 발전과 교육에 기여하셨다. 온화하시되 불의를 행하지 않으시는 성품으로 세속에 물들지 않으려 자신의 언행을 엄숙하게 지니셨다. 평소 말씀이 무거우시고 매사 근면하시어 눌언민행訥言敏行을 실천하셨다. 해주오씨 갑림을 배필로 맞아1936 3남동호·동량·동근 3녀명자·명신·선화를 두셨다. 어머니께서는 해주오씨 28세손으로 한의사이셨던 광숙과 천안전씨 호동의 둘째 따님으로, 강진군 성전면 영풍리에서 태어나셨다. 일본 유학을 하신 후 성주이씨 문열공파 가내문중 관순과 결혼하신 후 평생 교사로 봉직하셨다. 부군을 일찍 여의시어 온갖 어려움을 무릅쓴 채 홀로 5남매 양육에 힘써 박사, 교육자, 약사,

사업가 등 지역사회 양재良材로 기르셨다. 교육과 지역사회 발전에 이바지한 공로를 인정받아 명예교육학 박사학위를 받으셨으며, 국가공훈자 수훈과 지역단체로부터 많은 공로 표창을 받으셨다. 신혼 중에도 시댁인 가내마을 인재들을 보성읍내 자택에 거두어 교육시킴으로써 가내 가문의 발전에 이바지하셨다. 평생토록 무처삼매無處三昧 무시삼매無時三昧의 마음과 실천력으로 오로지 가족, 친척, 사회, 국가를 위해 헌신하시다 홀연히 세연世緣을 마치시니 자식들은 현현보살이신 어머니를 그리는 마음 금할 수 없다. 양위분을 완주군 소양면 해월리에 합장合葬으로 모셨다가 새로 마련한2013 문덕면 용암리 선산을 유택으로 정했다. 내가 맏이라 형제자매들의 권유로 부모님 행적의 대강을 돌에 적어 후손들에게 전하고자 한다.

2013년 11월

장남 동호 삼가 짓고

삼남 동근 삼가 세움

「[헌시]성주이씨 문열공파 가내문중 가호공 집안 텃자리를 지나며」

나그네 발길 머무는 훈향薰香

油然 이동희*

든 사람 흔적은 없어도
난 사람 자취는 있다 하였으니,
길고 깊게 난다 하였으니

이곳에 성난 비바람을 달래어 앉히고
이곳에 구름 낀 해와 별,
근심 잦은 달까지도 불러들이시어
사람의 텃자리를 풍요로 열으시고

해와 별의 이야기를 들려주신 분,
전해 주신 분이 뉘시었습니까
정녕 지수화풍 거느리신 분 뉘시었습니까

이동희 시인의 '나그네 발길 머무는 훈향' 시비

사람의 몸을 땅에서 일으키시고
사람의 숨을 물길로 이어 주시고
사람의 넋을 불길로 뜨겁게 하시고
사람의 혼을 바람으로 불러일으키시어

스스로에겐 한 몸으로 만년에
닿게 하여 사람 풍년을 거두시고
남들에겐 천만 몸으로
한 몸의 세상 풍년을 이르게 하시다니

교촌에 터를 닦으신, 꼭 그날
해와 별의 구름을 벗겨냈던 음덕으로
사람들판에 풍요의 학덕을 무성케 하시고

세상의 숲마다
교촌의 텃바람이 멀리 넓게 이르게 하시어
하나로 열을, 열이 백으로 천만으로 …

사람숲을 이룬 향그러운 바람결이
찾아오는 발길마다 놓입니다.

*이동희: 시인, 문학평론가, 문학박사, 전북문인협회장, 전북시인협회장, 표현문학회장, 전주대 사범대 겸임교수, 저서 『문학의 두 얼굴』 등 17권.

묵암 현공선사 탄신 121주년을 맞이하여

[獻詩] 스승님을 다시 뵈옵니다

油然 이동희

어언 저희를, 그냥
바람의 언덕에 남겨 두시고
홀연히 좌탈입망坐脫入亡하신 후로도,
그 훨씬 오래도록
남겨진 이승의 나루에서도
단 한 번도
스승님의 발걸음, 그 소리
잊은 적
그렇게 망연하게 잊지 않았습니다.

세상의 바람 거세고
눈보라 무섭게 설레발을 칠 때에도

묵암 현공선사 근영

무거워라, 가볍게 무거워야 하느니라
비바람 검게 몰려올 때도
밝아져라, 어둡게 환해야 하느니라
바람의 혼으로, 혹은
구름의 자유로
저희를 흔들어 깨우셨습니다.

언제나 건너가야 하는 물결 거센
은하의 냇가에서
또한, 천근의 무게를 지고

묵암 현공선사 탄신 122주년 기념식 | 2017.11.19

넘어야 하는 금강金剛, 그 경經의 높이
가르침의 산정에서도
무게를 이기려면, 자신 먼저 벗으라며
저희의 허물을 지우셨습니다.

이제, 어느 경의 대목인들
스승님의 빛이 없고서, 어찌
문맹을 깨우리까?
이제, 어느 밝음도 진정 밝지 못하고
이제, 어둠도 진정 어두울 수 없으니

다만 지울 수 없는 크신 품,
그 광야를 잇고자, 열고자 할
따름, 그런 용렬함으로 또 한 번
꾸짖음을 청하옵니다.

어떤 그림자는 불타는 시방세계의
등불도 되고,
어떤 신음소리는 시드는 짐승의
단말마가 되고자 할 때
그럴 때마다 찾아뵐 수 있어,
스승님 무릎 아래 무릎을 꿇을 수 있어
다만, 용기를 내어 볼 뿐입니다.

저희 곁에 나투신 지 어언
일백 스무 한 해를 맞았습니다.
저희가 지닌 맞지 않는 해시계를 거두시는
바로 그날까지
오늘처럼,
다시 뵙고, 또다시
뵈올 수 있어서 다만,
용기를 내어 차안此岸에서 뱃노래를
부를 수 있어, 감사할 따름입니다.

스승님!

일백 스무 한 해를 지나듯이

다가올 일백 스무 한 해를,

그렇게 다시 뵈올 뿐입니다.

2017년 11월 18일

渟村李公栽亮 遺筆 영구 보존에 관하여

이공께서 남기신 자료는 6·25전쟁으로 대부분 소실되었으나, 공께서 1940년에 친필로 작성하신 전면증서에는 이곳 보성 산소가 자손들이 크게 발복할 터라 명기하시어, 배우자이신 김종남 여사께서 피란길에도 전면증서만은 지니고 다니며 보존하셨습니다. 이러한 여사의 정성과 공의 유지가 담긴 친필 증서를 영구 보존하고자 하는 육 남매의 효심이 지극함에 이르렀습니다. 이들 육 남매는 현재 사업가, 고위직 공무원, 교육자, 해군 제독, 파일럿 등 사회 각 분야에서 국가 발전에 기여하고 있으며, 이들의 후손 중에서 더 많은 인재가 태어나 인류 평화의 일익을 담당할 것입니다. 공의 장남인 경호는 필자의 매제인데, 전면증서를 영구 보존해야 하는 내력을 적어 달라는 청이 있어 여기에 그 연유를 밝히는 바입니다.

2021년 5월

대한불교조계종 중앙신도회 고문

사단법인 대한태극권연맹 총재

月潭 이동호 근찬

「 능소凌宵 이어령 삼행시 」

(이 시는 2021년 12월부터 2022년 1월까지
병환 중에 있던 이어령 교수를 간호하는 마음으로
'응원꽃길 한마당 이어령 삼행시 이어 내리기'에 동참한 시임)

[처음 시]

이_ 이 세상 頭頭是道 한 세상 物物全眞
어_ 어엿이 온 세상을 頭頭物物 하시더니
령_ 영일은 어디에 두고, 종일 넘어 나투시다

[퇴고한 시]

이_ 이 세상 頭頭是道 한 누리 物物全眞
어_ 어엿이 온 세계를 頭頭物物 하시더니
령_ 영일은 어디에 두고, 종일 넘어 나투시다

*頭頭是道: 모든 됨됨이 하나하나가 모두 바른길이요,
*物物全眞: 모든 사물 하나하나가 모두 온전한 진리다.
*寧日: 아무 일이나 걱정 따위가 없이 편안한 날
*나투시다: 깨달음이나 믿음을 주기 위해 사람들에게 나타나다.

4부

지·성·의··파·동

－『禅文化』中에서－

견성 이후 보임 공부 통해 사무애事無碍 체득해야

글쓴이_고암(『禅文化』 편집위원)

선종 불이법문不二法門의 연원이라 할 수 있는 『유마경維摩經』을 보면, 부처님의 10대 제자는 물론 여러 보살들이 유마거사維摩居士와 문답하면서 쩔쩔매는 장면을 자주 볼 수 있다. 유마거사의 실존 여부를 떠나, 인도에서 이미 비구, 비구니, 우바새남신도, 우바이여신도가 동등한 사부대중으로 인정받고, 일부 거사들 가운데서는 탁월한 안목과 법력을 갖춘 인물들이 많았음을 엿볼 수 있는 대목이다. 이후 불교사에서도 유명한 거사가 종종 등장하는 것은 물론이다.

인도의 유마거사, 중국의 방거사龐居士, 한국의 부설거사浮雪居士가 3대 거사로 유명하다. 현대에도 백봉白峯 김기추金基秋(1908~1985) 거사를 비롯한 여러 거사들이 거사선居士禪의 진면목을 드러내고 있다. 유마거사의 자리이타自利利他: 타인을 이롭게 함으로써 자신을 이롭게 한다. 정신을 이어받아 오늘도 수행과 보살행에 매진하는 거사들을 만나 재가수행의 방향을 제시하고자 한다.

'중생이 아프므로 나도 아프다'는 대승의 메시지를 남긴 유마거사의 정신을 오롯이 이어 가고 있는 거사들. 우리 시대의 거사들 가운데 전주 이동호내과의원 원장으로서 아픈 이들을 치료하는 한편, 대한태극권협회 회장으로서 국민들의 심신 건강을 위해 촌음을 아끼는 월담月潭 이동호李東豪(68) 거사. 전북 전주시 완산구 경원동에 위치한 내과의원 원장실에서 만난 월담거사는 오랜 수행에서 우러나오는 선기禪機를 말 한마디, 행동 하나하나에서 그대로 드러내고 있었다. 병원 진료실과 태극권 수련실, 병원 내에 설립한 한국동양학연구원을 월담거사의 설명을 들으면서 차례차례 둘러보던 중 불교, 유교, 도교 등 동양학 관련 5만 권의 장서를 갖춘 연구원의 규모에는 입을 다물 수 없었다. 동국대 등 종립 대학 어디에서도 갖추지 못한 방대한 규모였다. 고려대장경·한글대장경·중국만속대장경·일본국역대장경·일본신수대장경·일본신참대장경·일본남전대장경·인도프라트리카대장경·티베트대장경북경판·티베트대장경 나사판·미얀마대장경·세이론 스리랑카대장경·베트남대장경·몽골대장경·캄보디아대장경·영국대장경·러시아장경 등 대장경은 세계 유일의 장서를 갖추고 있었다. 개인의 노력으로 이러한 도서관을 갖춘다는 것은 초인적인 노력이 아니면 불가능한 일로만 여겨졌다. 게다가 월담거사가 맡은 공식 직함만 해도 국민생활체육 전국무술연합회 회장, 인상학원·인상고등학교 이사장, 원각정사 선원장, 전북대 의과대학 외래교수, 한국차문화협회 전북지부 고문 등 10여 개가 넘는다. 진료 시간 틈틈이 인터뷰를 하는데도 대화가 한 치의 오차도 없이 이어졌다. 내방한 손님을 맞이하고, 전화 받고, 회의하고, 진료하는 그 바쁜 시간들이 무심으로 이어지면서도 활발하게 작용한다는 사실이 놀라웠다.

"이 많은 일을 어떻게 동시에 처리할 수 있는가"라는 질문에, "아무것도 한 것 같지 않다"는 월담거사의 말을 듣고서야 고개가 끄덕여졌다. 바쁜 가운데에서도 여유로움을 잃지 않는 '일 없이 한가한 도인'을 눈앞에서 목격한 셈이다.

19살 때, 아름다운 동네 누나를 짝사랑하면서 그 열병으로 도학에 관심을 갖게 됐다는 월담거사. 그는 기독교를 비롯한 다양한 종교와 서양철학을 탐구하다가 한계를 느꼈다. 비로소 불교와 인연을 맺은 것은 전남대 의대 본과 1학년에 재학 당시 광주 동광사東光寺에서 현공玄空 윤주일尹柱逸(1895~1969) 법사를 만나면서부터였다. 한용운, 백용성 스님의 감화를 받고 수행해 온 노법사의 탁월한 법문을 들으며 공부한 월담거사는 비로소 대신심, 대의심, 대분심이란 수행의 3요소를 갖추게 되었다고 한다.

"대신심大信心이란 무엇인가? 깨달음의 세계가 있다는 사실, 그것을 부처님과 역대 조사들이 얻었다는 믿음, 나도 깨달을 수 있다는 절대 확신을 말합니다. 대분심大憤心이란 불·보살은 항하사의 수처럼 많건만, 이대로 중생으로 죽으면 얼마나 억울한가. 망아妄我, 소아小我로 살다 죽어 간다면 미생물과 다를 게 뭐가 있는가? 이렇게 분한 마음을 내어 수행에 매진하겠다는 각오입니다. 대의심大疑心(의정)이란 무엇인가? 망상과 집착을 온통 태워 버리는 화두 의심이 들면 의정이 독

동남아장경을 관람하고 있는 이동호 | 세계 대장경 엑스포장에서

로되는데, 이렇게 되면 성성적적惺惺寂寂: 고요함과 깨어 있음이 함께 균형을 이루어 전개되는 것한 화두는 눈만 뜨면 저절로 들어서 있게 됩니다. 잠잘 때도 마찬가지인데, 깊이 잠든 가운데도 깨어 있게 되어 오매일여寤寐一如: 잠잘 때에도 깨어 있을 때처럼 수행의 자세를 유지해야 하는 경지가 저절로 됩니다."

월담거사는 당시 학교에서 시험을 볼 때도 의정이 사라지지 않았다고 한다. 깊은 마음이 화두 의심이라면, 옅은 마음은 시험을 풀고 있었다는 것이다. 그래서 화두가 잡혔을 때는 학교 갈 때 이마에 피가 마를 날이 없었다. 등하굣길에 전봇대나 장애물에 부딪히곤 했기 때문이다.

"이렇게 화두가 확실하게 들어서면 1주일이면 깨친다고 용성, 만공 스님은 말한 적이 있는데, 나도 이 말을 믿습니다. 늦어도 1~2달이면 해결이 된다고 보는 것이죠. 그런데 1년이 넘게 걸린다면 가능성은 거의 희박해진다고 봐요."

1958년 8월, 선정삼매禪定三昧: 어떤 수행에 몰두하고 있는 모습 또는 그 경지 중에서 결국 화두는 풀렸다. 어느 날 홀연히 화두가 풀리자 모든 의심이 사라졌다. 무엇이든 보고 들으면 곧 이해되었다. 삼라만상이 그와 부합한 것이다.

이때부터 월담거사는 제방의 선지식을 참방하기 시작했다. 전강, 구산, 고암, 혜안, 청담, 서옹, 성철, 월산, 송담, 청화, 묵담, 일타, 법전 스님 등 당대의 선사들을 뵙고 가르침을 받았다. 63년에는 순천불교선우회를 창립, 이듬해는 남원불교선우회를 창립해 지도했다. 67년에는 한국대학생불교단체 지도교수회를 창립·발기했으며, 75년에는 해인사 백련암으로 출가를 시도하기도 했다.

그러던 중 월담거사는 39세 때, 간경삼매看經三昧: 마음을 집중하는 동안 그것을 산란시키는 모든 것으로부터 멀리 떠나 있기 때문에, 감정은 고요한 상태에 있게 되는 것 중에 또 한 번 돈오頓悟체험을 하게 된다. 어떤 불자가 병원으로 『보조어록普照語錄』을 가져왔는데, 이전에 많이 본 책이지만 장정을 고급스럽게 꾸민 판본이라 다시 정독한 것. 책을 읽던 중 '성재하처性在何處 성재작용性在作用이니라'라는 대목에서 눈이 번쩍 뜨였다. '성품의 본체는 어느 곳에 있는가? 그 작용에 있다'는 뜻의 이 문구를 읽는 순간 머릿속의 의심과 번뇌가 모두 사라져 버리는 체험을 하였다. 그동안 은연중에 본체가 현실 밖, 일상생활 밖의 다른 세계에 있다고 생각했던 착각을 송두리째 부숴 버리는 문구가 아닐 수 없었다. 이 대목을 읽고 나서 모든 것을 놓을 수 있었다. 어떤 할 일이 생각나더라도 마음이 달려가지 않았다. 하는 것과 안 하는 것에 걸림이 없어졌다.

그러나 '도고마성道高魔盛: 도가 높아지면 덩달아서 마장도 높아진다'이라 했던가. 이 체험 후 하루 건너씩 곧 죽을 환자들이 병원에 들이닥치는 등 엄청난 마장魔障: 귀신이 가로막는다는 뜻으로, 일의 진행에 나타나는 뜻밖의 방해나 헤살을 이르는 말이 들이닥쳤다. 경계가 크게 닥쳐오자 마음 한구석에서 미세한 감정의 흐름이 일었다. 다시 1년이 흐르자 그 미세한 감정의 흐름이 좀 더 확대됐다. 마음의 균열이 더 벌어졌던 것이다.

심신수련법인 태극권으로 요익중생饒益衆生 나서

그때서야 그는 보임保任의 중요성을 깨닫게 됐다고 한다. 옛날 선지식들이 돈오한 후 20~30년 동안은 깊은 산속에 들어가서 보임해야 한다고 강조하던 배경에는 다 까닭이 있었던 것이다. 화엄에서 말하는 '사사무애事事無礙', 즉 일상생활에서 일을 처리할 때마다 일과 일 사이에 걸림이 없으면 보임이 제대로 된 것이고, 걸림이 있으면 안 된 것이다. 금강경에서 말하는 '응무소주 이생기심應無所住 而生其心: 머문 바 없이 마음을 내는 것'에 도달해야 한다는 것이다.

"운동할 때도 반드시 준비운동이 필요하듯이 수행에도 법에 맞는 예비단계가 필요합니다. 이를 따르지 않으면 수행 과정에서 가족이나 친구로부터의 인마人魔, 잠잘 때 들이닥치는 천마天魔를 이겨낼 힘이 약해집니다. 자칫하면 수행마저 포기할 수도 있죠. 수행의 단계가 깊어지면 하늘의 천녀라든지, 마왕으로부터의 유혹이나 공포가 들이닥칠 수도 있습니다. 팔상성도상八相成道相에 나오는 수하항마상樹下降魔相이 이것입니다. 외경에 무심한 공부가 깊어지게 되면 반드시 쾌락과 공포라는 시험단계가 나타나는데, 그런 경계에 빠지거나 두려움을 느낀다면 평상심이 되지 못한 것입니다."

58년 화두가 타파되며 법안法眼이 열린 것이 이치에 걸림이 없는 '이무애理無碍'에 해당된다면, 78년의 개오開悟는 사무애事無碍에 해당된다는 게 월담 거사의 견해다. 즉 육조 스님이 깨달은 '응무소주 이생기심應無所住 而生其心: 집착 없이 그 마음을 내어야 한다'의 도리에 계합되어, 일체의 사물에 걸림 없이 자연스럽게 응하게 되는 경지이다.

그렇다면 견성만 하면 무한한 우주의 자연현상과 소우주인 인체의 음양오행의 실체를 세세하게 알 수 있는가?

"견법성見法性, 견자성見自性하여 견성오도見性悟道함으로써 생사대사를 해탈해도 중생 삶 속의 지식과 지혜를 아는 것은 별개의 문제입니다. 심조만유心造萬有: 세계와 인간 등의 천지만유가 오직 마음에 의해서 허망하게 나타난 것임라 하지만, 현상계의 이치를 세밀하게 알기 위해서는 신통력과 같은 능력이 자연스럽게 구족되어야 합니다. 한국에서는 신통만 나오면 외도라고 치부하는데, 이는 잘못입니다. 그렇다면 부처님과 10대 제자가 외도라는 말이 되기 때문입니다. 서산, 사명 대사가 알게 모르게 신통을 닦은 것도 중생 제도를 위한 것입니다. 수행자가 견성한 후에도 보임 공부를 통해 사무애를 닦아 대도사가 되는 과정에 육신통을 갖추게 되고 비로소 부처님과 같은 일체지一切智가 증득되는 것입니다."

월담거사는 1990년대부터 태극권 보급에 나서, 불교계보다는 생활체육계에서 더 왕성한 활동을 하고 있다. 자칫 오해의 소지가 있는 예민한 문제를 물었다.

"태극권은 마음 밭을 갈아서 잡초를 없애는 데 도움이 됩니다. 그래서 서구에서는 워킹 메디테이션Walking Meditation: 행선, 무빙 메디테이션Moving Meditation: 동선이라고 부릅니다. 정신수양은 물론 오장육부를 조화롭게 하는 완전한 심신수련이지요."

월담거사의 태극권 보급은 요익중생饒益衆生을 위한 길이었다. 보시행을 통해 사무량심四無量心: 모든 중생에게 즐거움을 주고 괴로움과 미혹을 없애 주는 자(慈)·비(悲)·희(喜)·사(捨)의 네 가지 무량심을 닦아 사무애를 통해 해탈하는 길이기도 하다. 사람이 아프면 공부라는 것 자체에 다가설 수조차 없다. 감기만 걸려도 꼼짝 못 하는 게 사람이다. 병마에 대한 자연치유와 예방으로 수행의 길로 안내하려는 것이 월담거사의 뜻이었다. 거사의 말에 따르면 '낚시가 아닌 투망으로 고기를 잡는 방법'이라고나 할까. 준비된 수행자와 지도자가 부재한 오늘의 세태에서, 월담거사는 더욱 깊고 넓은 지혜로 남모르게 전법에 나서고 있었던 것이다.

–『방외지사』, 정신세계원(2006) 中에서 –

중생이 아프므로 나도 아픈 한국의 유마거사

글쓴이_조용헌(건국대학교 문화콘텐츠학과 석좌교수)

불교에는 거사居士라고 불리는 계층이 있다. 출가하지 않고 집에서 도를 닦는 사람을 말한다. 부정적으로 보면 중도 아니고 속도 아닌 계층의 거사지만, 긍정적으로 보면 양수겸장兩手兼將하는 노선이다. 양수겸장이란 쌍권총을 차는 일이요, 두 마리 토끼를 좇는 일과도 같다. 사바세계의 희로애락을 맛보고 겪으면서도 그 와중에서 고준한 정신세계를 향해서 끊임없이 갈고 닦는 일이 어디 쉬운 일이던가! 어지간한 근기根機가 아니고서는 끊임없는 딜레마에 지쳐 버릴 수 있다. 근기가 있다고 치더라도 전생에 쌓아 놓은 복이 없는 사람은 감히 시도할 수 없는 노선이 양수겹장의 노선이요, 거사의 길이라고 생각한다. 수도에 신경 쓰다 보면 돈이 없어서 고통 받기 쉽고, 돈 버는 일에 취미를 붙이다 보면 수도는 멀어지게 마련이다. 그야말로 복혜구족福慧具足(복과 지혜를 아울러 갖춤) 해야만 갈 수 있는 길이 거사의 길이 아닌가 싶다.

불교사에서 살펴보면 유명한 거사가 3명 등장한다. 인도에는 유마거사維摩居士가 있다. 바로 『유마경』의 주인공이다. "중생이 아프므로 나도 역시 아플 수밖에 없다"는 대승불교의 메시지를 남긴 인물이다. 중국에는 방거사龐居士가 있다. 당나라 때 활동한 인물로서 마조도일馬祖道一(709~788)의 법을 이었다고 전해진다.

한국에는 누가 있었는가. 신라시대 변산의 월명암月明庵에서 수도를 하였던 부설거사浮雪居士가 유명하다. 부설거사는 본인을 포함한 '패밀리 도통'으로 유명하다. 그의 부인인 묘화妙花 부인도 도통하였고, 아들인 등운登雲, 딸인 월명月明이 도통하였기 때문이다. 고려시대에는 이자현李資玄 거사가 유명하다. 고위 벼슬을 하다가 부인이 죽자 인생의 무상함을 느끼고 춘천의 청평사清平寺로 들어가서 『능엄경楞嚴經』의 이근원통耳根圓通: 소리에 집중하는 수행법을 깊이 연구하였다. 조선시대에는 추사 김정희를 꼽을 수 있다. 불교가 이단으로 몰리던 조선시대였고, 그는 외형적으로 명문 집안 태생의 유학자이었지만, 내면적으로는 불교에 심취하였음을 주목하여야 한다. 주머니에 항상 『금강경金剛經』을 휴대하고 다닐 정도였고, 초의선사를 비롯한 당대의 고승들과도 교류가 깊었다. 그래서 추사는 조선시대의 가장 유명한 거사의 반열에 들어간다. 이처럼 거사의 맥은 계속 이어지고 있다.

도통道通 의통醫通을 함께 추구하는 거사

근래에 거사의 맥을 이어 가고 있는 인물 가운데 한 사람이 월담月潭 이동호李東豪(1938년생)이다. 한국 불교계에서 알 만한 사람은 거의 그를 안다. 현재 그의 공식 직함은 내과의사. 전주 시내의 '이동호내과' 원장이 그의 직업이다. 하지만 그의 삶을 자세히 들여다보면 의사는 부업일 뿐이고, 도학道學에 대한 탐구가 그의 주업이라는 것을 곧 알 수 있다. 주도부의主道副醫라고나 할까. 우리 나이로 치면 올해 67세이다. 67세면 젊은 나이가 아니지만 그는 깔끔한 피부 색깔과 흐트러짐 없는 자세를 갖추었고, 군더더기 없는 화법을 구사한다. 처음 보는 사람은 50대 중반으로 볼 정도로 선풍도골仙風道骨의 풍모를 느끼게 한다. 전체적인 분위기가 정제되어 있다.

사람이 나이가 들면 나타나는 증상 가운데 하나가 자신도 모르게 말이 길어진다는 점이다. 용건만 간단하게 이야기하는 법이 적다. 압축을 못 하고 중언부언重言復言하는 경우가 많다. 상황 파악을 못 하고 있다는 증거이기도 하다. 월담거사는 이와 대조적이다. 오로지 묻는 말에만 대답한다. 상대가 알아들을 정도만 이야기하고 멈춘다. 상대에 맞게 이야기 길이를 조절한다는 것은 고도의 내공이 축적되지 않으면 불가능하다고 생각한다. 이야기 길이에 대한 조절은 하나의 미학이라고 해도 과언이 아니다. 목소리 톤도 일정하다. 자동차에 비유하면 항상 80km의 속도만 낸다고 느껴진다.

'주도부의'라고는 하지만, 그가 의업에 소홀히 한 것은 아니다. 전문의 자격증만 해도 여러 개다. 내과 전문의, 결핵과 전문의, 가정의학과 전문의, 심장내과분과 전문의, 소화기내시경분과 전문의, 방사성동의원소 특수취급자 면허도 가지고 있다. 현재 전북대학교 의과대학 내과 외래교수도 맡고 있다. 1975년도에는 경희대학교 동서의학연구소의 연구교수로서 '한의학으로 노벨상에 도전한다'는 프로젝트를 추진한 경력도 있다. 양방 의사였지만 일찍부터 한의학에도 깊은 연구가 있었던 것이다. 그렇지만 이 역시 부업일 뿐이고, 본인이 일생 동안 추구했던 목표는 도통道通이라고 말한다.

어떻게 하면 도통할 것인가? 그는 평생 동안 이 화두로부터 자유롭지 못하였다. 요즘 시대에 도통이라는 말을 들먹이면 왠지 전설의 고향 같은 분위기를 풍긴다. 그만큼 도를 통한다는 목표는 신화의 세계로 넘어가 버리는 것이기 때문이다. 그 까마득한 신화의 세계에 어울리는 주제인 도통을 가지고 60대 후반의 노거사老居士와 인터뷰를 한다고 생각하니 여러 가지 감회가 밀려온다. 이런 이야기는 설악산 어딘가의 바위동굴에서 솔잎차를 마주 놓고 해야 할 이야기지만, 시대가 시대인지라 우리는 전주시내 병원 1층에 있는 서재에서 만났다. 그곳은 태극권에 관한 수백 권의 각종 서적과 태극권 고수들의 시연 모습을 찍어 놓은 비디오테이프가 사방 벽을 가득 채운 태극권 룸이기도 하다.

Q 언제부터 도학에 대한 관심을 갖기 시작하였는가?

A 19살 때부터다. 내 고향은 전남 보성읍의 주봉리라고 하는 곳이

태극 검술 자세를 취하고 있는 이동호

다. 동네에 부잣집이 두 집 있었다. 위에 있는 기와집이 우리 집이었고, 아래 기와집이 최 부잣집이었다. 최 부잣집에는 얼굴이 아주 미인인 23세의 처녀가 있었는데, 중학교 교편을 잡고 있던 어머니의 제자이기도 했다. 나는 성장 과정에서 외롭게 자랐다. 아버지는 공무원이었고, 어머니는 교사로 맞벌이였다. 대부분 가정부 손에서 컸다. 형도 없고, 누나도 없고, 아래 동생은 10살의 차이가 났으므로 마땅히 이야기할 상대가 없이 자란 셈이다. 그러다 보니 아랫집 누나를 찾아가서 이런 이야기 저런 이야기를 하게 되면서 결과적으로 그 누나를 짝사랑하게 되었다. 더군다나 19살이면 사춘기 때다. 그때 전남의대 1학년에 입학하면서 광주에서 생활하게 되었는데, 마침 그 누나도 미용학원을 다니느라 거처가 내 하숙집과 가까운 곳이었다. 이렇게 왕래하면서 나는 점점 사랑에 빠지게 되었고, 나중에는 극심한 혼돈상태에 빠지게 되었다. 연상인 누나를 사랑한다고 할 수도 없었고 그렇다고 안 할 수도 없었다. 반쯤은 행복하고 반쯤은 고통이 혼합된 상태가 바로 혼돈상태이다. 놓을 수도 없고, 들 수도 없는 상황을 그때 경험했던 것 같다.

이때부터 철학에 관심을 갖게 되었다. 도대체 인간이란 무엇이란 말인가. 당시는 동양철학은 구경하기 힘들었고, 서양철학만 있을 때였다. 서양철학에 관심을 갖게 되었지만, 답을 구할 수는 없었다. 서양철학은 물음만 있지 해답은 없다는 사실을 깨달았을 뿐이다. 그다음에 찾아간 곳이 종교였다. 50년대 후반에는 기독교 교회가 많았다. 구약과 신약을 비롯한 성경에 천착하였고, 광주시내 교회 7~8군데를 섭렵했지만 해답을 구할 수 없었다. "나 이외의 우상을 숭배하지 말라"는 계율도 마음에 걸렸다. 나는 무엇이고 나 이외의 신은 무엇이란 말인가? 왜 하필 십계명 첫 번째에 이 말을 배치한 것인가? 등등의 의문만 들었다. 그러다가 본과 1년이 되었다. 당시 불교 사찰은 깊은 산속에만 있었지 도시에는 거의 없을 때였는데, 묘하게도 동광사東光寺라는 절이 광주시내에 있었다. 우연히 친구 따라서 동광사에 들를 기회가 있었다. 현공玄空 윤주일尹柱逸(1895~1969) 법사라는 분이 동광사에서 설법을 잘한다고 소문이 나 있었다.

처음 동광사에 가니 사람들이 법당 안에 가득 앉아 있었다. 자리가 없어서 문밖에까지 서 있었다. 가까스로 한쪽 귀퉁이에 자리를 잡고 법단에 서서 설법을 하는 현공 선생을 쳐다보게 되었다. 처음 보는 순간 내 머릿속에서 섬광 같은 빛이 번쩍하고 지나갔다. '아! 소설 속에 나오는 도인이 현실에 실재하는구나!' 하는 느낌이었다. 첫 대면에서 이분이야말로 나를 인도해 줄 선생님이라는 생각이 본능적으로 들었던 셈이다. 더구나 설법을 들어 보니 '얼음에 박 밀듯이' 철철철 나왔다. 머릿속이 다 시원하였다. 나는 무릎을 쳤다. 진짜 선생을 만난 것이다. 그동안에 내가 품고 있었던 문제들이 잘못된 문제 제기였음을 알게 되었다. 그다음부터 외과대학 수업이 끝나면 윤 선생님 댁을 찾아갔다. 학교 끝나면 무조건 갔다. 이렇게 해서 나는 21살에 스승을 만나게 되었다.

Q 잘못된 문제 제기였다는 말이 무슨 뜻인가? 문제 제기도 잘된 것이 있고, 잘못된 것이 있단 말인가?

A 불교에서 말하는 이야기는 무시무종無始無終이다. 시작도 없고 끝도 없다는 의미다. 이 말을 바꾸어 보면 시간도 없고 공간도 없다는 말이기도 하다. 나는 이 대목에서 내가 그동안 고통 받고 있던 문제들이 근원적으로 뒤집어졌다. 말하자면 이런 것이다. 시간도 공간도 없는데 나는 왜 고통을 받고 있는 것인가? 시공이 없는데 나의 고통은 왜 존재하는 것인가? 고통이 존재하려면 시공이라는 밑바탕이 있어야 할 것 아닌가? 이 부분에서 나는 강력한 의문을 품게 되었다. 그만큼 내면의 고통이 심했기 때문에 이러한 의문을 품게 되었던 것 같다. 만약 고통이 약했으면 의문도 없었다. 고통은 곧 존재 자체에 대한 의문으로 연결되었다. 이는 자연스럽게 '존재와 무'에 대한 의문으로 넘어갔다. 존재와 무를 불교의 『반야심경』 식으로 표현하면 색즉시공色卽是空, 공즉시색空卽是色이다. 본과 1학년 내내 나를 붙잡았던 의문은 색즉시공, 공즉시색이었다. 눈만 뜨면 자동적으로 이 의문이 떠올랐다. 길을 걸어갈 때에도 마찬가지였다. 그래서 몇 달간 이마에 피가 마를 날이 없었다.

이마에 피가 마르지 않았던 젊은 시절

Q 이마에 피가 마를 날이 없었다는 것은 무엇을 의미하는가?

A 길을 갈 때 전봇대에 부딪혀서 생긴 상처 때문이다. 화두를 품고 시내의 번잡한 거리를 걸어가다 보면 마주 오는 사람들과 부딪히게 마련이다. 사람들과 부딪히는 일을 피하려고 하다 보니 길옆으로 걸어다니게 되었다. 그런데 길옆에는 전봇대가 띄엄띄엄 있었다. 의문에 잠긴 채 걸어가다 보면 이마에서 번쩍하고 불이 나면서 부딪히는 일이 다반사였다. 그래서 이마에 피가 나곤 했다.

Q 그 기간이 대략 어느 정도 되었는가?

A 아마 6~7개월 정도 되지 않았나 싶다. 후일 해인사 백련암에서 성철선사를 뵙게 되었는데, 성철선사가 강조하신 말씀이 동정일여動靜一如, 오매일여寤寐一如, 몽중일여夢中一如다. 움직일 때나 고요할 때나 한결같이 화두가 잡히는 상태가 바로 동정일여이다. 오매일여는 깨어 있을 때나 삼매에 있을 때 한결같이 화두가 잡히는 상태, 몽중일여는 꿈속에서도 화두가 잡히는 상태인데, 그때 상태가 이와 유사하지 않았나 싶다.

Q 학교 시험 볼 때는 어떻게 하였나? 그때도 화두를 잡았는가?

A 물론 시험은 보았다. 내가 가진 에너지의 20%는 시험공부를 하는 데 썼고, 80%는 화두를 잡는 데 사용하였던 것 같다. 다행히 낙제는 하지 않았다.

Q 결국 화두는 풀렸는가?

A 어느 날 홀연히 풀렸다. 모든 의심이 사라졌다. 무엇이든지 보고 들으면 이해가 되었다. 삼라만상이 나하고 계합契合이 되었다.

Q 화두는 보통 어느 기간 정도 잡는 것인지 궁금하다. 1년을 잡고 있어야 하는가, 아니면 3년을 잡고 있어야 하는가, 아니면 평생을 잡아야 하는가?

A 백용성 스님에 의할 것 같으면 1주일에 끝낼 수 있다고 하였다. 제대로 화두가 잡히면 오래가지 않는다는 이야기이다. 말하자면 아주 상근기는 1주일에 생사대사生死大事를 끝내는 셈이다. 그 다음에는 3~6개월이 걸리는 사람이 있다. 화두가 길게 가면 1년 정도 가는 것으로 본다. 만약 1년이 넘어가도 풀리지 않으면 안 되는 것으로 보아야 한다.

Q 화두를 잡는 데에도 적당한 연령대가 있다고 보는가?

A 적당한 연령대가 있다. 호로몬 분비가 가장 왕성한 20대가 최적기이다. 혈기 왕성한 20대에 밀어붙이는 게 효과적이다. 불교는 20대에 돈오하지 못하면 깨달음을 얻기가 어렵다. 경허 스님, 내소사의 해안 스님, 그리고 현공 선생님도 20대에 한 경지를 본 사람들이다. 나이가 들면 에너지가 떨어지고, 에너지가 떨어지면 집중력이 떨어진다. 나이가 들수록 어렵다고 본다. 수행의 노선이 돈오점수頓悟漸修라고 볼 때 돈오頓悟체험은 20대에 하는 것이 좋고, 그다음에는 점수漸修에 들어가야 한다고 생각한다. 돈오했다고 해서 공

부가 모두 끝나는 것은 물론 아니다. 돈오는 이제 겨우 공부의 초입에 입학한 것이라고 보아야 한다.

월담거사는 화두가 풀리고 나서 출가하고 싶은 마음이 간절했다. 어느 날 현공 선생님이 일어로 된 책을 하나 주었는데, 거기에는 다음과 같은 문구가 적혀 있었고, 밑줄이 그어 있었다. 기은입무위棄恩入無爲 진실보은眞實報恩, "사소한 은혜를 버리고 무위로 들어가는 것이 진실로 큰 은혜에 보답하는 일이다"라는 뜻이다. 머리를 깎고 절에 가고 싶었다. 그러나 50년대 후반의 사회 상황은 혼란했다. 전남 지역에는 여순항쟁으로 많은 민간인들이 죽었던 후유증이 남아 있었고, 거기에다 6·25가 덮쳤다. 물질적으로도 궁핍한 시절이었다. 5남매 중에서 장남이었으므로 동생들을 보살필 책임도 있었다.

부모님은 아들이 의과대학을 졸업한 뒤에 의사면허증을 가지고 오기를 기대하였다. 부모님의 그 간절한 기대를 저버릴 수 없었다. 그래서 생각한 방법이 의대를 졸업한 후에 동양철학 대학원에 진학하는 일이었다. 당시 전남대학의 이을호 선생에게 찾아가 자초지종을 설명하였다. 의과대학을 졸업하였지만, 대학원은 동양철학을 하고 싶다고 …. 하지만 실패하였다. 이유는 학부와 대학원의 불일치였다. 동양철학 대학원에 들어오려면 학부도 동양철학을 했어야 한다는 이유였다. 나는 할 수 없이 의과대학 대학원에 갈 수밖에 없었고, 결국 심장학을 전공하게 되었다. 박사학위를 받으면 전남의대 교수자리로 가는 일이 예정되어 있었다.

박사 졸업을 앞둔 67년 4월, 전주 도립병원에 3개월 파견근무할 일이 있어서 전주에 왔는데, 마침 전주에는 광주 동광사에 계시던 현공 선생님이 와 계셨다. 전주 보문사에 주석하고 있었던 것이다. 잘되었다 싶어서 3개월 파견근무가 끝나고도 교수 자리가 기다리고 있는 전남의대로 돌아가지 않았다. 모교의 지도교수는 "왜 대학으로 오지 않느냐고" 화를 내면서 나무랐지만, 이때 월담거사는 평생 동안 현공 선생님을 모시고 불교 공부를 할 결심을 하였던 것이다. 그는 그렇게 인생의 방향을 정하였다.

좌탈입망의 진수를 보여 준 스승 현공

1969년, 그때 현공 선생은 75세로 2달여 동안 미질微疾을 앓고 있었다. 의사였던 월담은 매일 찾아가서 몸 상태도 체크하고, 각종 경전에 대한 이야기도 나누곤 하였다. 월담은 스승의 건강과 함께 임종이 걱정되기도 하였다. 수행을 많이 한 고수들은 죽을 때 한 수 보여주고 가는 법이다. 그 한 수라고 하는 것은 좌탈입망坐脫立亡이다. 앉은 채로 조용히 가는 법을 가리킨다. 평소에는 지극히 상식적인 이야기를 하지만 마지막 이승을 하직할 때는 주변 사람을 위해서 일종의 서비스를 해 주는 방식이 좌탈입망이라고 할 수 있다. "도라는 게 있다"는 메시지다. "너희들도 열심히 도를 닦아라! 하는 당부이기도 하다.

월담은 속으로 '우리 선생님도 마지막 가실 때는 좌탈입망을 하고 가셔야 할 텐데!' 하는 염려가 있었다. 그래야만 평소의 명성에 부합되는 죽음일 것이라고 생각하였다. 이런 말을 스승 면전에서 밖으로 내뱉을 수는 없었지만, 마음속에서 그런 염려를 가지고 어느 날 스승을 찾아뵈었는데, 현공은 그런 월담의 얼굴을 넌지시 쳐다보면서 "월담 너무 걱정 말게! 내가 그냥 가지는 않을 것이네!" 하는 것이 아닌가. 그 말을 듣는 순간 월담은 얼굴이 화끈거렸다. 선생님이 내 마음을 다 꿰뚫어 보고 계시는구나, 느껴졌기 때문이다.

겨울이었던 음력 11월 12일 저녁 무렵에 제자 7~8명이 함께 모여 전주 노송정사에 계시던 선생님을 찾아뵙고 있었다. 선생님은 누워 있는 상태에서 평소 제자들이 궁금하던 부분들에 대하여 일일이 답변해 주었다. 질문에 대한 답변이 거의 끝났다고 여겨질 무렵 현공은 제자들에게 "나를 일으켜라!"고 한 다음에, 방석에 좌선하는 자세로 단정하게 앉았다. 현공은 다시 제자들에게 "고성염불을 하거라!" 하고 당부하였다. 제자들은 선생님이 하라고 하니까 일제히 자리에 앉아서 나무아미타불을 큰 소리로 외쳤다. 월담이 옆에서 선생님 얼굴을 보니까 현공도 소리는 내지 않지만, 10번 동안 입술을 달싹달싹 움직이고 있었다. 속으로 염불을 하고 있었던 것이다. 10번의 염불이 끝나자 현공은 오른손을 들어 조용히 하라는 신호를 보냈다. 그때부터 현공과 제자들은 침묵 상태에서 좌선에 들어갔다. 1시간이 넘었어도 현공은 여전히 좌선하는 자세로 허리를 세우고 앉아 있었다.

직업이 의사였던 월담은 아무래도 예감이 이상하여 옆에 앉아 계신 스승의 얼굴을 힐끗 쳐다보았다. 하지만 스승은 여전히 눈을 반쯤 뜬 상태로 좌선에 몰두해 계신 모습처럼 보였다. 내과 과장으로서 수많은 시체를 진단하고 감식해 본 경험이 있는 월담은 아무래도 이상한 예감이 들어서 좌선하고 있는 스승의 옆으로 가서 맥을 짚어 보았다. 조용히 맥을 짚어 보았지만, 자신의 맥이 뛰고 있는 것인지 스승의 맥이 뛰고 있는 것인지를 분간할 수 없었다. 맥을 짚어서는 스승이 돌아가셨는지를 판단할 수 없었던 것이다. 그 와중에도 '스승님이 좌선을 하고 계시는데, 제자가 불경스럽게 몸을 더듬는 게 아닌가?' 하는 염려가 있었다. 이번에는 더욱 용기를 내서 현공의 앞가슴 속으로 손을 넣어 보았다. 심장 박동이 어떻게 되고 있는가. 이번에도 역시 나의 심장맥이 뛰고 있는 것인지, 스승의 심장맥이 뛰고 있는 것인지를 분간할 수 없었다. '의사인 내가 분간할 수 없다니 참 이상하다!'는 느낌이 들었음은 물론이다. 옷깃에서 솜털을 빼내어 선생의 코앞에 대 보기도 하였다. 호흡하면 솜털이 흔들린다. 이 방법 역시 실패. 그러한 와중에서도 현공은 눈을 반쯤 뜬 상태로 여전히 방석에 앉아 있었다. 월담은 마지막으로 부엌에 들어가 손전등을 가져왔다. 손전등을 눈에다 비추어 보기 위해서였다. 불빛을 산 사람의 동공에 비추면 반드시 반응이 있기 때문이다. 생사를 구분하는 가장 확실한 방법 중의 하나였다. 손전등을 눈에 비추어 보니까 동공이 확대되어 있는 것이 아닌가. 동공의 반응이 없었다. 이미 앉은 채로 돌아가셨던 것이다. 좌탈입망의 전형을 보여 주고 가신 것이다.

현공은 평소에 "내가 죽은 뒤에 사리가 나오면 부도를 만들지 말고 흩어 버려라"라고 유언하였다. 화장해 보니 사리 23과가 나왔지만, 유언대로 그 사리를 전주천에 버렸다고 한다.

참고로 현공 윤주일 법사는 전남 강진에서 태어나 서울 중앙학교에 다니다가, 어느 날 인사동의 범어사 포교당에서 용성 스님의 설법을 듣고 불교 신자가 되었다. 1914년 일본에 건너가 대정大正대학에서 불교학을 수학하고, 1916년 서울 대각사에서 용성 스님에게 출가하였다. 그뒤로 금강산 유점사에서 2년간 눕지 않고 용맹정진하였으며, 항일운동과 불교 대중화 사업에 힘썼다. 1925년부터는 평양에서 우리나라 최초의 정신박약아 시설인 자생원과 고아원 원장을 맡는가 하면 명성학교도 설립하여 교장을 지내기도 하였다.

해방 후에는 박한영 스님과 같이 역경원, 선학원에서 불교 경전 번역과 강의에 힘썼다. 1952년부터 광주에서 포교하였으며 1967년에는 전주로 옮겼다. 특히 금강산 유점사에서 『반야심경』의 완전 한글 번역과 함께 해설서를 낸 학승이기도 하다. 해방 이후에 불경을 한글로 완역한 경우는 최초라고 한다. 저술로 『불교대성전』, 『불교입교문답』, 『불교강연집』을 남겼다.

Q 의사로서 좌탈입망을 어떻게 보는가?

A 가장 바람직한 죽음이라고 본다. 의학의 발달로 앞으로 평균수명이 90세에 접어드는 시대에 살게 된다. 문제는 수명은 늘어도 몸은 병든 상태라는 데에 있다. 병든 몸으로 오래 사는 것은 의미가

없다. 병 없이 살다가 건강하게 가는 것이 중요하다. 인간은 태어날 때 부모로부터 받은 기운이라는 것이 있다. 이때 받은 기氣가 소진되면 죽는 것이다. 소진되기 전에는 건강하게 살고 갑자기 기가 다운될 때는 목욕재계하고 시름시름 2~3일을 앓다가 가는 것이 이상적이다. 그러면 본인도 편하고 가족도 편하다. 나는 의사로서 요즘 이 운동을 전개하고 있다.

돈오체험 후 보림의 중요성을 깨닫다

월담거사는 39세 때 또 한 번 돈오체험을 하게 된다. 어떤 불교 신도가 병원으로 『보조어록普照語錄』을 가지고 왔다. 이전에 많이 보던 책이지만, 장정을 고급스럽게 꾸민 판본이라 다시 정독하게 되었다. 책을 읽던 중 '성재하처性在何處오, 성재작용性在作用이라'는 대목에서 번갯불이 튀었다. 이 문구를 읽는 순간 머릿속의 의심과 번뇌가 모두 사라져 버리는 종교체험을 하였다. "성품의 본체가 어디 있는가, 알고 보면 그 본체는 작용에 있다"는 뜻이다. 마음의 본체를 따로 찾으려고 하지 말고, 일상생활의 사소한 일들과 번뇌망상 속에 본체가 있다는 말이었다. 그동안 본체가 현실 밖, 일상생활 밖의 다른 세계에 있다는 생각을 은연중에 하고 있었는데, 그 착각을 송두리째 부숴 버리는 문구였던 것이다.

이 대목을 읽은 후부터는 모든 것을 놓을 수 있었다. 어떤 할 일이 생각나더라도 마음이 달려가지 않았다. 하는 것과 안 하는 것에 걸림이 없어졌다. 그러나 도고마성道高魔盛: 도가 높아지면 덩달아서 마귀도 높아진다.이라 하였던가! 이 체험이 있은 후부터 이상하게도 병원에 곧 죽어가는 환자들이 하루건너 계속 들이닥쳤다. 병원 문 앞에까지 왔다가 죽는 환자가 발생하는가 하면, 대기실에서 기다리다가 죽기도 하였다. 한 달 사이에 10여 구의 시체를 처리하게 되었던 것이다. 그 과정에서 죽은 사람의 가족들이 병원에 찾아와 울고불고 난리를 피웠다. "의사가 잘못해서 죽었다. 왜 빨리 대학병원에 데리고 가지 않았느냐" 등등의 시비가 벌어졌다. 그래도 당시는 무심하게 지나쳤다. 그러나 연속적으로 시체가 들이닥치고 시비가 이어지니까 마음 한구석에서 미세한 감정의 흐름이 스쳐 가는 느낌을 받았다. 있다 할 수도 없고, 없다 할 수도 없는 그런 아주 작은 감정이었다. 이후로 다시 1년이 더 흐르니까 그 미세했던 감정의 흐름이 좀 더 확대되었다. 마음의 균열이 더 벌어졌던 것이다.

월담은 그때서야 보림의 중요성을 깨닫게 되었다. 옛날 선지식들이 돈오한 후에 반드시 20~30년 동안 깊은 산속에 들어가서 보림을 해야 한다고 강조했던 배경에는 다 까닭이 있었던 것이다. 마魔가 들이닥치기 때문이었다. 보림이란 새싹이 돋아난 상태의 깨달음을 굳건하게 다지는 보강 과정이다. 밥이 끓은 이후에 뜸을 들이는 것과도 같다. 되돌아보니까 병원에 들이닥친 10여 구의 시체도 일종의 마였던 것이다. 돈오頓悟한 후에 점수漸修가 되어야 한다. 점수가 되었는가 안 되었는가의 판단 기준은 화엄에서 말하는 '사사무애事事無礙'이다. 즉 일상생활에서 일을 처리할 때마다 일과 일 사이에서 걸림이 없으면 점수가 제대로 된 것이고, 걸림이 있으면 사사무애가 안 된 것이다. 결과적으로 점수가 안 되었다는 말이다. 점수가 되려면 보림이 필요하다. 사사무애를 좀 더 자세하게 정의한다면 금강경에서 말하는 응무소주 이생기심應無所住 而生其心: 상황에 응하면서도 집착하는 마음이 없음이 되어야 한다. 『보조어록』을 읽고 난 후에 곧바로 보림에 들어갔어야 했다는 후회가 들면서, 전국의 선지식들을 본격적으로 찾아가 보아야겠다는 생각이 들었다. 고승들은 어떻게 보림을 하였는지를 알고 싶었던 것이다. 어디든지 도인이 계시다면 병원 문을 닫고서라도 달려가곤 하였다. 불교계의 고승은 물론, 불교 밖의 도인들이라도 도가 수승한 사람이라고 하면 가리지 않고 만나 보았다. 그래서 그는 기의 수련을 중시하는 도교 쪽의 인물들도 많이 알고 있다. 월담이 불교계의 고승들을 만났던 경험들을 간추려 보면 다음과 같다.

이동호 원장이 만난 당대의 선지식

전강田岡 스님1898~1975

전강은 근대 한국 불교계에서 지혜 제일로 소문난 고승이다. 선문답에 있어 전광석화電光石火 같은 지혜를 보여 주었기 때문이다. 그는 전남 곡성의 태안사 들어가는 냇물의 돌다리를 건너가다가, 물을 보는 순간 깨달음을 얻었다고 전해진다. 한때는 지나치게 화두참구

앞 줄 좌측부터 법안 김민영, 이동호, 장수진 보살, 묵암 현공대법사, 백양사 조실 박장조 대종사, 광주 관음사 주지 한상인 스님

話頭參究에 골몰하다가 상기병을 얻어서 피가 거꾸로 솟구치는 증상으로 고생하기도 했는데, 부산의 어느 한의사를 만나 상기된 기운을 하단전으로 내리는 방법을 듣고 몸을 치료했다는 이야기도 인구에 회자되고 있다. 지금도 선방禪房 수좌首座들 사이에서는 번갯불 같은 선기禪機를 지녔던 전설적인 선승으로 이야기된다. 현재 인천 용화사에 주석하는 송담松潭 스님이 법을 받은 수제자로 알려져 있다. 월담 거사가 전강선사를 만났던 시기는 1960년 무렵이다. 광주 동광사에 계신 현공 스님을 만나러 전국의 고승들이 많이 방문하곤 하였는데, 그 인연으로 동광사에서 기라성 같은 고승들을 만날 수 있었다.

전강은 우선 생김새부터가 특이하였다. 두꺼비 얼굴에다가 바윗덩어리를 합쳐 놓은 모습이었다. 마치 두꺼비가 천 년 만 년 앉아 있는 모습, 즉 부처님 돌아가신 후에 가섭존자가 부처님 가사를 가지고 3천 년 동안 계족산에 앉아 있는 부동의 모습을 연상하게 한다. 키는 그리 크지 않았지만 통통한 몸이었고, 눈꺼풀이 길게 쳐져 있어서 눈을 내리면 마치 감겨 있는 것처럼 보였다. 한번 자리에 앉으면 집채만 한 바윗덩어리가 앉아 있는 것처럼 육중한 분위기를 풍겼다. 거기에서 나오는 카리스마로 한순간에 좌중을 압도하였음은 물론이다. 특이하게도 주장자와 함께 인도네시아 사람들이 쓰고 다니는 것과 비슷한 모자를 항상 쓰고 다녔다.

전강의 설법을 듣다 보면 깊은 바닷속에 있는 느낌을 준다. 잔잔하고 느리면서 나지막한 저음으로 골수를 파고드는 설법을 한다. 참선에서 나오는 에너지 파동이 청중들에게 영향을 주는 탓이다. 그 저주파에 쏘인 사람은 자기도 모르게 해저에 앉아 있는 마음 상태가 된다. 사람을 바다 밑에 넣어 마음을 착 가라앉게 만든다. 설법 내용의 요지는 무상에 관한 내용이었다. 인생이 잠깐이니까 어서 빨리 도 닦아야 한다는…….

구산九山 스님1909~1983

27세에 폐병이 걸려 거의 죽을 지경에 갔는데, 천수주를 외우면 병이 낫는다는 말을 듣고 지리산 영원사에서 1백 일 동안 천수기도를 하고 병이 나은 뒤에 출가하였다. 70~80년대 초반까지 순천 송광사에 많은 외국인 승려들이 선을 배우기 위해 머물렀는데, 그 주된 이유가 구산의 가르침을 받기 위해서였다. 법정 스님의 사형이 구산 스님이다. 두 사람 모두 효봉의 제자인 것이다. 월담이 만나 본 바에 의하면 구산은 소탈한 것이 특징이었다. 마치 초등학교 선생님 뵙는 것과 같은 편안함을 주었다. 고승이라는 위세가 전혀 없었다. 무엇이든지 물어보면 그 질문이 아무리 하찮더라도 성실하게 답변해 주었다. 이해가 가도록 현대적으로, 그리고 쉽게 설명하는 스타일이었다. 주된 설법 내용은 칠바라밀七波羅蜜의 실천이었다. 월요일에서 일요일까지 보시, 지계, 인욕, 정진, 선정, 지혜, 만행을 한 가지씩 실천하라는 것이 칠바라밀이다.

고암古庵 스님1899~1988

1967년부터 시작해서 70년대 후반까지 조계종 종정을 지냈다. 고암은 오대산 월정사 조실에 주로 머물렀는데, 어느 날 서울 정릉의 삼정사에서 만났다. 1994년, 월담은 삼정사에서 고암과 하룻밤을 같이 자면서 허심탄회하게 이것저것 물어봤다. 그는 의사였으므로 나이 드신 노장 스님들의 건강검진도 자주 하는 편이라서 마음 편하게 이야기를 주고받을 수 있었다. 그때 이런 문답이 오고갔다.

"스님! 사람이 늙으면 욕심이 없어질 것이고, 미래에 뭘 하려는 것도 없고, 성가시게 하는 사람도 없고, 하루 두 끼 밥 먹는 일밖에 없지 않습니까? 이렇게 되면 탐진치 번뇌망상이 자연히 사라지게 되고, 공부가 순일하게 되지 않겠습니까?"

조계종 종정 윤고암 대선사와 장수진 보살 | 완산 정혜사에서

"아니네! 나이 먹어서 힘이 없어지면 정진이 안 되는 것이네! 공부는 힘 있을 때 몰아붙여야 하는 것이네!"

묵담默潭 스님1896~1981

묵담은 율사律師로 유명하다. 율사는 계율을 제일 중시한다. 계율을 제대로 지키면 수행이 저절로 된다고 보는 입장이다. 묵담은 승려들을 대할 때와 재가신도를 대할 때가 하늘과 땅처럼 달랐다. 승려들에게는 그야말로 호랑이처럼 엄격했다. 약간의 실수를 해도 때와 장소를 가리지 않고 "네놈이 중이냐?"고 호령하곤 했다. 그러나 재가신도를 대할 때에는 자애로운 할아버지처럼 부드러웠다. 봄바람과 같았다.

어느 날 월담은 부인과 함께 묵담을 만났다. 부인이 옆에 있는데도 불구하고 묵담은 단도직입적으로 말을 꺼냈다.

"자네 출가하소. 내가 2년 안에 견성오도 시켜 줌세. 내가 보증하네. 만약 지금 당장 출가를 못 할 것 같으면 말년에라도 출가해서 그 상태로 세상을 떠야 하네."

묵담은 보살계를 줄 때, 반드시 1주일 동안의 엄격한 계율 엄수를 지키게 하고 난 뒤에 주었다. 월담도 보살계를 받을 때 1주일 동안 병원문을 닫고 전주 완산동 관음선원에서 용맹정진하였다. 1주일 동

성우 국묵담 대율사와 이동호 | 전북도립전주병원에서

월담 이동호에게 출가를 권유하는 묵담 성우 대율사 | 완산 관음선원 조실방에서

안 목욕재계하고 교과서대로 고행했다. 1주일을 원칙대로 따르자, 묵담은 당신이 입고 있던 가사장삼, 염주, 불자를 그 자리에서 벗어 월담에게 넘겨주었다고 한다.

해안海眼 스님1901~1974

1917년 장성 백양사에서 스승인 백학명白鶴鳴, 1867~1929 선사로부터 "은산철벽銀山鐵壁을 뚫어라"라는 화두를 받고 일주일 동안 불철주야 정진한 스님이다. 그리고 일주일 만에 은산철벽을 뚫어 버린 청년이 바로 해안이다. 주로 변산의 내소사來蘇寺에서 머물렀다. 해안을 추종하던 출가 재가제자들의 모임인 전등회傳燈會는 70년대에 전국적으로 알려졌던 모임이었다. 전등회는 지금도 이어지고 있다.

전주에서 남양당 한약방을 운영하던 청산거사도 그 제자 가운데 한 명이다. 월담의 기억에 의하면 해안 본인은 대선사의 위의를 갖추고 있었지만, 대인 접촉 방법은 아주 따뜻하였다. 부처님이 제자

서래선림 해안 김봉수 대선사

들에게 대하던 방법이 아니었을까 할 정도로 친절하였다. 감성이 풍부하여 한시로 자신의 감정을 곧잘 표현하였다. 휴머니스트라는 인상을 받았고 월담에게 동산冬山이라는 호를 내리기도 했다.

명봉明峰 스님

전북 진안, 전주 일대의 대강백大講伯이었던 명봉은 말년에 전주 덕진의 자그마한 암자에 거처하고 있었다. 몸이 아프다고 해서 월담이 가 보니까 복수가 가득 차서 배가 만삭의 임산부처럼 불러 있었다. 배가 하도 불러서 옆으로 눕지도 못하는 고통스러운 상태임에도 불구하고 얼굴은 달덩이처럼 밝았다.

마치 어머니 젖을 배불리 먹은 어린아이처럼 입에는 항상 만족스러운 미소를 머금고 있었다. 손발은 바짝 여위었으나 그 상태에서도 월담이 불교 교리에 대하여 질문하면 팔만대장경을 인용하여 자유자재로 설명했다. 돌아가시기 일주일 전까지도 기억력이 말짱했는데, 근본 체험을 한 사람은 아무리 고통이 와도 웃을 수 있는 여유를 보여 준다는 사실을 깨닫게 해 주었다.

월산月山 스님

불국사 불국선원의 조실로 계셨는데 1년에 한 번씩 10년 동안 빠지지 않고 전주 이동호내과를 방문했다. 벼가 익는 가을쯤에 주로 오셨는데 월담에게 무공無空이라는 호를 줬다. 오시면 2~3시간 2층 서재에서 월담의 공부 상태를 점검했고, 돌아가서는 친필로 적은 편지

불국선원 조실 성림당 월산대선사와 이동호 | 불국사에서

를 꼭 보냈다. 월담이 불국사에 가면 조사어록, 전등록, 선문염송 등에 나오는 선구禪句를 인용하여 자극을 주려고 노력하였고 헤어질 무렵이면 꼭 자동차 기름값이나 하라면서 20~30만 원이 든 봉투를 월담에게 건네줬다. 의사인 월담이 용돈 하시라고 봉투를 드리는 게 아니라 오히려 스님에게 봉투를 받아 가지고 오는 형국이었다.

스님은 인물이 뛰어났다. 어느 날 월담이 월산을 모시고 토함산을 올라가는데, 주장자를 짚은 그 모습을 보며 500년 전 무학대사를 모시고 가는 느낌을 받았다. 스님은 월담에게 "무공 좌선만 하지 말고 행선도 좀 하게!"라는 충고를 했다. 이는 몸의 단련도 중요하다는 암시이기도 했다. 당시에는 불국선원 불상 뒤의 배경에 탱화는 없었고,

음양을 상징하는 흑백의 그림이 있었는데, 언젠가 월담에게 보낸 편지에 아무 글자도 없는 대신 동그라미 두 개로 음양을 표시한 그림만을 그려서 보낸 적도 있다.

성철性徹 스님1912~1993

월담이 41세였던 1975년 1월, 눈 오는 겨울에 월담이 출가를 하려고 옷 보따리를 싸 가지고 해인사 백련암에 찾아간 적이 있다. 성철 스님을 친견하기 위해서는 규율대로 삼천배를 해야만 하였다. 당시 허리디스크로 고생하고 있던 월담은 무리를 해서라도 삼천배를 해야만 했다. 10시간이 넘는 시간 동안 삼천배를 하느라고 대밭에 쌓여 있던 눈을 다 먹어 치웠다. 목이 말라서 소금물 대신에 눈을 집어 먹었던 것이다. 그러고 나서 성철선사를 직접 뵈니 마치 호랑이처럼 이글거리는 눈을 가지고 있었다.

대나무 의자에 앉아서 월담을 제접提接하였는데, 안광에서 파란빛이 튀었다. 산중의 호랑이 눈빛이었다. 그런 호랑이 눈빛을 가진 사람이 질의응답에는 자상하였다. 깨달음을 얻기 위해서는 동정일여動靜一如, 오매일여寤寐一如, 몽중일여夢中一如가 반드시 되어야 한다는 사실을 강조했다. 그러고 나서 한 걸음 더 나가면 깨달음을 얻는 것이다.

"3가지 일여가 되지 못하면 못 깨친다. 3가지 일여에 도달하지 못하고 깨쳤다고 말하면 내가 화로를 그 사람의 얼굴에 던져 버릴 것이다. 견성오도見性悟道를 못 하고서는 다시는 나를 찾지 말고 오지도 마라. 견성하지 못하고 견성한 것으로 착각해서 나를 찾아오면 문밖에서 아니까 절대로 오지 마라." 이처럼 성철은 월담에게 철저하게 다짐을 받았다. 사자가 날카로운 이빨과 발톱으로 강하게 물었다가 놓는 느낌이었다. 헤어질 때 인사를 드리고 백련암을 내려오면서 고개를 돌려 뒤를 보니까 그때까지 성철선사가 방문과 바깥문을 모두 열어젖힌 채로 산길을 내려가는 월담을 바라보고 있었다. 지나고 보니까 깨달음의 세계에서 최고의 자비를 베풀었던 것이다.

청화淸華 스님1924~2003

80년대 초반 남원 실상사 근처의 백장암에 머무를 때 처음 만났다. 어느 날 청화 스님이 펴낸 『금강심론金剛心論』을 읽어 보고 충격을 받았다. 이 책은 청화가 자신의 스승인 금타화상金陀和尙의 유고를 정리하여 펴낸 것이다. 여기에 보면 불교의 구사론俱舍論에서 이야기하는 우주론이 펼쳐져 있다. 구사론적 우주관은 미립자의 세계를 본 사람만이 할 수 있는 이야기이다. 미립자의 세계를 본 사람은 대우주를 이야기할 수 있다. 왜냐하면 소우주와 대우주, 즉 극미세계와 극대세계는 서로 상응한다고 보기 때문이다. 그런데 미립자의 세계를 보려면 성명쌍수性命雙修의 체험이 없으면 불가능하다. 그런데 어떻게 이런 내용이 여기에 밝혀져 있단 말인가 하고 충격을 받았다.

『금강심론』을 완독하자마자 청화 스님을 만나야겠다는 생각이 들었다. 병원 업무가 끝나자마자 지프차를 타고 비포장길을 달려 지리산 속의 백장암 밑에까지 도착하니까 달도 없는 가을의 깜깜한 밤중이었다. 무턱대고 급경사의 산길을 올라가서 문을 두드리고 인사를

좌측부터 남원군수 권형신, 청화대선사, 이동호 | 실상사 백장암에서

하니까 반갑게 맞이하였다. 야닌 밤중에 홍두깨 격으로 처음 만남을 가졌던 것이다. 그때 청화 옆에는 모시고 있던 시자 스님 2명이 함께 있었다. 수인사를 끝내고 나니까, 청화는 옆에 있던 제자 2명에게 "자네들은 좀 나가 있게" 하고 지시를 내렸다. 밤중에 전주에 사는 유명한 거사가 『금강심론』을 읽고 야닌 밤중에 찾아온 상황은 예사 상황이 아니었음을 짐작했던 것이다. 월담은 조심스럽게 『금강심론』의 한 구절을 꺼내서 물어보았다. 청화 스님의 답변이 있었고, 다시 물어보고 답변하고 하다 보니까 새벽 3~4시가 되었다. 청화 스님은 훗날 시자에게 "용이 개천에 있다"는 코멘트를 했다고 한다.

고관절이 풀리면 허리를 단련해야 한다

Q 수행은 어떻게 해야 하는 것인가?

A 우선 마음과 육체가 건강해야 한다. 최적의 컨디션에서 최상의 수행을 할 수 있다. 몸을 소중히 해야 한다. 몸을 여는 열쇠는 마음에 있고, 마음을 여는 열쇠는 몸에도 있다. 육체를 다루는 의사의 입장에서 볼 때 인간 몸은 무한한 가능성이 있다. 인간 의식을 무한하게 확장하는 것이 가능하다는 말이다. 그러므로 인체 그 자체는 요술방망이와 같다. 몸을 먼저 닦는 것이 그만큼 소중하다. 대근기는 마음을 먼저 닦아 버리면 몸이 따라오지만, 대부분의 사람들은 몸을 먼저 닦으면 마음이 닦아지는 코스를 따라야 한다고 본다. 몸이 아프면 수도를 못 한다. 그렇다고 몸에만 집착하면 마음이 열리지 않는다. 몸과 마음을 모두 닦는 것이 바로 성명쌍수性命雙修이다.

Q 수행에 들어가는 기본 조건이나 점차적인 과정에 대해서 설명해 달라.

A 기본은 마음이 선해야 한다. 선하다는 것은 자비심이 있어야 한다는 것을 의미한다. 공부 과정에서는 필요 없지만, 초창기의 기본 토대, 즉 펀더멘탈Pundamental은 자비심이다. 자비심이 충만하면 이것이 깨달음의 에너지로 전환된다. 이 자비심을 보충하기 위해서 기도가 필요하다. 선천적으로 자비심이 있어야 하고 부족하면 기도와 서원으로 보충해야 한다. 그다음에는 정공부에 들어가야

하는데, 그러기 위해서는 최소한 4~5시간의 좌선 상태를 유지해야 한다. 보통 다리가 저리지만 고관절이 열리면 다리가 저리지 않는다. 처음에 2시간을 넘기면 4~5시간을 견딜 수 있다. 2시간에 이르는 과정에서 고통이 온다. 이 고통을 참을 수 있는가의 여부가 그 사람이 수도할 수 있는가의 여부이다.

고관절이 풀리면 그다음에는 허리를 단련해야 한다. 장시간 앉아 있으려면 허리가 굽어지는 문제가 발생한다. 척추를 받치는 근육을 풀어 주어야 한다. 척추 근육을 풀어 주는 동작이 뒤로 굽히는 후굴과 전후좌우의 회전운동이다. 음식은 소식해야 하고, 사상체질에 맞는 음식을 섭취하는 것이 좋다. 되도록 육식을 적게 섭취해야 한다. 수도를 하는 장소, 즉 토굴터는 중음신이 많은 곳을 피하는 게 좋다. 전쟁터, 물가, 고압선이 지나는 곳, 사람들이 많이 모이는 곳, 수맥이 흐르는 곳, 습기가 많은 곳, 너무 나무가 우거져 있어서 햇볕이 들지 않는 곳도 피하는 것이 좋다.

월담거사의 충고에 의하면 초보자들이 우선 몸을 단련하기 위해서는 태극권이 좋다고 한다. 도교의 팔만대장경이라 할 수 있는 도장정화道藏精華를 펼쳐 보다가 108가지 동작을 눈여겨보게 되었다. 이 108가지 동작은 중국 무당산武當山의 장삼봉張三丰 진인에게서 비롯되었다. 공격적 운동법이 아니라 방어수단 방법이다. 수도인들에게 내공을 증강시키는 방법이다. 한국의 살풀이춤처럼 아주 유연하다.

태극권을 환자들에게 시켜 보니까 호흡기가 강화되어서 감기가 없어지고, 항상 내장이 뜨겁게 유지되었다. 수영보다도 심폐기능을 강화하는 효과가 탁월하다는 것이 확인되었다. 심장의 조급한 맥이 느린 맥으로 돌아와서 고혈압 환자의 경우 약물 투여가 반으로 줄어든다. 또한 하체 근육을 많이 사용하니까 당이 많이 소비되어 자연히 당뇨병에도 좋은 효과를 발휘한다. 월담은 병원의 지하실에 태극권을 연마하는 연습실도 별도로 마련해 놓고 틈틈이 찾아오는 사람들을 직접 지도해 주기도 한다. 불교 경전에 해박한 거사이면서, 도교의 태극권에도 고수이다. 중국 무당산 장삼봉 내단 해동 4대 전인이기도 하다.

인생은 타고난 대로 사는 것

월담거사가 살아온 구도 과정도 흥미롭지만, 그의 병원에 소장되어 있는 방대한 장서 규모에 기가 죽었다. 대략 5만 권의 책을 소장하고 있는 대단한 장서가이기도 하다. 소장되어 있는 장서 가운데 유학 분야를 보면 『사고전서』 1,500권·『역경집성』 300권·『고사류원』 45권·『통지당경해』 38권·『고금도서집성』 80권·『사부총간』 25권을 비롯한 3000권, 불학 분야를 보면 『고려대장경』·『한글대장경』·『중국민속대장경』·『일본국역대장경』·『일본신수대장경』·『일본신찬대장경』·『일본남전대장경』·『인도쁘라뜨리까대장경』·『티벳대장경북경판』·『티벳대장경나사판』·『미얀마대장경』·『세이론 스리랑카대장경』·『베트남대장

이동호 장경실에 소장된 세계 각국 불경

장경실에 소장된 중국 4고전서

경』·『몽골대장경』·『캄보디아대장경』·『영국대장경』·『러시아장경』 등 5,000권, 도교 분야를 간추려 보면 『정통도장』·『도장정화』·『도장집요』·『장외도서』 등 1만 권을 소장하고 있다. 이외에도 한국고대사, 중국사, 문화, 예술, 철학 방면에 대한 책이 수두룩하다. 지불한 책값만 해도 엄청날 것 같다. 그의 이야기를 듣다 보니 새벽 1시가 되어 버렸다. 6시부터 시작한 대담이 새벽 1시까지 이어진 것이다. 대담이 끝나갈 무렵에 월담거사에게 매우 원시적인 질문을 마지막으로 던졌다.

Q 60대 후반까지 살아 보니까, 인생은 무엇이라는 생각이 드는가?

A 사주팔자대로 사는 것 같다. 나는 지금까지 평생 동안 시간을 아끼기 위해 노력한 사람이다. 낮에는 진료하고, 진료가 끝나면 그와 동시에 나만의 세계로 몰입하는 인생을 살았다. 친구들과 술 먹을 시간도 없었고, 골프 칠 시간도 없었다. 촌음을 아껴 책을 보고 좌선을 하였다. 때로는 시간을 아끼기 위해서 오후 5시 무렵에 병원에서 군대 밥 먹는 것처럼 허겁지겁 미리 저녁을 먹기도 하였다. 저녁 먹는 시간을 아끼기 위해서였다. 근무시간이 끝나자마자 곧바로 나의 시간을 갖기 위한 준비였다. 그런데 60대 후반에 들어와서 보니까 결국 사람은 자기 타고난 사주팔자대로 사는 것 같다는 생각이 든다.

20대까지는 팔자라는 것에 관심이 없었고, 30대에는 사주팔자가 있는 것이구나 하고 어렴풋하게 느꼈다. 40대에 들어서니까 팔자가 50%를 차지한다는 생각을 하게 되었다. 50대가 되니까 75%가 팔자이고, 나머지는 노력이라는 생각이 들었다. 그리고 60대가 되니까 95%가 팔자이고 나머지 5%가 후천적인 노력인 것 같다는 생각이 든다. 요지는 타고난 자기의 소질과 적성 그리고 장단점을 정확하게 진단하는 것이 중요하다는 것이다. 인생은 타고난 대로 사는 것이다.

- 격월간 『차문화』 중에서 -

학처럼 사시는 전북지부 고문 이동호 박사님

글쓴이_이림(다례학당 설예원 원장, 사단법인 한국차문화협회 부회장)
2009.11.12.

바쁜 일과에 쫓기다 보면 허둥대고 빠뜨리고 분주해 보이기가 예사다. 그러나 이동호 고문은 전라북도인재육성재단 이사장, 전라북도생활체육회장, 인상학원 인상고등학교 이사장, 한국태극권연맹총재, 원각정사 선원장 등 열 손가락으론 셀 수 없을 정도로 전북에서 큰 일을 많이 해내시고 계신다. 가장 활발하게 움직이시지만 언제나 흐트러짐 없이 깊은 물처럼 맑고 고요하게 보이는 모습에서 그렇게 많은 일을 하시면서도 전혀 바쁜 분으로 보이지 않으시니 무슨 연유일까?

보성에서 태어나서 광주에서 전남의대를 졸업하고 1967년 전주로 오신 후, 전북도립의료원장을 역임하고 내과의원 원장을 하면서도 도교, 불교에 심취해 한결같은 정진수행과 채식을 하며 맑은 차 생활을 하신 때문이 아닐는지 …. 한번은 어떤 교수님이 병원에서 환자

왼쪽부터 한국차문화협회 3대 회장 이귀례, 초대 회장 이강재, 이동호 고문, 설예원 원장 이림

진료 외에도 각종 회의와 행사, 많은 결재 서류 등 그 많은 스케줄을 다 감당해 내는 힘은 무엇인지 놀랍다고 물은 적이 있었다. 고문님은 "항상 머리를 비워 둔다. 일어나지 않은 일에 대한 망상을 하지 말고 지나간 일에 후회하는 시간을 아껴라. 오로지 지금 이 순간을 살아라. 그리고 모든 허물은 내 안에서 찾아야 일을 남에게 미루는 무책임감이나 잘못된 일로 남을 원망하는 마음이 없어진다. 그것이 곧 마음을 텅 비워 두고 스트레스 없이 사는 방법이다."라고 말씀하셨다. 옆에서 그 말을 들은 나는 크게 깨우쳤다.

또 많은 활동을 하시려면 건강하셔야 하니 육식도 하고 마늘도 드시며 보양을 해야지 않는가 묻는 이들에게 황소가 고기를 먹어 힘

한옥마을 실개천에서 유상곡수연을 즐기는 이동호 고문 | 2009.6.13.

이 센가요?라며 가만히 웃으신다. 실제로 깨끗한 피부와 꿋꿋한 자세, 당당한 걸음걸이가 80세를 훌쩍 넘긴 분으로 믿기지 않는다.

병원 1층 원장실, 회의실, 지하 태극권 연습실 등 곳곳마다 다기를 챙겨 두고 어디서든 찾아오는 손님들과 차를 나누신다. 다기장에 올망졸망 차 단지가 줄을 서 있고 화로에서는 찻물이 끓고 있는 원장실에서 신간을 거의 다 사 보실 정도의 독서광이신데 신문, 잡지에 茶자만 나오면 모두 스크랩해서 회원들 공람하라고 보내주신다. 특히 담백한 식생활을 해서인지 차의 등급은 물론이거니와 차가 좀 설거나 탔거나 하는 것을 대번에 가리시는데 그 감식안이 실로 놀랍다. 보성이 고향이어서일까? 차 문화에 남다른 애정을 가진 고문님은 어느 날 모친이 일본에서 다도 하는 사진을 보여 주시며 우리 협회 초대 이사장이셨던 이강재 옹이 모친의 제자이고 고문님은 중학생 때 이강재 옹의 제자였었다고, 작년에는 차인의 날 광주 김대중컨벤션센터 행사장에 가셔서 두 분이 서로 만나시기도 했다고 한다. 참으로 지중한 다연茶緣이 아닌가 .

고문님은 인상고등학교 이사장으로 계셔서 학생들의 인성교육으로 다례를 내세워 다도예절교실을 적극 지원하여 전북청소년차예절경연대회에서 대상, 최우수상을 휩쓸기도 하였고 지도교사(이남순)와 행정실(안연우) 실장이 전북지부 사범교육생이기도 하다.

전국우슈대회, 학교 축제, 각종 국제세미나 등에 들차회를 열게 하여 차 문화를 알리는 것, 신문칼럼이나 방송에 나가서 사회자와 대담에서도 늘 차의 정신수양과 효능을 내세워 현대인의 필수 웰빙

건강음료로 삼아야 한다고 강조하시는 차의 홍보대사 역할을 톡톡히 하신다. 심지어 병원에 소화불량, 감기 환자가 오면 차를 많이 마시라고 권하니 병원에 환자가 끊기겠다고 회원들이 염려하면 병원에 환자가 오지 않을 만큼 모든 국민이 차를 마셔 몸과 마음이 건강하고 평온해져야 한다고 하신다.

차 문화 행사 때마다 외국에 출장 가시는 때가 아니면 꼭 참석하시고 후원을 아끼지 않으시니 그 덕에 전북지부가 힘을 얻고 차 인구가 날로 늘어나고 있다. 평소에 약주나 잡담을 전혀 안 하시는 곧은 성품에 스스럼없이 대하기가 어렵고 조심스럽지만 800여 명의 전북지부 회원 중에 재주꾼이 많은데 전시회나 공연 등 본인이 직접 초대장을 가지고 가서 인사를 여쭈면 빠짐없이 틈을 내어 격려를 해주시는 열정에 고개가 숙여질 뿐이다.

돌아보면 우리 전북지부는 전북의 큰어른이시며 시조시인, 향토사학자였고 전주다도회장을 지내신 故 작촌 조병희 고문님과 서예가이신 故 월담 권영도 고문님 이후 3대 고문이신 現 이동호 고문님에 이르기까지 지극히 예와 문화, 차를 사랑하시고 다반사茶飯事로 차를 즐기신 어른들을 모실 수 있는 것이 청복이 아닌가 싶어 참으로 다행한 일이다.

부디 강령하시어 우리 전북지부의 든든한 후견인으로 오래오래 지켜 주시기를 기원한다.

- 대담 01 -

한국 지성인의 웰에이징

(본 대담은 연세대학교 대학원 김경주의 박사학위 논문『한국 다섯 지성인의 삶 속에 녹아든 웰에이징 탐구』에서 이동호 면담을 정리한 것임)

2020.10.30.

이동호 박사를 한마디로 설명하기는 쉽지 않다. 심장 전문의와 중국 무술가라는 두 개의 직함만을 명함에 적겠다고 했지만, 그는 그보다 더 복잡하고 심오한 사람이었다. 그는 의학을 공부한 전문의와 철학적 지식으로 다져진 이성의 깊이를 지녔으며, 밖으로는 예술인의 풍부한 감성을 지닌 '통섭적 인간'의 전형처럼 보였다. 깊은 사고에서 나오는 그의 말은 거침이 없었다. 인간과 사회, 현재와 미래, 지식과 지혜를 넘나드는 그와의 아찔한 대화를 소개한다.

Q 박사님께서는 의사가 본업이지만 음악, 문학, 예술뿐만 아니라 생활체육, 무술 등 다양한 분야에서 활동하고 계신 것으로 압니다. 그동안 어떤 것들에 관심이 있으셨는지요?

A 저는 어렸을 때 권투를 시작으로 고등학교와 대학교에서는 유도,

대학 졸업 후에는 합기도로 몸과 마음을 단련해 왔어요. 그러다 우연히 우슈를 접하게 됐고, 그중에서도 태극권은 유단자가 돼 지금까지 연마하고 있어요. 또 미술, 음악, 무용 등 문화예술을 생활화하기 위해 노력해 왔어요. 생활에 필요한 것은 조금 부족하더라도 건강하고 에너지가 분출돼 마음의 평화를 이룰 수 있는 것들에 더 마음을 쏟았어요. 대외적인 활동도 제 일상의 연장선에 있어요.

현대사회에서 무술은 건강과 양생, 장수, 치병을 위한 목적으로 수련하지만 원래는 외침이나 산적을 막기 위해 만들어졌다고 생각해요. 제가 수련하고 있는 태극권은 창시자가 신선이었다고 고전에 나와 있으니 역사도 깊지요. 저는 우슈 전국연합회를 결성해 우슈 보급에 힘써 왔어요.

의대 교수로 재직하면서는 국민 생활체육에 많은 시간을 할애했어요. 전 국민의 정신과 육체가 건강해지려면 생활체육은 필수라고 생각했거든요. 무술은 건강, 양생, 참살이뿐만 아니라 의지, 자신감, 몸의 균형, 두려움 제거, 순발력 등 많은 장점이 있는 생활체육이지요. 다문화시대에 맞춰 개성과 취향이 존중될 수 있도록 100 종류의 국민 생활체육 속에 무술 종목을 포함한 것도 이러한 이유예요.

또 사라지는 우리 전통예술이 안타까워 복원에도 힘썼어요. 고려사에도 기록돼 있는 전주용왕제나 성황제전을 복원한 것도 그 일환이었어요. 이외에도 교육과 장학사업의 필요성을 느끼고 학교와 장학재단을 운영하기도 했어요. 참고로 전북인재육성재단을 통해 글로벌 인재 해외연수로 매년 1천 명을 해외로 유학 보냈습니다.

Q 한 가지 일로도 바쁘고 해내기 힘든데 이렇게 많은 일을 하다니 존경스럽습니다. 박사님의 이야기를 들으니 문화예술과 무술에 특히 관심이 많으신 것 같습니다. 특별한 이유가 있으신가요?

A 제가 해 온 많은 일은 인간 삶의 의미를 찾고 우리의 몸과 마음을 알아내는 과정이라고 이해하시면 될 것 같아요. 우리는 몸과 마음으로 살아요. 그래서 몸과 마음을 알아야 나를 안다고 할 수 있고, 나를 알아야 인간을 알게 돼요. 다소 추상적이지만 인생을 논하려면 짚고 넘어가야 할 부분이에요. 저는 운 좋게 의사로서 좀 더 구체적으로 나를 알고 인간을 이해할 수 있었어요. 의사는 몸을 구성하는 장기와 세포, 원자, 입자, 분자론까지 이해해야 하고 인간의 화학적, 물리적 변화도 알아야 합니다. 또 이것들과 마음이 어떠한 관계성을 가지는가도 파악해야 하죠. 그래서 의사는 인간이라는 본연의 의미를 이해하는 것이 다른 사람들과 다를 수 있어요.

우리의 세상은 우주론 등 형이상학적인 방법이나 지식을 생활 속에서 응용할 수 있는 천문학 등 실존적인 방법으로 설명할 수 있어요. 형이상학적인 우주론은 종교와 연결돼 있는데요, 수행을 통해 도달할 수 있는 종교에 지금까지 침잠해 있어요. 인간 삶의 의미는 먹고 자고 입는 것에만 만족할 수 없으며, 형이상학적 사고를 통해 도달할 수 있는 형이하학적 유물론으로 찾아질 수 있다고 생각해요.

Q 인간 삶의 의미를 찾아 종교에 침잠하셨다고 했습니다. 인간의 유한한 삶을 어떻게 생각하시는지, 그리고 박사님의 삶은 어떠하다고 생각하시는지 궁금합니다.

A 저는 통섭적인 사고와 체험으로 통합적 비전을 가지고 미래를 바라봤어요. 일례로 저는 1989년에 '120세까지 건강하게 살아 보자'라는 칼럼을 쓴 적이 있어요. 그 당시로는 120세까지 살 수 있다는 이야기는 황당한 것이었죠. 하지만 저는 인간의 유전자로 120세까지 살 수 있는 것은 물론이고 150세까지도 살 수 있다는 생각을 하고 있었어요. 그리고 인간이 죽을 짓을 하지 않는다면 영생으로 갈 수도 있다고 생각하고 있어요. 인간의 삶을 유한하게만 보지 않는 것, 그것이 삶의 의미를 찾는 시작이라는 깨달음이 필요해요.

제 삶을 돌이켜 보면, 30대에는 내과 과장, 병원장, 원장으로 빠른 성장을 했어요. 제 노력의 결실이었고 환자와 나의 관계보다는 나와 동료, 상관, 유관기관과의 관계가 보태진 결과였어요. 너무 빠르게 높이 올라가다 보니 어려운 점도 많았어요. 직장 일이 끝나고도 새벽 1~2시까지 연구하고 예술 감상하는 시간을 매일 가지며 항상 나를 충만하게 했어요. 40대가 되니 의심의 여지없이 사회적으로 인정을 받을 수 있었어요. 수많은 단체의 장을 역임했지만 한 번도 경쟁해 본 적은 없었어요. 경쟁이 없으니 오히려 나를 발전시킬 수 있었어요. 제가 거쳐 왔던 무수히 많은 단체를 발전시켜 제자들에게 물려주는 것 자체를 행복으로 여겼어요.

이제 여든이 넘은 나이에 돌이켜 보니 마음의 갈등이 없는 중정中正, 중화中和의 상태가 행복이라는 생각이 들어요. 지금까지 살며 아쉬움도 많았지만, 최선을 다해 오늘 이 시간까지 살아오고 있어요. 부족한 점이 있었다면 그것은 나의 한계지요. 최선을 다했기 때문에 비록 못 이뤘다 하더라도 최선을 다한 결과가 열매를 맺었다고 생각해요. "너, 참 잘살았구나!" 하고 나 자신을 칭찬하고 싶어요. 이 모든 게 첫사랑 덕분이에요.

Q 첫사랑이요? 첫사랑이 박사님의 삶에 어떤 영향을 끼쳤다는 사실이 재미있군요. 조금 더 자세한 이야기를 해 주실 수 있습니까?

A 삶을 포기할 생각에 이를 정도의 체험을 해 봐야 해요. 엄청난 인내심이 생기고 불굴의 의지가 샘솟게 돼요. 제가 그래요. 불굴의 의지가 남다르죠. 저에게는 짝사랑의 고통이 심했어요. 늦은 사춘기가 열아홉에 왔는데, 연상연하가 용납되지 않았던 시기에 연상의 여인을 사모하게 됐어요. 그 금단의 사랑이 얼마나 고통스러운지, 처음으로 죽을 정도의 고통을 느껴 본 때였죠. 그리고 그 가슴앓이를 한 후에야 인생이 무엇인지 심각하게 고민하기 시작했어요. 제 경험상, 짝사랑을 해야 더 성숙해진다고 생각해요. 내 존재 자체가 섹스의 산물이며 존재 자체가 원초적이잖아요. 고대 지혜의 가

르침인 생명나무에는 영계인 원초계가 존재해요. 그런데 이룰 수 없는 원초계에 걸리면 모든 생명을 바쳐서 그것을 이뤄야 의미가 있어요. 짝사랑은 그 원초계로 내 영혼을 인도하는 것이죠. 짝사랑의 역경을 건전하게 이기면 저처럼 사회화가 가능할 거예요.

이 세상도 원래 없었던 것이지만 불굴의 의지와 힘으로 우주, 별, 이런 것들이 생긴 것 아닌가요? 없는 것이 자꾸 만들어질 뿐이지요. 생성과 소멸이고 나이를 먹고 살아가는 것인데 비관론자는 죽어 간다고 표현할 뿐입니다. 그 비관론자들이 인간의 유한한 삶에 미련을 두어 어리석은 탐욕을 가지는 거죠. 국가와 사회를 제외하고는 세상에서 해야 할 일은 없다는 깨달음, 인내와 무소유의 깨달음을 얻는다면 소아를 버리고 대아로 나갈 수 있으리라 생각해요. 지금 내 소유가 많아도 내가 욕심을 내서 얻은 것은 없어요. 무소유를 터득하고 대아의 상태를 유지한다면 소유는 또 자연스럽게 따라오는 것이에요.

이러한 경지에서 영원한 자유를 얻고 진선미를 체득하며 고통을 알게 되니 내가 아닌 타인을 이해하게 됐어요. 저는 평생을 고통이 없도록 내 주변과 사회를 위해 노력해 왔어요. 시작은 짝사랑이었던 것이죠. 사랑의 완성보다는 실패를 해 봐야, 진정한 사랑과 삶의 의미를 깨달을 수 있어요. 제가 만약 성공적인 사랑을 했다면 지금 제가 인생에서 얻었던 것은 없었을지도 몰라요. 지금 느끼는 인생의 참맛도 몰랐겠죠.

Q 인생의 참맛을 알게 해 준 박사님의 첫사랑이 누군지 궁금해집니다. 그렇다고 박사님께서 홀로 인생의 참맛을 깨닫지는 못하셨을 것 같기도 합니다. 어떻게 그 경지에 이르게 됐나요?

A 첫사랑의 그 여인을 저도 보고 싶어요. 하지만 짝사랑의 소식은 알 길이 없어요. 요즘은 개인정보보호법 때문에 찾지도 못해요. (웃음) 아무튼, 짝사랑이 제가 인생에 대해 파고들도록 한 시작점이었다면, 스님을 만난 것이 제 인생의 전환점이라고 할 수 있을 거예요. 지금부터 스님을 만나게 된 과정을 설명해 볼게요.

첫사랑이 던져 준 고민을 철학적으로 풀어 보고 싶었어요. 인생, 사랑, 삶의 갈등, 인간의 고통은 무엇일까, 저는 궁금했어요. 의예과 1학년 때 서양철학을 공부하게 된 계기였죠. 하지만 서양철학은 질문과 의심만 계속 일어날 뿐 해답을 찾게 해 주지는 못했어요. 고통을 벗어나는 해답을 찾고자 했으나 오히려 고통 속으로 나를 밀어 넣는 느낌이랄까요. 그래서 종교의 문을 두드렸어요. 성경을 독학하고 교회, 성당에 차례로 찾아가 공부했어요. 죽느냐 사느냐의 상황에서 진지하고 깊게 고민했죠. 하지만 성경은 위로는 될지언정 근본적인 해결은 안 됐어요.

그 즈음에 광주시에 있는 동광사에서 일요일마다 대선사가 설법한다는 소리에 끌려 절을 찾았어요. 친구 따라 인도에 가서도 해결하지 못한 문제였기에 큰 기대가 없었는데, 1시간 법문을 듣고 내 인생의 좌표를 찾게 됐죠. 대선사의 설법은 내가 어디로 가는지, 어디로 가야 하는지에 대한 해답을 내려 줬어요. 그렇게 고통 받고 괴로워할 일이 아니었음을, 인생이란 사람과의 관계에서만 규정되는 것이 아니라는 선사님의 이야기가 귀에 꽂혔어요. 선사님은 인간의 본성은 허공과 같아 마음과 정신이 넓어 광활한 우주가 내 안에 있는 것이니 단지 생과 사, 애와 증, 기쁨과 슬픔, 빛과 그림자는 따로 존재하는 것이 아니라 함께하는 것임을 깨닫게 해 줬어요. 첫사랑의 아픔을 그동안 제가 잘못 이해하고 있었구나라고 설법을 들으며 저는 해탈할 수 있었어요. 지금까지의 고뇌도 말끔하게 풀렸죠.

그 설법을 시작으로 영원한 해탈을 하고자 불교철학에 매달렸어요. 불교철학은 간단하면서도 간단하지 않아 지금까지도 공부하고 있어요. 펼치면 크고 접으면 작아지는 신통방통한 마음을 내 마음대로 다스릴 수 없다 보니 자주 문제가 발생하는 거예요. 불교철학을 통해 이 마음을 자유자재로 움직이기 위해 노력했어요. 하지만 불교철학은 마음의 본체를 보는 데는 작동하지만, 마음을 움직이는 데는 적합하지 않았어요. 그때부터는 노장철학과 선도를 공부하며 마음을 다스렸어요.

Q 대부분 첫사랑의 기억이 판타지의 영역에 머물러 있는데, 박사님께서는 실존적인 물음으로 그 해답을 찾으려 하셨군요. 첫사랑의 경험에서 종교, 도교 그리고 선도까지 이르는 길이 참 흥미롭습니다. 그래서 박사님의 이야기는 깊은 통찰을 지닌 철학자의 그것과 맞닿아 있는 것 같습니다. 박사님이라면 자신의 통찰에 머무르시지는 않았을 듯합니다만.

A 그때까지 배웠던 것은 결국 나 자신을 위한 것들이었어요. 사회와 떨어져 자기 계발에 힘쓰다 보니 너무 자기중심으로 치우친 감이 있었죠. 내 마음의 건강을 지켰으니 사회적 건강을 지켜야겠다는 생각을 했죠. 세상을 배우기 위해 삶의 정치가 담겨 있는 유학을 공부하게 된 계기예요. 유불선을 모두 공부하며 내 영성은 고양됐고, 몸도 건강해져 나이를 잊으며 살 수 있었어요. 그때부터 공부는 광범위해졌죠. 노장철학, 자연철학은 물론이고 물리학, 화학, 의학까지 모두 섭렵했어요.

마음 씀의 3단계가 있는데, 인간의 세 가지 심적 요소인 지정의知情意예요. 이전까지의 공부가 철학적 사고를 바탕으로 인간, 사회, 우주의 근본 속성을 알아내는 것이었다면 이 지성, 감성, 의지는 마음이 어떻게 작동하는가와 관련돼 있어요. 그 마음의 움직임을 보려면 나를 벗어나 사회로 발걸음을 돌려야 했던 것이죠. 또 그건 나의 완전한 행복과도 연관돼 있어서 진리의 추구, 봉사와 사랑, 자비심이 담겨 있는 진선미의 세계를 완성해야 함을 깨달았어요. 모든 인간이 이 이치를 깨닫는다면 어찌 행복하지 않고 아름답지 않을 수 있을까요?

저는 이 중에서도 아름다움을 가장 중요하게 여겨요. 나와 사회가 아름다워지려면 환경이 아름다워야겠다는 생각으로 내 방부터 꾸미기 시작했어요. 아름다운 도자기와 예술적 가치를 지닌 물건들로 주변을 채워 나갔고 그게 제 취미 중 하나가 됐어요. 이렇게 아름다움을 추구하던 안목은 사회를 보는 안목으로 커졌고, 그 속에서 내가 해야 할 역할이 보이더군요. 보이는 곳마다 뛰어들어 동고동락하면서 사회적 실천을 하려 애썼고 약방의 감초처럼 어느 분야든 참여해 진선미의 세계를 완성하고자 했지요.

Q 박사님은 옳은 답을 찾으려는 탐구를 끝없이 해 오신 것 같습니다. 앞서 박사님께서는 '인생을 잘살았다'라고 하셨는데, 제가 보기에도 여러 방면에서 활동하시면서도 즐겁게 사시는 것 같아 보기 좋습니다. 박사님의 비결을 전수해 주시죠.

A 비결이 될지는 모르겠지만, 나이를 잘 먹어 가면 됩니다. 간혹 우리는 '나잇값을 못 한다'는 소리를 합니다. 이건 현재 마음이 편안하고 하고 싶은 것을 하도록 몸이 움직이지 못하기 때문입니다. 단순해 보이지만 현실적으로 마음이 가는 대로 몸을 움직이는 이상적인 상태에 이르기는 쉽지 않아요. 항상 나와 너, 나와 사회, 나와 우리 등 나를 둘러싼 환경과의 관계를 조화롭게 이끌 수 있어야 나이를 잘 먹을 수 있어요. 그러려면 먼저 나를 사랑해야 해요. 진정으로 나를 사랑하려면 몸과 마음이 원하는 것에 신경을 써야 하고요. 저는 퇴근 후에 피로가 극에 달해 쉬고 싶어도 조깅, 헬스, 춤으로 운동을 해요. 음악을 3~4시간 듣기도 하고 책도 읽어요. 내 몸이 원하는 영양소를 공급하는 거죠. 이렇게 하다 보면 피로도 풀리고 몸의 장기들도 역동적으로 움직이며 정신도 20대로 돌아간 듯 맑아지지요.

그리고 비워야 해요. 투쟁적인 삶을 완전히 비우고 문화와 예술적 마인드로 가득 채워 보세요. 일을 떠나 문화와 예술에 집중하다 보면 행복한 삶이 한 걸음 또 가까이 있을 거예요. 그러다 보면 잘 사는 것, 잘 죽는 것을 고민하는 것조차 사라져 생과 사가 하나가 되는 순간을 맞이할 수 있겠지요.

Q 나이를 잘 먹는다는 표현이 인상적입니다. 박사님 정도의 일을 하게 되면 스트레스도 심할 것 같은데, 박사님은 그런 것에 개의치 않는 것 같습니다. 박사님만의 스트레스 해소법이 있나요?

A 저는 스트레스 자체가 내 몸으로 들어오지 못해요. 이미 철학, 예술로 채워져 스트레스를 이겨낼 무한의 인내심을 발휘할 수 있거든요. 방법이라면 시비에 휘둘리지 않고 인연법을 쓰는 게 첫 번째지요. 스트레스의 원인이 되는 악연을 만나면 악연의 원인이 나라고 생각해요. 그러면 밉고 보복심이 생기는 대신 끝까지 관용을 베풀 수 있어요. 이때 처세의 지혜도 필요한데, 잘해 주면 무시당할 수 있으니 상대의 장점을 주위에 알려서 악연을 막아내면 좋아요. 저는 이렇게 해서 왕따 당할 겨를이 없었어요.

두 번째 방법은 일을 즐기는 거예요. 일을 즐겁게 하면 정신건강에도 좋아요. 행복 호르몬은 육체의 건강에도 도움을 주죠. 또 일을 떠나 자기가 하고 싶은 일에 집중해 보세요. 긴 시간 집중하다 보면 지식의 충만감이 넘쳐나요.

세 번째 방법은 많은 시간을 나에게 집중 투자하는 거예요. 지금도 저는 밤을 새우며 행복에 취하는 시간을 갖거든요. 책도 보고 영화, 연극을 즐기면 그 모든 것들이 나에게 소화돼 몸과 마음의 양식이 돼 줘요. 내가 하지 못하는 것들을 예술로 표현해 내는 그들의 작품을 감상하다 보면 어느새 성성적적惺惺寂寂의 상태에 들게 되지요. 요즘도 저는 천상의 신들과 즐기는 듯한 생활에 참 행복해요. 이렇게 또렷하게 깨어 있는 쉼을 즐기다 보면 스트레스가 몸으로 들어올 일이 없겠죠?

Q 스트레스도 피하고 자신이 행복할 시간을 갖는 박사님이 부럽습니다. 그런데도 많은 사람들은 일하며 스트레스를 받고 건강에 대한 염려도 큽니다. 박사님께서 생각하는 건강이란 무엇입니까?

A 저는 건강에는 세 가지가 있다고 생각합니다. 정신적 건강, 신체적 건강 그리고 사회적 건강이 그것이지요.

인간은 본래 맑고 밝고 깨끗하며 순수한 천성인 영혼을 가지고 태어나요. 그러므로 이 불변의 영혼이 제 역할을 할 수 있도록 마음의 건강을 살피는 것이 중요해요. 늘 수양하고 일상적으로 마음의 본체를 살피고 자기성찰과 명상을 통해 어느 한쪽으로 마음이 치우치지 않도록 중용을 유지해야 해요. 그래야 모든 것을 포용할 수 있는 무한 에너지가 생성돼 영혼과 마음의 건강을 유지할 수 있어요.

몸의 건강은 앞에서도 말한 것처럼 내 몸이 하고 싶은 것을 하도록 하면 돼요. 그리고 잘 나이들 수 있도록 내 몸을 돌봐야겠지요. 몸의 건강을 잃으면 마음의 건강도 잃게 돼요. 몸이 마음의 주인이니, 몸을 사랑해야 마음을 수양할 수 있다는 것을 꼭 기억해야 해요.

그리고 마지막으로 사회적 건강은 '나'라는 주체가 객체 속에서 존재한다는 것을 깨달아야 지킬 수 있어요. 가족, 사회, 국가나 전 세계는 나와 함께 존재하는 거예요. 그러므로 사회와 자연환경의 건강을 같이 살펴야 나의 건강도 만들어지는 거죠. 그러니 나만 건강하게 늙어 가는 것웰에이징보다는 다 함께 건강하게 늙고, 건강하게 늙는 것보다는 몸과 정신이 함께 건강할 수 있는 웰빙으로 갔으면 좋겠어요.

Q 박사님처럼 나이를 먹었으면 좋겠다는 생각이 듭니다. 젊은 사람들을 위해 어떻게 노년을 준비하는 것이 좋은지 조언을 해 주신다면?

A 산다는 것은 사회 속에서, 시대 속에 인간이 존재하는 거예요. 따라서 시대의 변화를 읽지 못하면 오늘 이후 삶을 잘살 수 없죠. 역사와 미래에 관해 관심을 가지고 관찰하고 준비하는 생활을 해야 노년을 잘 보낼 수 있어요. 사실, 아날로그 시대에는 준비가 필요 없었어요. 더디 가고 눈에 보이는 아날로그 시대에는 그날그날 살아가도 됐어요. 하지만 초고속인터넷, 사물인터넷이 주류가 된 사이버 공간의 시대, 디지털의 시대에는 준비가 필요해요. 사이버 공간에서 행복을 찾아야 하는데 준비 없이 살아갈 수 있겠어요?

지금부터는 준비 없는 인생은 없고, 준비하는 만큼 행복을 찾을 수 있어요. 준비의 첫 번째는 기계를 다루는 것이에요. 컴퓨터는 지금 당장 시작해야 해요. 2~3년 후면 따라가지 못해요. 사람과의 관계 속에서 협력하고 위로받고 힐링할 수 없는 시대이기 때문에 컴퓨터를 잘 다뤄야 관계를 유지할 수 있을 거예요.

두 번째는 자녀에게 의지하지 말고 내 경제적 자립성을 유지하는 거예요. 지금까지는 자녀들에게 모두 주고 자녀의 부양을 받아 왔지만, 이제는 아니죠. 경제적 자립 없이 국가의 복지에만 의지해서 살거나 자녀의 효도를 바라는 것은 무모한 행동이에요.

그래서 내가 밝은 모습으로 건강해서 자녀 신세 안 지고 행복을 느끼며 사는 것처럼 비쳐져야 해요. 자기 몸 관리를 철저히 하고, 마음으로부터 행복해지도록 문화예술을 사랑하는 등 좋은 모습을 보여 주어야 한다고 생각해요. 무엇보다 자기 자신의 몸을 사랑해야죠. 지금껏 부려 먹었으니까 자기 몸을 존중한다는 의미에서 적당한 운동과 남에게 뽐낼 수 있는 체형미를 유지해야겠죠.

Q 박사님과의 이야기가 흥미로워 시간 가는 줄 몰랐습니다. 철학적 이야기를 이해하기가 쉽지는 않았지만, 박사님 인생의 한 자락은 엿볼 수 있었던 의미 있는 시간이었습니다. 끝으로 할 이야기나, 당부하고 싶은 말이 있으면 해 주시죠.

A 저는 세상에 태어나 누릴 것을 다 누렸습니다. 5남매가 사회에서 충실히 제 몫을 하고, 조상님들의 묘역도 정리했고, 나 자신도 건강하고 하고 싶은 것 하면서 살 수 있었으니 말이죠. 또 의학적 지식뿐만 아니라 문사철文史哲에 대한 지식을 지금도 베풀 수 있어 제

자들을 길러낼 수 있는 복도 타고났어요. 제 삶에서 더 무엇을 바랄 수 있겠어요?

저는 매일 아침, 잠에서 깨서도 한참 동안 눈을 뜨지 않습니다. 눈을 감고 세상의 비어 있음을 관조하고 마음을 비우고, 세상을 비웁니다. 아등바등 세상을 살 이유가 없음을 자각하는 거죠. 잠들기 전에는 내 감성이 무뎌지지 않도록 예술로 오감을 채우고 신지식으로 지혜를 쌓아요. 누구나 이런 행복을 느낄 수 있어요. 하지 않아서 그렇지 인간이라면 가능한 일이에요. 앞으로 저처럼 비우면서 채우는 삶을 누렸으면 좋겠어요.

- 즉문 즉답 -

Q 지나온 삶에 대한 후회가 있나

A 별로 없다. 짝사랑도 잘한 것이라서 후회하지 않는다.

Q 지금 느끼는 신체 나이는

A 30대. 나이가 들면서 근력은 예전과 같지 않아 힘쓰는 일에는 다소 힘이 달린다. 거울을 볼 때면 주름이 생겨 '얼굴에서 지방이 빠져나가는구나' 하고 한탄하기는 한다.

Q 21세기를 사는 폴리매스Polymath에게 필요한 덕목은

A 의학뿐만 아니라 통섭적으로 사고할 필요가 있다.

Q 심장 전문의로서 최고의 업적은

A 가슴을 열지 않고 카르테로 심장 내 조직을 떼 전자현미경으로 보는 방법을 개발했다. 전 세계에서 톱4에 든다는 자부심이 있다.

Q 내 무덤에 어떤 비문이 쓰이길 바라나

A 아무것도 쓰지 않겠다. '성주이씨 몇 대손'이라는 것만 알리면 족하다. 광범위한 내 삶의 전 과정을 다 쓸 수도 없고 원래 없던 데로 돌아갈 뿐이라는 환지본처還至本處의 뜻에도 맞는다.

Q 군중 속의 고독을 느껴 본 적 있는가

A 내가 기획했던 행사나 공연을 끝내고 허허로웠던 경험은 있지만, 고독을 느껴 본 적은 없다.

Q 점심시간 등 자투리 시간을 어떻게 보내나

A 문화예술 작품을 감상하거나 책을 가지고 커피숍으로 가서 읽기도 한다.

Q 마음이 뜨거웠던 적은

A 차이콥스키의 교향곡 '비창'을 LP판으로 들었는데 3시간 동안 울었다. 우리 가곡 '가고파'를 들었을 때도 영혼을 울리는 소리에 감동해 가슴이 뜨거웠던 경험이 있다.

Q 가장 열광하는 일은

A 무술.

Q 무술을 할 때 마음은

A 무술은 생사를 가르는 행위이기 때문에 '인간의 능력이 여기까지 발휘되는구나' 하는 것을 느낀다.

Q 가장 집중해서 하는 일은

A 음악감상.

Q 혈통이란

A 말없이 DNA가 흘러가고 있는 것.

Q 지금의 당신은 인생의 어느 지점에 서 있는가

A 피어나려고 하는 시기. 이루려고 세운 계획은 아니지만 그것들은 언제나 묘목에서 피는 어린 싹과 같다.

Q 종교는

A 불교.

Q 분노를 느껴 본 적은

A 그냥 그렇구나 하고 지나간다. 공空으로, 인연법으로 흘려보낸다.

Q 숨고 싶을 때 찾는 곳은

A 내 마음으로 들어가 내 마음과 대화를 하며 마음을 다스린다.

Q 어떻게 창의적인 발상을 하나

A 생각을 깊게 하면 창의가 나올 수밖에 없다. 그렇지 않으면 답습만 있을 뿐이다. 답습하는 자는 위로 올라갈 수 없다.

Q 목표를 달성하는 방법은

A 막연히 열심히 하는 것이 아니라 먼저 계획을 세운다. 일단 기간

을 정하고 일, 월, 연별로 세부적인 단계를 나눠 목표에 다가간다.

Q 가장 아끼는 것은

A 고서.

Q 눈물을 흘렸던 적은

A 나는 울보다. 영화나 음악을 감상하면서, 심지어 책을 읽으면서도 항상 운다.

Q 내 능력은 얼마나 발휘되고 있나

A 내 능력의 5% 정도. 이 5%로 생을 마감한다고 해도 최선을 다했기 때문에 후회는 없다.

Q 부모님 하면 떠오르는 생각은

A 무한 인내와 무한의 자비심.

Q 영생이란

A 인간이 어떤 사고를 하느냐에 따라 가능한 지속적인 삶. 자연스럽게 받아들여질 문제다.

Q 스마트폰은 잘 쓰나

A 여러 용도로 잘 활용하는 편이지만, SNS는 하지 않는다.

Q 후학들이 하지 않았으면 하는 일은

A 자기중심적으로만 살지 말고 더불어 살자.

Q 가족이란

A 가장 가까운 타인. 한 몸이면서 멀리 있는 당신들이다.

Q 업적이 어떻게 쓰이길 바라나

A 다 공空으로 돌아가길 바란다. 시대에 따라 그 시대의 주역들이 창의적 문명과 문화를 만들어 가는 것이지, 나의 것을 벌어 가는 것이 아니다. 나는 나로서 끝나기 때문에 오히려 마음 편히 일할 수 있다.

Q 죽음이란

A 죽음도 나이를 먹어 가는 하나의 과정이다. 삶과 죽음은 동전의 양면처럼 닮아 있기 때문에 특별히 죽음에 대한 호불호 자체가 없다.

Q 행복이란

A 마음의 갈등이 없는 중정중화中正中和 상태가 되는 것이다.

Q 가장 행복할 때는

A 예술작품을 감상할 때다.

Q 아직 풀지 못한 문제가 있다면

A 딱 하나 사랑.

Q 우울한 기분이 들 때는

A 맑은 날은 맑아서, 비 오는 날은 비가 와서 좋으니 우울할 때가 없다. 평소에 음악, 그림 감상, 책 읽기, 운동하기 등 취미활동을 통해서 우울을 날려 버린다.

Q 취미는

A 운동과 음악감상. 지금까지 모아 온 컬렉션들은 일부러 구한 것이라기보다는 탐구하고 즐기는 과정에서 저절로 생긴 부산물 같은 것들이다.

Q 하늘나라에 가져가고 싶은 것은

A 그런 것이 있을 수 없다. 모든 것을 놓고 가는 것이다.

Q 지금 만나 보고 싶은 사람은

A 첫사랑의 여인.

Q 다른 이와의 차별성은

A 꾸준히 지치지 않고 지속적인 탐구심으로 열심히 살아가는 것.

Q 당신에게 여가란

A 본업 이외의 모든 일을 즐기는 것.

Q 매일 꼭 지키는 일은

A 하루 세 번 밥 먹는 일과 '아버지, 어머니, 조상님, 스승님 감사합니다. 우주여, 자연이여 감사합니다' 하고 기도하는 것.

- 대담 02 -

화려했던 룸비니불교학생회가 다시 일어나기를

인터뷰_정경희(전주룸비니불교학생회 기자) | 정리_권태정

2022.05.

오늘 불자이신 이동호 박사님하고 6시간을 꼬박 인터뷰하고 막 돌아왔습니다.

재가불자로서의 모범을 찾아 면담 드렸는데 해안海眼·현공玄空·묵담默潭·정명주鄭明珠 스님 등 선지식의 고장 전주에서의 포교 활동과, 거사들의 공부처工夫處 원각회 활동, 불교정화운동 후의 불교 현대사의 왜곡과 결과, 불교의 미래 등등 천지공사 다 하고 온 느낌입니다. 책 쓰는 듯한 정갈하면서도 단순명쾌한 논리에 이해할 수 있는 다양한 단어들의 한 치의 실족도 없이 종횡무진하는 춤사위, 논리와 언어의 신명에 깜짝 놀랐습니다. 몸과 마음을 함께 수련해 오신 근기에 학처럼 가벼운 발걸음과 85세인데도 젊음이 여전하셨습니다.

19세에 4살 연상 짝사랑의 죽을 것 같은 고통에서 만난 현공법사의 2시간 시민강좌에서 인생이 송두리째 결정되었다는 불교와의 만

룸비니불교학생회 창립 50주년 기념 특별 인터뷰 | 오른쪽이 정경희 | 이동호 찻실에서

남, 스승님을 모시고 산 14년 포함 지금까지 평생을 사회조직 전반에서 대승적 삶을 온몸으로 실천해 온 삶, 상구보리 하화중생 그대로의 실천가이셨습니다.

굵직한 선지식으로 가득한 전주에 살면서 스승님들 옆을 옷깃만 스칠 뿐, 제자 되지 못한 빈곤한 삶이 후회막급이라고 하십니다. 젊은이의 이상과 실천으로 사는 선인과 늙은이의 지혜를 가지고 살았던 젊은이가 함께 떠오르는 즐거운 저녁이었습니다. A4용지로 무려 70쪽이 넘는 녹취록의 원고를 고르고 버리고를 반복하여도 제대로 전달할 수 없는 사정이고 이에 대해 이동호 박사님의 양해를 구합니다. 녹취록 그대로가 한 권의 책이어서 후배들에게 잘 전달될 수 있는 길은 훗날을 기약합니다.

몸 마음 수련

Q 올해 전주룸비니불교학생회 창립 50주년이 됩니다. 룸비니를 통해 만난 불교와의 인연이 오늘까지 이어지고 있습니다. 잘살고 있는지? 앞으로 어떻게 살아야 하는지? 삶의 방향에 의문을 던지고 나침판을 찾는 것이 50주년을 맞는 화두인 것 같습니다. 후배들이 불교적 삶의 모범으로 여기는 박사님을 뵙고 조언을 듣고자 합니다.

오랜만에 뵙는데 걸음걸이가 가볍고 움직임이 날렵하신 것이 강건해 보이십니다.

A 그렇게 보인다니 좋군요. 그 이유를 대자면 첫째는 마음을 비우고 있기 때문이겠죠. 머릿속에 들어 있는 것이 많으면 마음이 무겁고 몸도 무거워지거든요. 지식이나 감성이 고요히 가라앉아 있으면 없는 거나 마찬가지여서 항상 공성을 유지해 고요합니다. 또 현상계에 살면서 열심히 활동하는 바탕은 항상 진공眞空이고, 준동하는 세상도 묘유妙有일 뿐 기틀이 흐트러지지 않기 때문에 항상 고요합니다. 있는 그대로를 바라보고觀 느끼고, 알아차리면 심신이 건강해지고 몸이 가벼워집니다.

또 하나는 심신을 같이 닦는 것입니다. 한때는 정신세계에 집중하다 보니 육체는 그것을 방해한다고 여겼습니다. 그러나 몸에 반란이 일어나고서야 몸을 잘 다스리지 않으면 그 안에 깃든 부처님도 온전하지 못하다는 것을 알게 됐습니다. 몸이 건강해야 정신도 같이 닦을 수 있습니다. 건강한 육체가 정신을 더 고양해 주고, 하고자 하는 일을 할 수 있도록 합니다. 또한 정신이 맑아지면 생리학적으로 좋은 물질 호르몬이 분비되고, 신경전달에도 도움이 되어 몸도 따라 좋아지게 됩니다. 이렇게 상호 협력해서 온전한 내가 되는 것이죠. 몸은 곧 부처님을 모시는 법당입니다.

Q 마음은 부처님을 따라 자성을 찾아가려는데 몸이 걸림돌이 되니 몸을 시궁창이나 해골로 보고 부정하라던 법문이 기억납니다. 몸이 법당이요 해탈의 디딤돌이 된다는 말씀이 그 당시로는 선진적이었겠습니다. 최근에 금산사에서 거사님께서 태극권 시범을 보이시는 것을 보고 뒤에서 따라 한 적이 있는데요. 태극권과 어떻게 인연이 되셨나요?

A 내가 태극권을 접하게 된 것은 한 40세쯤이었어요. 고서를 통해 태극권을 알게 됐습니다. 태극권은 중국 당 시대에 유불선 삼교의 최고라 인정받았던 무당산武當山 장삼봉張三丰이 태극의 원리를 가지고 권법으로 창시했다고 해요. 무술의 궁극적 쓸모는 대결인데, 대련으로 공격하고 방어하려면 내가 내 몸을 마음대로 쓸 수 있어야죠. 퍼펙트 헬스는 역시 무술 운동에 있겠다 싶었고, 무도는 일반 운동과 달리 도라는 철학이 있어 더 와 닿았습니다. 내 몸을 마음대로 할 수 있도록 연습을 통해서 신체가 건강해진 것이 확실하지요.

태극권을 생활체육으로 보급하면서 생활체육회장, 우슈 전국회장을 하고 태극권학회를 만들었죠. 그런 다음 김천 청암사 승가대학에 태극권학회와 태극권협회를 이관했습니다. 현재는 대한태극권연맹을 창설해 총재를 맡고 있습니다.

불교 입문 계기

Q 그런데 거사님께서는 불교에 어떻게 입문하게 되셨어요?

A 고등학교 졸업을 앞두고 연상의 여인을 좋아했습니다. 그분은 네 살 위였지만 천사와 같았고, 제 마음을 다 빼앗았습니다. 지금이야 열 살 연상도 문제없지만 그때는 어림도 없어 끙끙 앓으며 짝사랑했습니다. 사랑이 깊어지니 책을 봐도 그분의 얼굴만 떠올랐습니다. 목을 맬 만큼 절박했고 고통이 깊어졌습니다. 그러면서 인간이란 무엇이고, 사랑, 고통, 죽음은 무엇인지 알고 싶었습니다. 답을 얻으려 죽기 살기로 철학을 공부했어요. 정말로 죽느냐 사느냐 하는 문제이기 때문에 얼마나 열심히 강의 듣고 책을 봤겠어요? 그런데 서양철학은 될 듯 될 듯 하다가도 답은 없고 오히려 의문만 늘어나요. 교회를 나갔지만 교리와 설교가 맞지 않았고, 나 외의 신을 믿지 말라는 십계명이 독선으로 다가왔습니다. 내가 찾는 문제는 인간 문제인데 기독교 가톨릭에서는 신의 문제를 얘기하는 것입니다. 그래서 원불교에 가 봤지만 여기서도 급한 것이 생사 문제인데 선이라는 도덕 이야기로는 마음의 불을 끄지 못했습니다.

죽느냐 사느냐의 인간적 고통의 문제를 해결하기 위해 철학과 종

한국동양학연구원 제2차 학술연찬회 | 개혁불교사조와 현공묵암선사 | 이동호 연구실 (2014.07.26)

교를 다 뒤졌지만 의문만 더했던 것입니다. 그때 광주 시내 동광사에서 일요 법회를 하는데 현공 윤주일尹柱逸 법사님의 법문이 좋다는 소문을 듣게 됐습니다. 동광사는 일제강점기 때 건립한 적산敵產 사찰로 지금은 없습니다.

그때가 무더운 여름이었습니다. 법당이 사람들로 꽉 차 있어 겨우 비집고 앉아 있는데, 현공법사님 법문을 듣는 순간 소설 속 도사가 눈앞에 계시는 듯했습니다. 유리 위에 옥구슬 구르듯 철철철 쏟아지는 법문은 드라마였습니다.

그날 법문을 들으며 무릎을 쳤어요. 생사를 다투던 인생 문제의 답을 불교에서 찾을 수 있겠다는 확신을 가지게 됐습니다. 한 시간가량 펼쳐진 법문에서 가야 할 길을 다 정리해 버린 것입니다. 그때부터 온몸을 던져 불교에 빠졌고, 의학은 부차적으로 따라가는 것이 되었습니다. 참 나를 찾아 해탈의 길로 방향을 잡으니 죽고 사는 문제도 없어지고 고민도 사라졌습니다.

Q 거사님, 연상의 여인을 짝사랑한 문제로부터 이제 헤어나셨나 보네요?

A 헤어나 버렸죠. 죽을 뻔했어. (웃음) 그게 말하자면 현공법사님 법문을 접하면서 해결을 봐 버린 거죠. 왜 그러냐면 사랑의 근원적인 문제를 해결하게 되니까요. 사바세계를 윤전하고 있으면서 하는 이 고뇌가 우스운 거지요. 고민이고 사랑이고 간에 내가 살아서 나를 찾는 해탈의 길로 방향을 잡으니 죽고 사는 문제도 없어지고 고민도 사라진 거예요.

Q 현공법사님 얘기를 듣고 사랑의 아픔을 해결했다고 하시니 이해하기 어렵군요.

A 사랑의 호르몬을 생리현상에서 차단해 버리면 없앨 수 있지만 그대로 가지고 있으면서는 그 마음을 없애기가 쉽지 않습니다. 부정을 하려 해도 부정이 안 되고. 그것들이 일으키는 사랑의 작용은 참으로 신기한 일이죠. 그 성에서 내가 나왔고 내가 또 다음 DNA를 성을 통해서 물려주니 사랑은 인류 역사고 시원이에요. 부모님 생전에 DNA라 할 만큼 아주 엄중한 것이니 어떻게 우리가 그 사랑의 힘을 승화시킬 것인가가 문제죠. 승화시켜야 하잖아요?

Q 몸이 해탈의 걸림돌이 아니라 부처님 모시는 법당이고 디딤돌이 되는 것처럼 우리 사랑은 엄중한 거라고 표현을 해 주시니 사랑은 해탈에 걸림돌인지 디딤돌인지가 또 주제가 됐습니다.(웃음)

A 그렇습니다. 내가 사랑을 실현했다면 아무것도 얻지 못하고 평범하게 갔을 거예요. 지금도 내가 만일 현공법사님을 뵙지 못했거나 가르침을 받지 않았다면은 미물 곤충으로 잠깐 살다 갔겠지요? 먹고 싶으니까 먹고, 먹어야 하니까 먹고, 먹었으니까 배설하고 아무 생각도 없이 남들 따라 안개와 같은 안이비설신의眼耳鼻舌身意의 허망한 것을 만족시키기 위해서 그것이 원하는 대로 따라가다가 허망하게 죽음에 와서 윤회 굴레에 들어갔겠지요.

Q 쉽게는 입문이지만 듣다 보니까 거사님은 19살에 득도하셨습니다. 그런데 그때 윤주일 현공법사님이 하신 법문이 거의 60년 전인데 기억이 나시나요?

A 법문 내용이 기억나죠. 우리가 포교사라고 하면 법문 강의를 일회용으로 하잖아요. 놀라운 사실은 마지막 강의가 끝나니까 목차고 내용이고 따로 손볼 것 없이 그냥 그대로 '불교 대성전'이라는 제목을 붙여 책 한 권이 되는 겁니다. 내가 14년 8개월을 스님을 모시고 공부했는데, 법회에 가면 A4 용지 두 장에 빼곡히 정리한 경전 강의, 흑판 강의, 자유 설법이었는데 일본서 교육도 받으셨고 전남대학교 철학과 교수셔서 그런지 논리정연하셨죠.

현공 윤주일 법사와 전주 불교-거사선의 요람

Q 박사님과 현공법사님의 만남이 60여 년 전입니다. 현공법사님은 어떤 분이신가요?

A 현공법사님은 서울 중앙고등학교 다니실 때 만해 한용운 스님과 용성 스님의 법문을 듣고 용성 스님을 은사로 출가하셨습니다. 금강산 유점사에서 24세에 견성오도하셨고, 평양에 포교당을 내어 대중포교를 하시면서 조만식 선생과 독립운동을 하셨습니다.

한국전쟁 때 남으로 내려오셔서 제주와 광주에서 대중포교를 하셨습니다. 광주 동광사에서 현공법사님을 만나 공부하다가 제가 전주로 오던 해 1960년대 후반 현공법사님도 전주로 모셨습니다. 처음에는 예식장과 보훈회관을 빌려 현공법사님을 모시고 일요법회를 했습니다. 그 후 노송동 노송정사에서 법문을 하셨고 전주 지역에 불교가 크게 일어나게 했습니다.

현공법사님이 전주 시내에서 일요법회와 불교 강좌를 열면서 전주에서 거사불교가 형성되었던 것입니다. 그러다가 화엄경 법문 하시며 열반에 드셨습니다.

스승 인연이 중요하다는 게 여기에는 현공법사께서 소승으로 가버렸으면 나는 포교사가 되지 않고 전법사가 되지 않고 혼자 득도하려 열심히 했을 거예요. 현공법사는 대승불교 보살이셨거든요. 그러니까 항상 내가 나를 찾는 건 지혜인데, 자비가 있는 지혜여야만이 중생을 구제할 수 있고 궁극적으로 자기도 제도가 되니 지혜와 자비는 수레바퀴 두 개처럼 가야 한다는 거였습니다. 그러니까 처음 기초부터 나는 대승불교의 대자대비 사홍서원부터 자타일시 성불도였으니까, 자연히 내면적으로는 법문에서부터 집중 수련, 화두 참구하고, 열심히 자아 발견을 위해서 노력을 하지만 사회에 나와서 만남이 있을 때는 포교하는 거지요. 그때 내 열정의 포교는 내가 기차를 타고 앉았으면 옆 사람에게 재미있는 얘기를 꺼내 불교 얘기로 연결하고, 어느 곳에 있든지 간에 가벼운 얘기로 유도해서 결국은 불교 설법으로 회향하고. 이것이 자나 깨나 하는 일이었지요.

Q 근데 현공법사님은 왜 갑자기 광주에서 전주로 오시게 됐어요?

A 정혜사에 당시 주지, 보문종 종정도 하신 정명주 노스님하고, 또 묵담 국성우 스님하고 또 부안 내소사의 해안 스님, 보문사 주지 학일 스님하고 전주에 있는 유지들이 노송동에 전주불교회관을 만들고 전주에 와서 포교해 달라고 적극적으로 요청해서 모셔 왔죠.

Q 전주에 묵담 스님이니 해안 스님이니 이름만 들어도 거창하신 분들이 계셨군요?

A 내소사 해안 스님은 승려이면서 중국에서 생활도 하셔서 한문과 중국어와 한시에 박통했어요. 그러니까 스님은 말씀이 시였어요. 어떻게 그 문장이 화려하고 지식이 충만한지 몰라요. 게다가 제자

들이 아주 훌륭해요. 재가불자로 청산 김태진 거사가 마을 제자로는 1호고요, 최고의 상수이지요. 승려로는 돌아가신 혜산慧山 스님, 해안 스님의 법을 이어받은 스님이고 아주 걸물이시죠. 해안 스님은 대선사로서 한국 불교계의 최고 선사 중 한 분이셨고 그냥 시골에 박혀 가지고 선만 하신 어른이에요. 근데 내 눈으로 보는 스님으로는 해안 스님이 대단히 법이 높고 선지가 투철하세요. 열반하실 때 의사로서 볼 때는 엄청 고통스러운 상황인데, 견딜 수 없는 상황에서도 전혀 내색을 안 하고 항상 온화한 미소를 잃지 않고 열반에 드셨어요.

그다음에는 국묵담 스님, 완산동 관음선원에 주석하셨는데 그 스님은 어디 비교할 수가 없어요. 승려라는 그 이름, 화상이란 이름 가지고는 조선 후기 대한제국 시대 이후로는 그분 비교할 분이 없어요.

Q 우리가 숭산 스님이나 경허 스님은 다들 하늘의 별처럼 받들어지는데 묵담 스님은 아는 분이 별로 없어요.

A 그 묵담 스님은 조선조 때 황실에서 얼마나 아낀 분인지, 내려 준 선물을 보면 알 수 있어요. 얼마나 준수하고 실력 있는 분인지. 계행은 자장율사 같고, 삼학에 통했고, 그리고 대자비심이 어린애 같고. 그런데 스님들 다룰 때는 호랑이 사자고, 우리 신도들한테는 그렇게 자애롭고 따뜻한데, 참으로 높으신 분이시지요

그다음이 후일 보문종 종정이 되신 정혜사의 정명주 주지스님이

시지요. 만공 스님 등이 정혜사에서 주무시고 가고 그분들의 법문 들으며 어린 스님이 다 보고 자라서 그냥 자연히 커진 거야. 비구니지만 남자의 기질과 아량으로 따라갈 수가 없을 만큼 큰어른인데 항상 사탕을 주머니에 넣고 다니면서 애들에게 사탕을 주며 그렇게 자비스러웠어요. 선과 자비 그리고 포교 자체셨지요. 불교발전에 혼신을 다했고. 전북 불교 살려야 되겠다, 포교를 해야겠다며 실질적으로 모셔오고 후원을 하는 거고. 현공법사님이 전주로 오시게 된 제1등 공신은 정명주 주지스님이지요. 그리고 옆에서 묵담 스님, 해안 스님 등이 같이 공조하신 거고요.

Q 만해·만공·해안·묵담 스님들 … 교과서에 나온 이름 같아요. 어려운 시절에 인물도 많고 의욕도 많았네요.

A 명주·해안·묵담 스님 덕분으로 현공법사님 모시고 예식장이나 보훈회관을 빌려서 일요법회를 해 왔죠. 그러다가 정혜사에서 모금해서 노송동에 정혜사 전주 포교당을 지었어요. 설암 이학일 스님이 주지를 맡고, 현공법사님이 법문을 하도록 한 거예요. 현공법사는 정진 스님이 여신 승암사 강원에서 스님들 대상으로 사미과부터 대교과까지 강의하시고 법문 자료집도 내셨지요.

Q 신도들과 일반 시민들을 대상으로 한 시민 강좌네요.

A 시민불교 강좌가 된 거지. 그렇게 해서 전북 불교가 잠잠하고 아주 고요하다가 활기를 띠게 된 거죠. 정혜사를 중심으로 포교운동을

시작하면서 현공법사님이 오셔서 시내에다 일요법회를, 불교 강좌를, 시민 강좌를 열어서 독립적인 거사불교가 형성이 된 거예요. 시민불교는 거사들이 들어가고, 절에는 보살들이 가고, 전주 정혜사 포교당 보문사라고 이름 지어서 거기에서 일요법회, 특별법회도 하고 거기서 법문을 하시면서 거사불교가 형성되고 했지요. 해안 스님의 제자인 청산거사로 해서 거사들이 선을 주도해서 전주가 거사선居士禪 요람이 된 거예요. 거사선! 청산이 우두머리죠. 그것도 혼자 집에서만 한 것도 아니고 모여서도 하고, 또 하안거 동안거 하게 되면 가서 스님 모시고 하고, 절에서 스님들 하듯이 거사들이 그렇게 선을 꾸준히 철저하게 해 온 거예요. 인원은 한 십여 명 정도 됐을 거예요. 그렇게 전주 불교, 전북 불교의 거사선의 요람이고 맥을 확실하게 세워서 그 당시를 이끌었던 게 바로 해안 스님이고, 후원자는 혜산 스님이고 그걸 김태진 청산거사가 주도한 거죠.

룸비니 창립 배경

Q 현공법사님의 포교로 전주 불교에 불이 붙어 포교가 활발하게 이뤄져 불교학생회도 창립하게 되었네요. 지금은 고등부 불교학생회인 전주 룸비니가 없어지고 파라미타학생회로 바뀌었습니다. 전주룸비니불교학생회 창립 당시는 어떠했습니까?

A 1970년 초는 전국 각 도에서 7~8개 대학들이 불교연합회를 만들어서 활발하게 활동할 때였어요. 그때 전북에는 대불련이 없었죠. 그래서 현공법사님에게 '전북에 대불련을 만들어야겠다'며 도움을 청하고 기초작업을 했어요. 당시 내가 전주도립병원 내과 과장을 하고 있었는데, 일단 전주간호학교 불교학회부터 시작했습니다. 이 학생들이 전북대 동아리에 들어가서 불교학생회를 제안했고 호응을 받았죠. 고 김원용 거사전 전북대 사서실장의 지원으로 전북대학교 불교학생회를 창립하게 됐죠. 이어 전주대학과 우석대학도 대불련을 창립했고요.

대불련이 창립되고 그 여세를 몰아 고등부인 전주룸비니불교학생회를 창립하게 됐습니다. 초창기에 대불련과 룸비니불교학생회 법문은 현공법사와 정혜사 지현 스님이 주로 해 주셨고, 재가불자인 나와 청산거사도 거들었어요. 특히 전북대 사무국장이었던 최명훈 법사의 후원과 활동도 큰 힘이 되었습니다. 고등부 룸비니에 이어 중등부 보리수불교학생회를 창립하고, 관음선원과 정혜사에서 불교유치원을 운영하면서 유치부에서 대학생, 재가불교의 산실인 원각회까지 조직을 갖추게 됐습니다. 학생불교가 딱 완성이 되고, 거사불교 또 신도불교까지 마무리가 된 것이죠.

거사불교는 승가에 독립적이다는 의미에서는 룸비니도 같은데요, 고등학생들이 자비를 내고 운영금을 모으고 법사를 섭외하고 법회 진행을 스님이 아닌 학생이 이끌고 갔죠.

거사불교의 의의

Q 전주 원각회는 재가불교운동에 새로운 획을 그은 것으로 알려져 있습니다.

A 사찰에서 조직한 사찰 신도회는 사찰에서 인적, 재정적 지원을 받기에 주지스님에게 의존하는 경향이 있습니다. 그러나 원각회는 재가자들이 도심 한복판에 도량을 갖추고 포교와 수행을 하는 생활불교 도량입니다. 전국의 큰스님들을 모셔 법문을 청해 듣지만 스님이 아닌 신도회에서 맡은 사람이 진행하고 운영도 자체적으로 감당하고 있습니다. 사부대중이 절과 삼권분립되듯이 조직한 이게 아주 독특하고, 후일에 불교학자들이 연구할 때 한 테마도 돼요. 인도의 유마거사, 중국의 방거사, 여기에 신라의 부설거사가 있지요. 부설거사가 견성오도見性悟道하고 부인과 아들딸도 다 견성시켰는데, 머리나 옷, 결혼, 여성, 절집이냐에 상관없지요.

태고종은 민가와 가깝고 사부대중이 다 같이 하는 것에 비하면, 조계종이 자리 잡아 가는 과정에서는 스님 아래 대중으로 재가불자하고 승속이 너무 분리가 돼 버린 느낌입니다. 그러다 보니까 공부나 수행은 스님들이 하는 거고, 재가자들에게는 해탈이 남 얘기처럼 돼 공부에 관한 생각이 많이 줄어들게 되는 상황들이 벌어졌지요. 지금 조계종에서 그런 거예요. 비구와 대처의 싸움이 없을 때는 안 그랬는데 나눠지면서 비구, 비구니, 사부대중, 승속이 완전히 다른 걸로 구분된 거죠. 비구승으로 정화되면서 선불교를 들고 나왔는데, 선불교라는 것이 마음 찾는 공부고 자기 찾는 거고 자성을 찾는 거죠. 그러려면 화두 들어야 하고 경經 보지 말고 경 보면 번뇌망상만 일으키니 화두 타파해야 너를 찾는 거고요. '정토 불은 가짜고 그리고 살불살조殺佛殺祖, 부처 나오면 부처 죽이고 조사 나오면 조사 죽여라. 화두만 들고.' 이것이 실제로 내가 목격하고 체험한 것인데 이러면서 불교가 점점 다가가기 힘들어졌지요.

불교 쇠퇴의 현실과 대안

Q 최근 들어 전북 불교, 한국 불교가 크게 위축되고 약해지고 있다는 생각이 듭니다. 여기에 대해서 어떻게 보시는지요?

A 전북에 불교가 없어져 간다고 합니다. 불교 신도도 없고, 불교 활동도 없고, 유치원도 없어지고, 중고등부 학생회와 대불련은 이름만 있을 뿐이라고 합니다. 승암산 이름도 천주교 치명자산으로 바뀌는데 그러려니 해요. 참으로 안타까운 일입니다. 화두 중심의 선불교에서 벗어나 대중적인 포교가 필요합니다. 우리는 견성도 필요하지만, 의식주를 비롯해 어렵고 힘든 세상에서 의지해 가피를 받고 싶은 거잖아요. 거기다가 화두 들라 하면 사람들이 힘들어 하죠. 우리가 의지할 곳이 서서히 없어지게 됩니다.

자기 조직 활성화 문제에서는 목사는 아주 간단한 방법을 쓰던데, "신이 창조하고 너를 만들었으니까, 신을 찬미하면 너를 잘 살게 해 주고 죽은 다음에도 천국에 간다." 이렇게 간단하고 쏙 들리는 촌철살인으로 무당 노릇 해 버리는 거지요. 목사의 포교 방법, 전도 방법하고 스님의 포교 방법, 전도 방법의 우열에 따라서 달라지는 겁니다. 불교가 다가가기 쉽냐? 기독교가 다가가기 쉽냐. 이것은 목사나 승려한테 달렸고, 목사와 승려의 게임입니다.

그러면 어떻게 할 것인가. 현재는 기독교 방법, 과거는 우리 방법이었는데, 정화 이전에 잘된 불교, 또 일본 불교를 벤치마킹해서 그대로 가면 기사회생할 수 있어요. 한국 사람 기질은 기본적으로 피 속에 무속적인 피가 흐르고 있어요. 단군할아버지가 신선 아니에요? 단군의 피가 세계의 문화계를 휩쓸고 다니는 그런 춤추고 노래 부르고 남 흉내도 못 내는 일을 하고 있잖아요. 88올림픽 때든지, 축구든지, 붉은악마든지 뭐든지 한바탕 돌려 보면 무당춤이거든요. 그 기본이 무속에 있어요. 그러면 다시 우리가 찾아와야죠. 찾아오려면 선불교 하면 안 되죠. 정토불교를 해야 합니다. 하다 보면 깊은 교리가 나오잖아요. 그러면 저 아미타불 극락세계에 갈 것도 없이 여기서 내 정토를 찾을 수 있고, 내가 아미타불을 볼 수 있죠. 이렇게 하면서 자연히 선불교에 들어갈 사람은 가고, 거기까지 못 간 사람은 아미타불 극락정토 찾는 거죠. 관세음보살에 기도해서 영험 받고요. 이런 것을 다시 찾아와야 합니다. 정토불교로 가야 살아날 수 있어요. 정토불교로 가면 살아서는 관음보살이 나를 항상 보호해 주고, 내가 세상 떠나면 관세음보살이 일로왕보살을 연결해 아미타불 극락세계에 100% 가고요. 죽기 전에 열 번만 내가 아미타불 왕생 원을 가지면, 나중에 나도 부처 될 수도 있고 계속 살 수도 있고. 이렇게 나가면 지금 이 사바세계도 인간으로서 편하게 살아가고 내생에는 내생대로 아주 안락한 정토극락에 갈 수 있는 거죠.

스님도 신도들도 같이 춤 배워서 바라춤만 추는 게 아니라, 다른 춤도 추고 노래하고 산사음악회도 하고 천수경 공부하고 따뜻하게 염불해 주고 그리고 기도해 주고. 조계종 스님들이 의식 개혁해서 다시 불교를 재건, 재활성화, 재복원을 해야 합니다.

그러다 보면 선불교는 하지 말라고 해도 수승한 사람들은 스스로 찾아가게 되어 있어요. 그렇게 찾아가게 될 때 선전문은 선원 어디 가서 수행할 수 있다고 하면 돼요. 템플스테이를 하든지 뭐 하든지 집중적으로 교육할 수 있고 나머지는 완전히 정토불교로 가야 돼요. 교학불교, 정토불교로 가야죠.

Q 저는 오늘 얘기 들으면서 선불교의 폐단, 이게 선불교가 어렵게 가지 말고 쉽자고 한 건데 오히려 더 어려워지고 대중들하고 멀어지게 된 그런 상황들이 이해됐어요. 왜 이럴까 했던 부분들. 그런데 교학이라고 하는 부분 그다음에 정토라고 했던 거, 원효대사가 민중들 교화했던 방법들이잖아요. 정말 아미타불 10번만 하면 정토 간다. 이런 것들 속에서 맥락이 잘 잡혀서 아주 시원합니다.

A 불교가 다시 일어나기 위해서는 정토불교를 되살리기 위해 힘써야 합니다. 아미타불 극락세계에 갈 것도 없이 여기가 곧 정토가

되도록 해야 합니다. 그리고 바라춤을 비롯해 다양한 불교문화 콘텐츠를 개발해 생활 속에 보급해야 해요. 누구나 승무와 바라춤을 배워 극락세계를 직접 느끼도록 하는 겁니다. 불교적 신명을 일으켜야 합니다. 경 읽고 법문도 듣고, 위파사나도 하여 즉각 마음도 잡아 주고, 불교의 화두선보다 마음챙김 명상을 통해 쉽게 접할 수 있도록 해야 합니다.

소셜미디어 시대인 지금은 방에 앉아서도 소통하고 전달할 수 있잖아요? 그러니 인터넷 불교 강의도 하고 유튜브를 통해 대중불교 생활불교를 펼쳐야 합니다. 굳이 스님에게만 맡겨서는 안 됩니다. 이럴 때 룸비니 출신들이 나서야 합니다.

Q 창립 50주년을 맞는 룸비니 동문들에게 해 주고 싶은 말씀이 있는지요?

A 대불련이나 룸비니, 보리수 학생회는 미래 불교의 동량입니다. 명맥이 잘 이어져야 하는데 룸비니가 해산되고 파라미타로 바뀌어 아쉽습니다. 룸비니불교학생회가 태고종 사찰을 찾아가 보시 받았지만 태고종 종단에서는 들어오라고 요구하지 않았습니다. 불교에서 보시는 무주상 보시여서 보시하면 그것으로 끝나는 겁니다. 보문종인 정혜사도 그랬습니다. 그런데 조계종은 자기 종단 소속이 되어야 한다고 했어요. 이것이 지역에서 불교학생회를 비롯해 재가불교가 약해지는 원인 중의 하나였죠. 실제로 조계종 파라미타가 생기면서 룸비니를 비롯해 지역 불교학생회가 해산되고 말았습니다. 룸비니불교학생회의 해산은 지역 불교에서 커다

란 손실입니다.

다시 룸비니불교학생회가 복원되면 좋겠어요. 파라미타는 그대로 두고요. 인적으로 겹쳐도 상관없어요. 정기적으로 법회를 열고, 종단과 관계없이 스님들을 청해 법문 들어야죠. 종단을 초월한 사찰들의 지원을 받으면서요. 화려했던 룸비니불교학생회가 다시 일어나기를 기원합니다.

- 대담 03: 전라북도체육회 원로 대담 -

대한민국 우슈의 살아 있는 역사, 이동호 원로

인터뷰_강소은(미디어공동체 완두콩협동조합 기자)

2022.09.30.

국내 유일 우슈 10단에 입신한 거사居士의 일생

우슈는 우리말로 하면 무술武術, 쿵푸는 공부工夫다. 즉 우슈와 쿵푸는 특정한 무술을 지칭하는 말이라기보다 수련과 비슷한 의미의 '무술공부우슈쿵푸'를 뜻하는 말이다.

우리나라에서 중국에서 건너온 '우슈'를 논하기 위해서는 꼭 빠져선 안 될 인물이 있다. 바로 국내에서 유일하게 우슈 10단에 입신한 이동호 원로다. 그는 전남대학교 의과대학에서 석·박사 학위를 취득하고 전남대학교 의과대학 외래교수, 경희대학교 의과대학 교수, 전북도립의료원 원장, 전북대학교 의과대학 외래교수 등을 역임했으며, 일생에 걸쳐 끊임없이 도학道學을 탐구하였다. 곧 그는 인간의 존재를 일깨워 주는 것이 '교육'임을 자각하여 교육, 문화, 생활체육 분야에서 선구적인 활동을 벌여 왔다.

고단함을 이겨낸 어린 시절

이동호 원로는 1938년 전남 보성군 문덕면 용암리 29번지에서 5남매 중 장남으로 태어났다. 그는 외로운 유년 시절을 보냈다. 농업행정 공무원인 아버지와 교사로 일한 어머니는 맞벌이로 인해 자녀들을 돌볼 여력이 없어 가정부가 아이들의 보육을 맡았다. 또한 교사인 어머니의 학교 발령에 맞춰 1~2년마다 영암, 보성, 벌교 등 주변 지역을 옮겨 다녀야만 했다.

1945년 8월 15일 일제의 식민지배로부터 독립을 되찾았을 때 그는 여덟 살이었다. 이때 장흥에서 보성으로 이사를 갔고 초등학교에 입학했다. 하지만 해방된 기쁨은 아주 잠시였다. 당시 우리나라는 단독정부의 수립을 둘러싸고 좌우의 대립으로 비극적인 사건이 곳곳에서 일어났다. 1948년 제주4·3사건과 10월 19일 여순여수·순천사건이 잇달아 발생했고, 보성에 살던 그도 역시 당시의 상황을 또렷하게 기억하고 있다. 이렇듯 고난의 시대에 태어난 그는 일제강점기 때는 강제로 일본어를 사용했고, 한국전쟁 때는 피난을 다니며 무수한 역경을 겪었다.

초등학교 6학년 때는 대전 대흥초등학교로 전학 가서 졸업하고 그해 5월 중학교에 입학했으나 한국전쟁이 발발해서 보성까지 걸어서 피난 갔다. 그는 중학생이 되고 한창 공부해야 할 나이에 연필 대신 손에 죽창을 들고 전투 훈련을 받기도 했다. 비록 어려운 시절이었음에도 공부의 끈을 놓지 않고 체력 단련도 쉬지 않았다. 초등학교 때는 육상, 높이뛰기, 멀리뛰기를 즐겼고, 중학교 때는 동네에서 복싱선수로 불렸다. 고등학교는 가족과 떨어져서 광주고등학교로 진학했으며, 당시 학교의 체육 교사가 유도 전공이어서 유도를 자연스럽게 접할 수 있었다.

다방면으로 재능이 많았던 그는 대학 진학을 앞두고 진로를 고민하기 시작했다. 결국 "어떤 상황에서도 정직해야 한다"는 부모의 가르침에 따라 정직한 의사가 되기로 했다. 그리고 훌륭한 의사 교수가 되어 많은 후배들을 양성시키고자 부푼 꿈을 안고 전남대학교 의과대학에 입학했으며 20대부터 그의 인생에 새로운 지평이 열리기 시작했다.

불교에서 발견한 득도의 경지

청소년기부터 뛰어난 기억력으로 '천재'라는 말을 듣고 자란 이 원로는 영어, 라틴어, 불어, 독일어 등 외국어 단어를 외울 때 쪽지를 만들어서 한두 번 읽으면 다 외울 정도였다. 학교에서 배우는 교과과정 외에도 다양한 분야로 견문을 넓혔다.

열아홉 나이에 사랑의 열병을 앓았던 그는 이를 치유하기 위해 심리학과 정신분석학을 공부했다. '인간이란 무엇인가'에 대한 물음의 해답을 얻기 위해 서양철학을 공부했지만 해답을 찾을 수 없었고, 당시 동양철학은 쉽게 찾아볼 수 없었기에 종교를 찾았다.

의대 본과 1학년이 되어서도 그는 의문을 찾는 여정을 멈추지 않았다. 그러다 광주 시내에 있는 사찰인 동광사의 현공玄空 윤주일尹柱逸(1895~1969) 법사를 만났다. 현공법사를 처음 보는 순간 그는 '이분이 나를 인도해 줄 스승'이라는 것을 본능적으로 직감했다. 그리고 매일같이 대학 수업이 끝나면 현공법사를 찾아가 가르침을 얻었고 어느 날 홀연히 화두가 풀렸다. 삶과 죽음의 논리철학을 불교에서 얻은 것이다. 그는 계속해서 도道를 탐구하기 위해 도인이 있는 곳이라면 어디든 달려갔다.

그는 1960년대에 근대 한국 불교계에서 '지혜제일'로 소문난 고승인 전강田岡(1898~1975) 스님을 만났다. 전강 스님은 선문답에 있어 전광석화 같은 지혜를 보여 주었고, 그 설법의 요지는 무상無常에 관한 것이었다. 다음은 순천 송광사 구산九山(1909~1983) 스님을 만났고, 주된 설법 내용은 '칠바라밀'의 실천이었다. 월요일에서 일요일까지 한 가지씩 실천하라는 뜻이었다.

이 밖에도 수많은 고승들을 만난 이 원로는 '수행을 위해서는 마음과 육체가 모두 건강해야 한다는 것'을 깨달았다. 몸을 먼저 닦아야 마음도 열리는 것이며 몸과 마음을 모두 닦는 것이 바로 성명쌍수性命雙修라고 강조했다. 이에 그는 대학 시절에는 보디빌딩과 유도를 통해 꾸준히 체력을 단련시켰다. 특히 대학교 유도부원에 들어가 유도선수로 활약했으며 내과전공의 과정을 수료하고 1978년 9월 대한 합기도협회 운무관에서 합기도 유단자 자격을 얻었다.

태극권의 본고장에 가다

'대체의학'이란 다양한 범위의 치료에 대한 철학·접근 방법·치료법을 포괄적으로 이르는 말이다. 대표적인 대체의학으로는 요가, 수영과 함께 태극권이 있다. 태극권은 무술이면서도 예방의학이자 자연치유 촉진 효과가 있는 보완의학 범주에 속한다.

그는 중국과 국교를 맺은 1992년 이후에 우슈와 쿵푸, 태극권의 본고장인 중국으로 향했다. 이때 중국 무당산에서 '장삼봉'이라는 도사가 저술한 한복을 입고 무술을 수련하는 108동작이 기록된 '장삼봉태극권도설'을 접하고 태극권에 입문하였다. 이어 중국 하이난도海南島에서 제1회 세계건강태극권대회가 개최되었는데, 그곳에서 태극권 5파 장문인들의 전통 태극권 교육과 현대 태극권 단위과정을 교육받고 3단 과정에 있는 24식 간화 태극권으로 출전하여 은장을 받았다. 이어 2002년 베이징으로 가서 중국무술협회 본관 도장에서 태극권과 태극검 교육을 받고 우슈 단위 실기시험과 무덕론에 대한 이론 구술시험에 합격하였다. 이때 중국국가체육총국무술관리중심과 중국무술협회에서 공동 발행한 중국 우슈 공인 5단을 획득했다.

그리고 2005년 68세의 나이로 태극권 최고 단인 공인 9단 승단

심사에 합격했다. 우슈태극권 무림계는 겸양지덕이 높아 한국에는 최고 단인 9단은 없고 8단이 4~5명 정도로 극소수만 있으며, 중국에서도 9단이 3명, 8단이 8명이 있을 뿐이다. 그만큼 최고 단인 9단에 입신하는 것은 희귀한 일이었으며 2013년 11월 이 원로는 공인 10단으로 승단되었고 이를 계기로 비로소 문파 최고수 장문인들도 9단으로 승단하는 기회를 갖게 되었다.

이 원로가 우슈태극권 최고 단으로 심사된 요건으로는 그가 추진하고 설립한 한국태극권학회, 사단법인 대한태극권학회, 사단법인 대한태극권협회, 사단법인 대한태극권연맹, 전국우슈태극권연합회, 국민생활전국우슈연합회에서 회장직을 수행했던 공적 등이 있다. 또한 중국무술협회 본관에서 정식으로 우슈태극권을 배워 오고 국내에 생활체육으로 정착시켜 보급해 왔던 점들도 있다. 이 밖에 그는 한국에서 태극권 승단제도를 전북 지역에서 최초로 만드는 등 국내에서 태극권을 도입하고 보급하는 데 앞장서는 역할을 지속적으로 수행해 왔다.

태극권의 불모지였던 한국에 불어온 새바람

과거 우슈는 엘리트 선수들만 할 수 있는 고난이도 종목이라는 인식이 있었지만 곧 생활체육으로 쉽게 접할 수 있는 종목으로 저변이 확대되었다. 그중 태극권은 현대인들에게 가장 적합한 운동으로 자

국민생활체육전국우슈태극권연합회 창립총회에서 취임사를 하고 있는 이동호
| 2003.02.15.

리 잡았으며 태극권이 보급된 기원에 이 원로가 빠질 수 없다.

그는 2000년 7월 중국 산시성 화산무술관에서 선도수련을 하고 2001년 5월 12일 서울 반포빌딩에서 한국태극권학회를 창립했다. 이어 중국 하이난도 제1회 세계건강태극권대회에 한국 대표단을 참가시켰다. 본격적인 활동은 2002년 8월 23~24일까지 한중수교 10주년, 한일수교 30주년 기념, 한·중·일 베이징태극권교류대회에 한국 대표단으로 한국 우슈 회원, 단체들이 참가해 베이징올림픽체육관과 베이징천단공원에서 80명의 임원들과 회원들이 집체시범 교류를 한 데서부터 시작되었다. 그리고 이를 기점으로 2004~2005년도까지 수많은 국내 입상자를 배출하여 한국 태극권의 세계적인 위상을 높이는 데 선구자 역할을 함으로써 한·중·일 국제교류에 우리나라의 위상을 높이는 데 이바지했다.

종교단체와 노인에게 전파한 생활체육

이 원로는 2000년대 초반, 생활체육에 소외된 종교단체와 성직자들과 노인들을 대상으로 태극권 보급 활동을 본격화했다. 2003년 청암사 승가대학의 승려들을 대상으로 태극권 지도자 강좌를 개설했다. 2004년부터는 전국 최초로 실버태극권 보급을 위해 전문지도자 300여 명을 양성하여 전국의 노인복지시설에 지도자를 파견하여 40여 개소의 노인복지관과 노인요양원에 있는 2,000여 명의 노인들에게 건강을 되찾는 생활체육 운동을 전파시켰다. 이어 생활체육에 소외된 어르신의 친선과 화합의 장을 위해 2005년부터 전국 어르신실버태극권대회와 전국연합회장배 전국우슈대회에 노인부 경기를 신설하여 해마다 400여 명의 어르신이 대회에 참여할 기회를 마련했다. 이에 그는 생활체육 진흥에 대한 공로를 인정받아 2006년 국민생활체육협의회장 표창, 2007년 문화관광부장관 표창을 받았으며 그 외에 생활체육 진흥과 전국 대회 유치를 통한 지역 경제 활성화에 이바지함으로써 전라북도지사의 감사장, 전주시장 표창을 받았다. 이어 그는 2008년 4개 사찰청암사, 동학사, 선운사, 금당사의 승려들에게 기술을 지도해 오고 있다. 특히 마이산 금당사에 대한민국 태극권 총 본산

국제무술교류대회, 선서에 화답하는 연단의 이동호 | 2006.09.01.

을 두어 지도자를 양성해 사회단체와 노인단체에 태극권을 알리고 생활체육 우슈의 기반을 다졌다.

후배 양성과 교육에 앞장서다

이 원로가 이사장을 맡고 있는 정읍 인상고등학교는 2001년 전국 최초로 우슈부를 창단하여 체육시간 때 일반 체육과 우슈 수업을 진행하고 있으며 학교 졸업 시 무술 2단 자격증을 수여한다. 학생들의 건강과 감성 증진을 위해 인상고등학교는 전국 유일한 태극권 시범학교로 1인 1기를 실천해 오고 있을 뿐 아니라 매년 국내외 대회와

전북 보디빌딩협회 이동호 회장 취임식 | 1988.04.16.

세미나를 유치해 태극권의 국민생활화를 선도하고 있다.

인상고등학교는 제8회 전국학생우슈선수권대회에 출전하여 권술과 검술로 금메달을 획득하고 국민생활체육 전국우슈대회에서는 개인전 및 단체전에서 많은 금메달과 우승 트로피를 획득하는 등 높은 기량을 발휘했다. 이어 2007년 4월 전라북도가 출자해 설립한 전라북도인재육성재단의 초대 이사장으로 취임한 이 원로는 지역 미래를 좌우할 지도자 육성에 발 벗고 나선다. 서울과 전주에서 숙식을 제공하는 장학숙 운영과 고시 1차 합격생을 대상으로 한 고시원 운영 외에도 영어권 7개국의 해외연수, 장학금지원사업 등 인재육성프로그램을 통해 장학숙은 5,880명, 해외연수는 3,711명, 장학금은 1,644명이 혜택을 받았고, 161명의 고시 합격생을 배출하였다.

인상고등학교 야구부 창단식 | 앞줄 왼쪽 일곱 번째가 이동호, 여덟 번째가 전라북도 지사 김완주 | 2012.12.21.

이처럼 사학 육성과 인재 양성에 힘쓴 이 원로는 그 공로를 인정받아 2013년 대한민국 봉황장을 수상했다. 이 밖에도 그는 원광대학교 자연대학 무도부와 스포츠레저과의 체육생리학 시간강사, 우석대학교 체육과와 교양학과, 사회체육대학원 박사과정 체육학 시간강사, 전주대학교 태권도학과 우슈태극권 실기 시간강사, 전주비전대학 생활체육과 생활체육 시간강사를 다년간 지내며 체육 교육을 위해 대학 강단에도 수차례 올랐다.

앞으로의 길

올해 85세의 나이에도 꼿꼿한 자세와 맑은 기운을 유지하고 있는 이 원로는 후배들에게 '우슈의 포용과 조화로움'에 대해 말했다. 우슈 기공과 태극권을 하면 심신이 유연해지며 태극권의 원리인 음양사상을 이해하고 태극권으로 모든 체육의 기본 심신수련을 한다면 어떤 체육이든 각 전공 분야의 기술을 더욱 발전시킬 수 있다는 것도 강조했다. 또한 그는 과거에 전주시우슈연합회와 전라북도우슈연합회를 창립 운영하고, 전라북도생활체육회 수석부회장과 회장직을 수행할 당시 항상 물심양면으로 적극적으로 도움을 준 전주시장과 전라북도지사였던 김완주 지사에게 감사한 마음을 표했다.

2020년 '전주를 빛낸 시민 8명'으로 전주시민대상 체육대상을 수상하여 지역 발전의 공로를 인정받은 이 원로는 앞으로도 전라북도 도민들에게 생활체육을 보급할 수 있도록 노력 중이다. 특히 그는 문사철文史哲 체육을 통해 제자들과 소통하는 공간을 넓히며 전라북도 체육인 원로로서 그 역할을 충실히 하고자 한다.

[발문跋文]

정서적 결손을 이성만으로 충족할 수 없다

이동호 박사 제2 칼럼집 『외로움은 가위로도 잘리지 않는다』에 붙임

이동희(시인·문학박사)

저자로부터 발문을 써 주십사 하는 과분한 청탁을 받고 저서를 정독하였다. 그리고 전편前篇이라 할 수 있는 『활을 당기고도 쏘지 않는다』를 서가에서 꺼내어 다시 읽어 보았다. 물론 전편의 말미에 실린 필자의 발사跋辭 "한 지성인의 사문유관四門遊觀"까지 재독하였다. 그리고 얻은 결론은 도저히 이 글에 쓰인 만큼의 다른 변설을 덧붙일 언사를 찾을 수 없었다. 이것은 순전히 필자의 역량 부족함에서 비롯하는 것이기도 하지만, 한 인물을 그려냄에 있어 십 년이라는 시간적 거리를 사이에 두고 그 변화감을 착안한다는 것이 쉽지 않기 때문이기도 하다. 그래서 저자의 양해와 허락을 받고 전반부를 다시 인용하는 것으로 책임을 다하려 한다. 그리고 결말 부분에 이번의 저서 『외로움은 가위로도 잘리지 않는다』에 대하여 소략한 견해를 피력함으로써, 저자의 과분하신 청탁에 따른 의무를 다하려 한다.

인간은 자신이 지닌 삶의 문제를 해결하기 위하여 이성과 감성을 조절한다. 사람은 이성적으로 사유하면서 동시에 감성적으로 존재한다. 인생 문제의 해답을 얻고자 지성은 감성을 통제하려 하고 감성은 지성을 지배하려 한다. 사람됨의 역사는 어찌 보면 이성과 감성의 쟁투의 과정이라 해도 과언이 아닐 것이다.

세기의 전에 유효하던 바로는 이성적 통제가 우선하였다. 중세 유럽은 말할 것도 없고 조선조 오백 년의 역사도 이성이 감성을 억압하고 통제해 온 사람 부재의 시대였다. 사람의 자리에 이념이나 가치나 제도가 자리를 대신해 사람다움이 설 자리가 없었다. 실체로서의 사람, 구체성으로서의 사람 대신에 관념의 사람, 도리의 사람이 그 자리를 차지하고 있었다.

그래도 20세기에 접어들어 심리학의 발달과 정신분석학의 성과로 그 난공불락처럼 보였던 이성의 냉철함이나 지성의 견고함에 틈이 생겼다. 지성마저 감성에 의해서 생겨나며 사람됨의 진정성은 감성의 파노라마에 의해서 다양하고 다채로운 빛깔을 갖출 수 있음이 속속 증명되었다. 어찌 서양의 과학뿐이었을까? 우리에게도 '평양감사도 저 싫으면 그만'이라거나 '아지매 떡도 커야 사 먹는다'고 일찍이 이성당위성보다는 감성사람됨이 윗길임을 간파하고 있었다.

석가모니는 태자 때 가비라성迦毗羅城 밖으로 놀러 나갔다가 동문 밖에서는 노인을, 남문 밖에서는 병든 사람을, 서문 밖에서는 죽은 사람을, 북문 밖에서는 승려를 만나 늙고 병들고 죽는 고통을 해결하기 위하여 출가하기로 결심했다고 한다. 이를 일러 불가에서는 사문유관四門遊觀이라 한다. 석가모니께서도 인간의 근원적인 문제인 생로병사의 진리를 네 성문 밖에 나가 보고서야 제대로 된 문제의식을 갖게 되었던 것이다. 사람됨의 실체, 구체성을 감성적으로 체험하고 나서야 비로소 깨달음이성에 이르고자 결심하신 것이다.

이동호 박사님은 도규계刀圭界의 명인이다. 지방 의과대학의 지도교수로서 혹은 개업의의 역할과 명성으로 우리 지역사회에 쌓은 덕업은 설명을 필요로 하지 않는다.

이 박사님은 불교의 재가수행자이기도 하다. 이미 의과대학 학생시절부터 철학도로서 학업의 진수를 밟아 온 것은 말할 것도 없고 본업인 의업보다는 불교학 연구와 불교 수행에 전념 정진한 이력은 여느 불자의 식견과 수행도로는 넘보기 어려운 행력을 지닌 분이다. 불가의 수행은 신·해·행·증信解行證이다. 부처님의 가르침 반야般若를 믿고信, 그 가르침을 마음으로부터 받아들이고解, 몸으로 수행 정진하여 터득 실천하며行, 이를 실상實相 반야로 깨닫는 것證이다. 이 박사님은 그런 불문의 신·해·행·증을 정통으로 수행하였다. 서가에 쌓인 불교 관련 서적과 각종 진귀한 경전들을 대하노라면 의사가 본업인지 아니면 불교학자가 주업인지 헛갈릴 정도이다. 그러나 가만히 생각해 보면 그것을 구별하여 무엇하겠는가? 그저 사람을 살리는 일에 과학으로서의 의학과 학문으로서 실천 수행하여 얻은 불교의 정신력이 융합한다면 최상의 결과를 도출할 수 있을 것이 아닌가!

이 박사님은 도가道家에 깊이 침윤된 생활의 도인이다. 이미 아실

만한 분은 아시겠지만 육식의 흔적은 한 방울도 들어가지 않은 채식 위주의 식생활을 고집한다. 심지어 김치에 젓국이라도 조금만 들어 갈라치면 손도 대지 않는다. 식물성 식품에서도 우리 몸이 필요로 하는 각종 영양소를 충분히 공급받을 수 있다는 철저한 채식주의자 이다. 그럼에도 연부역강 왕성한 사회생활의 전선에 우뚝 선 그분은 가히 도가적 달인의 경지가 아닌가 한다. 이 점은 육식을 금하는 불가의 수행 수칙을 지킨다기보다는 도가적인 무위자연이 체질화, 의식화된 분이라는 점을 실감케 한다.

이 박사님은 생활체육의 선구자이자 무술 수행의 달인이다. 태극권을 연마하여 한국 최고의 유단자로서 획득한 명성은 한·중·일 세 나라에 이미 정평이 나 있다. 접견실의 한 벽면을 차지하는 서가를 가득 채운 온갖 자료는 온통 태극권에 관한 것들이다. 이 박사님은 태극권을 단순히 호신용 무술로 연마하는 것이 아니라 양생법의 경지에 접근한 것으로 보인다. 실제로 병원 지하에 태극권 무술 연마장을 마련하고 동호인들을 지도한다. 이렇게 무술마저 양생법, 생활체육의 일환으로 근접하다 보니 전라북도생활체육회 운영의 중책을 맡게 된 것은 어찌 보면 당연한 결과다.

이 박사님은 우리의 전통문화와 예술에 지대한 관심을 가지고 있다. 관심이라고 하기엔 좀 미약하고 대단한 애정이라고 보아야 타당할 것이다. 전통 가무악의 후원자로서 보인 우리 것에 대한 애정은 단순한 물질적 도움의 단계를 넘어 깊은 이해의 차원에서 전개하는 것임을 가까이에서 지켜볼 수 있다. 민족 예술에 대한 역사적 안목과 애정 어린 관심으로 '전주용왕제'를 발굴하고 재현하여 전통과 현대를 접목하려는 노력, 전주단오제의 정체성을 확립하고 역사적 전거를 찾아 동분서주하며 애쓰는 모습은 이분이 바로 우리 전통예술의 파수꾼이라는 믿음을 가지게 한다.

이 박사님은 또한 진정한 문화예술인이다. 우리 고장에서 가장 오래된 자생적 문학단체인 '표현문학회'의 고문으로 오랜 세월 후원자였다. 필자도 문단의 말석에서 시문학 공부에 매진할 때 이 박사님을 만나 벌써 사반세기를 사숙하고 있는 처지다. 사적인 자리에서는 호형呼兄을 허락하시되 한시도 가르침의 노심勞心을 놓지 않으시고 공적인 자리에서는 항상 개인의 손익보다는 공동체의 유익을 먼저 챙기시던 모습은 젊은 시학도의 귀감이었다. 그런 초사焦思의 일념으로 필자의 학문 탐구도 채근하였고 만학의 길에 손을 잡아 주기도 하였다. 현재도 전북예총의 전문 후원자이자 전북문인협회의 지역 문단 원로로서 활약하시는 것을 보면 한 지성인의 희생적이고 헌신적인 역량이 어디에 이를지 감히 짐작하기도 쉽지 않다.

이런 행적은 한 사람이 수행한 삶의 구체성으로 보기에는 좀 벅찬 감이 없지 않다. 전문 영역을 초월하여 타 영역에 대한 지적 호기심과 관용성, 문화예술에 대한 탐미적 관심과 애호, 지역사회와 전통문화에 대한 지속적이고 애정 어린 헌신, 이성과 지성에 안주하기보다는 몸으로 수행하고 행동으로 구체화함으로써 삶의 진경을 확대시켜 나가는 실천력, 공동체의 제 문제에 대한 적극적인 참여와 문제 해결력 등등은 인간 이동호를 형성하는 합집합적 개념의 실상들이다.

마치 석가모니께서 왕자로서의 안주를 버리고 네 성문을 통해 세상과 마주침으로써 삶의 진면목을 발견할 수 있었듯이 지성의 불제자 이동호 박사님은 앞에서 열거한 다양한 인간생활의 문, 영역을 넘나들며 사람됨의 길을 찾아온 선지식善知識이라 아니할 수 없다.

지성이란 무엇인가? 지식이 인격적으로 내면화되어 나타나는 울림이 아니던가. 지식이 많고 식견이 넓고 다양한 체험적 학습으로 삶의 지평을 확대해 온 사람은 일단 지식인이라 할 수 있을 것이다. 그러나 그것은 지성인의 필요조건은 될 수 있지만, 지성인의 충분조건에는 한참 미달한다.

내면화된 지식, 그 지식이 공동체를 유익하게 하고 사람됨의 본질에 기여하는 삶이 구체화된 사람만이 지성인일 수 있다. 지식이 내면화되어 인간주의적 교양으로 무장된 사람만이 지성인이라 할 수 있다. 이동호 박사에게서 지성인의 울림과 사람됨의 긴 그림자를 감지할 수 있다면 곧 세속적 사문四門을 통해 끊임없이 사람됨의 유관遊觀을 지치지 않고 수행한 결과라고 확신한다.

『외로움은 가위로도 잘리지 않는다』는 전편 칼럼집 『활을 당기고도 쏘지 않는다』의 후속편인 셈이다. 전편에서는 다양한 사회문제, 인간 존재의 의미와 그 철학적 사유, 그리고 문화예술 세계에 대한 폭넓은 활동 내용을 보여 주고 있다.

후속편인 이 책에서는 저자의 관심사가 언급한 문제들에서 벗어난 것은 아니지만, 그런 문제의식들이 깊어지고 전문화되어 있다는 느낌이 강하다. 이를테면 독서한 내용에 대한 깊이 있는 분석과 개성적인 감상안을 담아내고 있다는 점이다. 역시 문학 등 다양한 문화예술에 대한 관심과 애정은 변함없음을 알 수 있다.

그리고 또 하나 이 저서에서 특징적인 점은 대담 내용이다. 후학의 박사학위 논문의 부록으로 수록된「김경주 박사와의 대담」은 한 인간의 전 생애가 구체적이고 사실적으로 망라되어 있다. 의사로 보낸 일생과 도교나 태극권을 통해서 어떻게 도교적 섭생을 성공적으로 수행할 수 있었는지 자세히 살펴볼 수 있다 그뿐만이 아니다. 지역사회의 여러 가지 문화예술의 책임 있는 자리에서 오랜 세월 봉사해 온 저자의 이력이 잘 드러난다.

저자는 우리 고장의 여러 가지 문화예술 행정을 맡아 왔다. 전라북도 인재육성재단이라든지, 전라북도생활체육회 등 굵직한 행정을 책임져 왔다. 특히「전라북도 생활체육회」를 맡아서 우리 고장의 생활체육을 어떻게 발전시켜 왔는지, 그 활약상을 진솔하게 피력한 대담 내용이 수록되어 있다. 이런 기록을 통해서 저자가 지역사회의 통합적 발전을 위해 어떻게 기여해 왔는지 살필 수 있는 것은 좋은 읽을거리가 될 것이다.

이 밖에도 저자의 전 생애에 걸친 활약상을 비춰 주는 스펙트럼을 통해서 한 인간이 개인과 공동체를 위해서 발휘할 수 있는 역량의 총량이 얼마나 될 수 있는지, 이동호 박사의 역할이 크게 주목되는 이유다.

이 저서의 제목처럼 정서적 결핍감외로움은 이성적 사고력가위만으로 치유할 수 없다. 사람됨의 총체적 질량은 감성으로 풀어 놓을 수 있는 행복감과 이성으로 감당할 수 있는 현실성이 충족될 때 가능할 것이다. 저자가 추구하는 바도 여기에서 멀지 않아 보인다. 개인과 공동체의 슬기로운 화합을 통해서 행복한 삶을 추구하는 길에 대하여 펼쳐낸 이 저서가 그래서 전편에 이어서 주목할 만하다.

외로움은 가위로도 잘리지 않는다

초판 인쇄 | 2022년 10월 17일
초판 발행 | 2022년 10월 31일

지은이 | 이동호
발행인 | 한명수
편집자 | 이향란
디자인 | 이선정
발행처 | 흐름출판사(www.heureum.com)
신고번호 | 제2002-000008호
주　소 | 전주시 덕진구 정언신로 59 2F
전　화 | 063-287-1231
전　송 | 063-287-1232

ISBN 979-11-5522-008-5 (03070)
CIP제어번호: CIP2013003181

값 20,000원